Antoine DUVAL

IMPACT PLAYER

LA GOUVERNANCE DU SPORT AU SERVICE DE SON
IMPACT ÉCONOMIQUE

À mes amis de l'Académie Internationale Olympique dont la rencontre a changé ma passion pour le sport.

Ce livre est aussi dédié à tous les dirigeants du sport pour les aider à faire de leur travail un outil au service de leurs économies.

Édition : BoD · Books on Demand, 31 avenue Saint-Rémy, 57600 Forbach, bod@bod.fr
Impression : Libri Plureos GmbH, Friedensallee 273, 22763 Hamburg (Allemagne)

Impression à la demande
ISBN : 978-2-3225-7029-4
Dépôt légal : mars 2025

Table des matières

PREFACE

Le sport, caisse de résonance des mutations économiques et sociales et reflet des lignes de partage du monde contemporain

Quand j'ai connu Antoine Duval il y a quelques années, il était étudiant dans l'excellent mastère spécialisé en médias, art et création qu'a créé et que dirige Thomas Paris à HEC.

À cette occasion, je le découvris surtout... dingue de rugby, mais Antoine Duval s'est révélé bien plus qu'un fan de sport qui aurait voulu en faire son métier. Il est avant tout un analyste fin de l'économie du sport, métier qu'il exerce en tant que consultant de haut niveau pour les meilleurs opérateurs du secteur, dont les élans du fan ne viennent jamais contraindre l'objectivité. Les développements fouillés d'*Impact Player* illustrent parfaitement la rigueur de l'auteur, que ses qualités d'écriture sont loin de gâcher naturellement !

Il est vrai que la matière connaît une actualité particulièrement riche qui a besoin d'éclairages sérieux et bien informés. En effet, alors que les Jeux olympiques et paralympiques « Paris 2024 », réussite organisationnelle et succès populaire remarquables, cherchent leur héritage dans un contexte politique pour le moins instable en France, l'entourage du président Trump promeut, comme dans tous les autres domaines, la performance sans contrainte avec les *Enhanced Games*[1], ce qui vient résonner de manière préoccupante avec la première suspension pour dopage dans l'histoire du tennis d'un numéro 1 mondial du circuit ATP.

Dans le même temps, les deux sports collectifs majeurs en France que sont le football et le rugby vivent sous la menace des déflagrations de choix de gestion pour le moins audacieux faits ces dernières années au nom de l'efficacité

---

[1] Les *Enhanced Games* se veulent être une compétition sportive prévue pour l'année 2025 à l'occasion de laquelle les athlètes pourront avoir recours à des produits dopants et toutes autres substances dans l'optique de proposer les meilleures performances possibles. L'événement a pour ambition de dénoncer l'hypocrisie des organismes de contrôle antidopage pendant les plus grandes compétitions mondiales.

économique, que ce soit avec la cession par la Ligue de football professionnel des droits de diffusion du championnat de Ligue 1 à la société MEDIAPRO ou avec l'acquisition à World Rugby des droits d'hospitalité de la Coupe du Monde de Rugby 2023 par la Fédération Française de Rugby, dans les deux cas à des prix « hors marché ».

Malgré l'engouement de ses fans, la « peoplisation » de ses joueur-ses stars et les investissements massifs qu'il génère de la part de fonds d'investissement privés ou souverains, le sport professionnel est soumis comme tout autre secteur aux lois de l'économie tout en étant simultanément un objet politique de premier plan, d'autant plus que les acteurs du sport amateur dépendent étroitement de lui.

C'est pourquoi il est indispensable, comme s'y attelle Antoine Duval avec détermination et méthode, d'analyser les forces et les faiblesses de la gestion du secteur du sport en lien étroit avec les impacts économiques, sociaux et environnementaux de ses activités, en particulier des grands événements internationaux. Mais il est surtout important, et c'est là l'intérêt principal de cet essai, d'identifier comment ces forces et ces faiblesses sont intrinsèquement connectées à celles de la gouvernance des organes de gestion du sport.

Dans la lignée des économistes du développement, dont les enseignements si pertinents sont malheureusement battus en brèche aujourd'hui par les dangereux tenants des formes diverses de leadership autoritaire ou de démocratie illibérale, l'auteur d'*Impact Player* montre de manière détaillée à quel point aussi dans le secteur du sport une bonne gouvernance est synonyme de bonne gestion, qui plus est dans une logique de développement durable.

Dans un monde connaissant des bouleversements géopolitiques substantiels et accélérés, la responsabilité des instances internationales et nationales de gestion du sport en termes de bonne gouvernance est d'autant plus importante que le sport est plus que jamais un vecteur majeur de culture collective et de cohésion nationale dans de nombreux pays.

Julien Collette[2]

---

[2] Julien Collette est le Directeur Général de Special Olympics France, représentant du mouvement olympique à destination des enfants et adultes souffrant d'une déficience intellectuelle en France. Un poste qu'il occupe depuis la dissolution du Comité d'organisation de la Coupe du Monde de Rugby France 2023 qu'il a dirigé dans la dernière ligne droite, la notion d'héritage en ligne de mire. Ancien dirigeant de la Fédération Française de Rugby et du Palais Omnisport de Paris Bercy, Julien Collette a construit sa carrière dans le sport dans des organisations dont il était amené à développer le modèle économique tout en assurant l'impact sportif et économique.

AVANT-PROPOS

Le projet de rédaction *d'Impact player* est né de la volonté de mener jusqu'au bout de nombreuses réflexions que j'aie pu avoir au travers des missions de conseil que nous avons pu mener chez Six Sports Management depuis sa création en 2022. Ces dernières années, l'écosystème du sport français a eu la chance inouïe de connaître l'accueil de Grands Événements Sportifs sur notre territoire, avec encore de nouveaux à venir, à commencer par les Jeux Olympiques et Paralympiques d'Hiver 2030 à travers l'arc alpin pour lesquels nous avons eu l'honneur de contribuer à la rédaction du dossier de candidature. Ces événements ont permis d'apporter une nouvelle dynamique au sein de l'écosystème, venant bousculer l'ordre établi en s'obligeant à repenser leur impact, environnemental évidemment, mais aussi en termes d'héritage pour le développement de la pratique sportive. Un héritage qui se veut aussi économique, entraînant de nombreux acteurs d'horizons variés dans son sillage, créant de l'emploi et contribuant à l'attractivité de nos industries.

Accompagner des acteurs de tous les horizons de l'écosystème sportif nous pousse régulièrement à repenser les modèles, à casser les codes, avec toujours une seule ambition : générer de la valeur pour un réseau de parties prenantes toujours plus conséquent et complexe. La beauté du sport réside dans sa capacité à générer une valeur qui ne se contente pas d'être financière. La pratique sportive est un bien commun et c'est pour cette raison que son encadrement et son développement doivent servir la société dans son ensemble. Les réflexions de l'ouvrage suivant se veulent être une illustration de l'éventail de questions que nous tentons de résoudre auprès des différentes typologies d'acteurs de l'écosystème qui font appel à nous pour traiter des répondre à des enjeux aussi divers que variés. Structuration des ligues professionnelles, impact local des clubs, développement de nouvelles infrastructures de pratique, politiques publiques sportives, stratégie d'impact des grands événements... tant de sujets qui sont aujourd'hui on ne peut plus d'actualité et qui entraînent une nécessité de penser le sport sous un prisme global. Un prisme qui mêle pratique amatrice et professionnelle, un sport qui a un impact à l'échelle internationale comme dans les territoires les plus reculés de France.

Cet ouvrage est destiné aux décideurs du sport et à ceux qui aspirent à en devenir. À ceux qui prennent du plaisir à repenser le sport, son modèle économique, ses stratégies de développement au sein de la société ou encore à analyser et comprendre la manière dont il se fait tantôt miroir des sociétés, tantôt véhicule d'une unité nationale temporaire. J'ai espoir qu'en le lisant, il ouvre au lecteur des horizons de pensée qu'il n'avait pas encore exploré, et qu'il contribue en cela au développement continu du secteur.

Antoine Duval

INTRODUCTION

Depuis le XIXe siècle et la révolution industrielle, l'économie mondiale s'est complètement transformée. Alors que l'on a pu y assister peu à peu à l'émergence d'une classe moyenne, les sociétés occidentales sont progressivement devenues des sociétés de loisir. Grand gagnant de ces transformations, le secteur économique du sport a pu se développer rapidement. D'un simple passe-temps réservé à l'aristocratie, le sport est devenu un élément clé du quotidien de milliards d'habitants de notre planète qui en consomment ou en pratiquent de manière régulière.

Le rôle du sport a connu de nombreuses évolutions en un peu plus de deux siècles. D'abord utilisé comme un outil éducatif, il est ensuite devenu un objet militaire pour préparer les grandes campagnes. Au XXe siècle, son approche hygiéniste en a ensuite fait un élément clé des politiques de santé publique dans de nombreux pays d'une part tandis que le développement de la médiatisation a contribué à la création d'un secteur professionnel présent au sein de nombreux territoires. En parallèle, le sport de haut niveau est devenu un instrument géopolitique hors du commun, contribuant à l'avènement de Grands Événements Sportifs (GESI) au-devant desquels les Jeux Olympiques ont joué un rôle pionnier. Le sport a ainsi évolué en accord avec l'économie mondiale et les différentes sociétés qui la composent. Depuis les années 1980, c'est donc naturellement qu'il est aussi rentré dans l'ère de la mondialisation, s'ouvrant à de nouveaux enjeux, devenant un outil d'attractivité pour des sociétés qui se retrouvent en concurrence à l'échelle planétaire. L'accueil de GESI est devenu un outil au service du développement économique tandis que les différents acteurs du secteur tentent de s'exporter vers de nouveaux marchés.

Le sport a ainsi longtemps tâtonné pour trouver son modèle économique, s'appuyant principalement sur l'argent public pour se financer, preuve de sa capacité à répondre à des enjeux de politique publique transverses, mais soulignant sa difficulté à trouver un modèle économique rentable. Les années 2000 ont toutefois complètement bouleversé l'ordre établi. Plusieurs tendances sont apparues au sein d'un monde globalisé. De nouvelles économies émergentes ont commencé à s'intéresser au sport et à y investir massivement, bénéficiant de capitaux issus de la mondialisation liés à la vente d'hydrocarbures (pays du Golfe et Russie) ou à la délocalisation des activités industrielles des pays occidentaux (République Populaire de Chine). L'émergence de classes moyennes nombreuses dans ces pays a contribué au développement d'une consommation mondiale particulièrement importante, qu'il s'agisse de pratique sportive ou de spectacle sportif. Un phénomène qui s'est retrouvé accentué par l'émergence du digital au sein des sociétés du monde entier, offrant des perspectives de consommation jamais égalées, que ce soit au travers des réseaux sociaux ou de la télévision. Les actifs sportifs les plus médiatiques ont ainsi vu leur valeur exploser à l'image des droits TV des Jeux Olympiques ou des franchises de sport américain valorisées à plusieurs milliards de dollars désormais. À l'échelle globale, l'économie du sport représente aujourd'hui près de 1200 milliards de dollars, soit approximativement 2% du PIB mondial.

Grâce à sa médiatisation, le sport joue ainsi un rôle fondamental dans l'attractivité de certaines économies et est devenu un outil stratégique au service de ses parties prenantes, notamment gouvernementales. Alors que l'on a longtemps pu assister par endroits à la volonté de laisser le secteur s'autoréguler, les dirigeants du sport semblent désormais s'accorder quant à la nécessité de le coordonner pour en tirer la valeur la plus importante. Un besoin exprimé non pas pour le secteur en lui-même mais bien pour les économies et les sociétés nationales dans leur ensemble, ces dernières étant désormais confrontées à une concurrence mondiale. Exsangues, les États occidentaux cherchent toutefois à se retirer peu à peu du financement du sport, nécessitant aux législateurs de redoubler d'innovation pour lui permettre de s'autofinancer tout en répondant à des enjeux de politique publique.

Le sport est ainsi un moyen de répondre à des enjeux stratégiques et pour cette raison, l'étude de sa gouvernance est un sujet passionnant. La brève histoire de l'évolution du sport que nous avons pu évoquer précédemment démontre à quel point ce dernier a toujours été un outil au service d'enjeux qui le dépassent bien plus qu'une finalité en lui-même. La gouvernance du sport s'est peu à peu façonnée de sorte à générer un impact, qu'il soit économique, social ou géopolitique. Preuve s'il en fallait, la récente évolution des stratégies liées à l'organisation de grands événements sportifs avec l'ambition de laisser un héritage est l'illustration parfaite de la capacité de mobilisation récente des acteurs de tout un écosystème dans l'optique de maximiser l'impact d'un événement sportif. Mais le secteur du sport se compose toutefois d'une myriade d'acteurs qu'il peut parfois être difficile à mobiliser et dont chacun possède ses propres ambitions stratégiques. Acteurs privés, publics, associatifs... tous se confrontent à des enjeux différents pour lesquels ils espèrent utiliser le sport afin d'y apporter une réponse, sans pour autant négliger l'importance de contribuer au développement du secteur en lui-même. L'enjeu de sa gouvernance devient alors celui d'orienter les acteurs pour mieux coordonner leur stratégie d'impact autour du sport tout en laissant à un secteur en plein développement la capacité de croître et de générer sa propre valeur.

L'ambition de cet ouvrage va être d'illustrer la manière dont l'ensemble des acteurs, qu'importe l'échelle à laquelle ils interviennent, peuvent contribuer à l'impact du secteur, qu'il soit économique ou sociétal. Pour cela, nous observerons de nombreux exemples de stratégies de gouvernance qui ont pu permettre à l'ensemble des parties prenantes des organisations étudiées de tirer un bénéfice grâce à l'établissement de modèles symbiotiques et vertueux. Nous étudierons aussi, lorsque cela sera pertinent, des modèles nationaux sur différents continents permettant de bien illustrer la manière dont la définition de certaines priorités par les organes de gouvernance peut façonner la structuration du secteur du sport.

L'IMPACT ECONOMIQUE DU SPORT DANS UN MONDE A PLUSIEURS VITESSES

L'ECONOMIE DU SPORT MONDIAL, MULTIPOLAIRE ET DESEQUILIBREE

Un secteur plus étoffé que ce qui s'impose dans l'imaginaire collectif

Lorsque l'on évoque l'économie du sport, nous viennent souvent à l'esprit de nombreux acteurs du sport mondial qui, par leur portée internationale, génèrent d'importants flux financiers. C'est l'exemple des sports américains dont certaines entreprises telles que les franchises de National Football League (NFL) sont valorisées aujourd'hui à plusieurs milliards de dollars. C'est aussi le cas de grands clubs de football tels que Manchester City, ou encore des GESI rassemblant des téléspectateurs des quatre coins du globe à l'image de la Coupe du Monde de la FIFA. Pourtant, ces acteurs du sport professionnel sont loin d'être les seuls à contribuer à l'économie du secteur. Et pour cause, en France, les entreprises du sport spectacle ne représentent que 15% du poids économique total de la filière[3]. La vente ou la location d'articles de sport y représente pour sa part un tiers des revenus totaux et les grandes entreprises de distribution du sport ne sont pas en reste : adidas, Nike ou Decathlon en sont autant d'acteurs de référence. Alors qui compose l'économie du sport ?

Une étude BPCE sur l'économie du sport en France en 2023 distingue quatre typologies d'acteurs économiques dans la filière : ceux du commerce, de la production de biens et d'équipements, du divertissement et des services de soutien et enfin de la pratique sportive et de l'enseignement. Le poids de chacune de ces typologies d'acteurs n'est évidemment par le même en fonction du pays concerné et de la stratégie de gouvernance de l'économie du sport locale. Ensemble, ils représentent près de 1200 milliards de dollars soit près de 2% du PIB mondial. L'économie du sport se caractérise par la mobilisation de nombreux acteurs différents et particulièrement variés : entreprises,

---

[3] Source : BPCE L'Observatoire, *La filière sport, les challenges d'une championne,* janvier 2023

associations, athlètes, collectivités… des acteurs qui n'ont ni la même finalité ni la même plus-value au sein du secteur. La classification de ces différents acteurs semble toutefois démontrer que l'économie du sport s'articule principalement autour de deux principes de consommation : celle liée à la pratique sportive et celle qui repose sur l'événementiel.

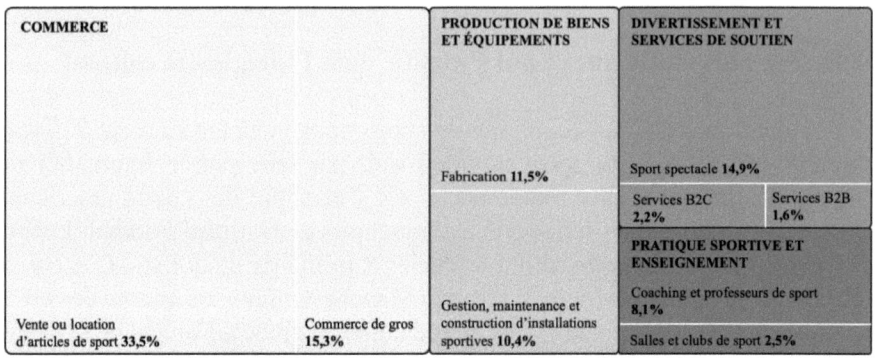

Source : BPCE L'Observatoire

Annexe 1 : La répartition de l'emploi dans les différentes branches du secteur

La pratique sportive possède un impact important sur le secteur. Toujours d'après BPCE, elle rassemble 60% des entreprises qui le composent. C'est elle qui génère le plus grand nombre d'emplois locaux, difficilement délocalisables, souvent au sein des structures d'enseignement, du tissu associatif ou des collectivités territoriales. Elle est aussi structurée autour de nombreux entrepreneurs individuels regroupés autour d'activités de coaching. L'économie de la pratique comprend de nombreuses typologies d'acteurs différents : des équipementiers et donc toute une filière de fabrication et de distribution d'équipements sportifs, des constructeurs d'infrastructures sportives, des services sportifs allant de l'accompagnement à la haute performance au sport santé. On y retrouve aussi tout une gamme de service au pratiquant, notamment de nombreux outils digitaux d'analyse de performance tels que des applications pour enregistrer ses courses à pied mais aussi des outils d'organisation pour les clubs à l'image de ce que proposent des plateformes telles que SportEasy. Ce faisant, l'économie de la pratique génère des revenus principalement pour les acteurs du secteur et contribue à l'auto-alimenter.

En parallèle, le segment du secteur qui repose sur l'événementiel génère des externalités positives pour de nombreux autres acteurs qui se trouvent ainsi au cœur de son modèle économique. On y intègre toute l'économie du sport professionnel, génératrice de retombées médiatiques importantes pour l'ensemble des parties prenantes qui s'y associent : marques, collectivités territoriales, personnalités… Ce secteur bénéficie à de nombreux acteurs qui sont externes au secteur, les marques qui les sponsorisent évidemment, mais aussi toute une économie du tourisme, de la construction ou des médias dans le cadre des grands événements sportifs qui mobilisent des acteurs de tous horizons : assurances, logistique, communication, technologie, transports… Dominée par les GESI dont l'impact sur le secteur est hors norme, l'économie de l'événementiel sportif suit des cycles avec de fortes variations mais repose aussi dans les économies les plus développées sur des grands événements nationaux structurés et récurrents ainsi qu'une myriade d'événements locaux à destination des pratiquants. Dans les pages suivantes, nous nous attacherons à analyser l'économie du sport sous le prisme de cette dualité pratique / événementiel afin d'être en mesure de comprendre au mieux les stratégies de gouvernance qui en influencent l'impact économique.

L'économie du sport se caractérise aussi par sa capacité à générer de l'emploi. En ce sens, elle représente un secteur stratégique car les emplois qu'elle génère sont principalement des emplois de proximité et de terrain, impossibles à délocaliser et permettant de contribuer activement à la lutte contre le chômage sur le long terme. S'il ne représente que 1% du PIB de l'Union Européenne, le secteur économique du sport y génère 1,35% des emplois, confirmant sa capacité à créer plus d'emploi que les autres secteurs et ainsi de contribuer activement aux économies locales dans l'ensemble des territoires. Cela étant, nombre de ces emplois liés au sport sont pris en charge par les pouvoirs publics, notamment ceux liés à l'enseignement ou la haute performance fédérale, ce qui impose une réflexion sur la capacité du secteur à créer des postes de manière autonome.

Par ailleurs, le secteur repose aussi de manière importante sur la contribution de bénévoles à son économie. En France, on estime à 3,2 millions de personnes le nombre de bénévoles s'impliquant chaque année au service de la pratique sportive, qu'elle soit amatrice ou professionnelle au travers d'événements sportifs. Paris 2024 à lui seul a mobilisé plus de 45 000 volontaires pendant la durée des Jeux. Ainsi, on estime en moyenne leur investissement chaque année à hauteur de 274 000 emplois à équivalent temps plein, pour un impact évalué à 10 milliards d'euros d'économie pour ceux qui en bénéficient[4]. L'apport de ces ressources humaines au sein du secteur est ainsi fondamental, la plupart des dirigeants des organisations sportives étant aussi bénévoles. Ces dernières années, la tendance à la professionnalisation de l'ensemble des acteurs du secteur a poussé les organisations à recruter des professionnels qui à leur tour contribuent à son développement, impliquant un cercle vertueux pour l'employabilité au sein du secteur.

Des secteurs économiques du sport à plusieurs vitesses à travers le monde

Sans surprise, l'économie du sport n'est pas uniforme à travers le monde et subit la situation économique des différents pays ainsi que les enjeux auxquels ils peuvent se confronter sur les plans démographiques, diplomatiques, environnementaux ou encore sociologiques. Pour autant, toutes les économies possèdent de réelles opportunités de développement d'un tel secteur. Il est ainsi intéressant de remarquer que l'économie du sport mondial suit des tendances similaires à celles de l'économie dans son ensemble. On y distingue différents types de pays avec des maturités différentes mais aussi et surtout des ambitions bien distinctes.

Les économies occidentales

Le sport au sein des économies occidentales est en général un secteur assez bien structuré, bénéficiant d'un réel recours à l'activité physique au sein des politiques publiques, permettant de soutenir une économie mature. Le sport y est évidemment un secteur à plusieurs vitesses, séparé entre une économie professionnelle étoffée avec des ressources humaines qualifiées et à forte valeur ajoutée d'une part et un pan du secteur, amateur, dominé par le monde associatif et l'intervention des pouvoirs publics locaux de l'autre. Ce dernier, articulé autour de la pratique sportive, est moins structuré et générateur d'une valeur ajoutée davantage sociale que financière. Le sport y joue dans les territoires un rôle d'attractivité ainsi que de cohésion sociale, mobilisant de nombreux

---

[4] Source : Centre de Droit et d'Économie du Sport, *Le mouvement sportif : quels effets sur la société française et son économie ?*, Limoges, 2018.

acteurs, qu'ils soient mécènes ou parties prenantes intégrantes de l'écosystème et issus de tous les secteurs. En se mettant au service de tous (entreprises sponsors, pouvoirs publics…), le sport y joue un rôle de catalyseur d'activité à l'échelle territoriale.

Ce sont ces mêmes économies qui accueillent la plupart des grands événements sportifs, bénéficiant de leur capacité à s'appuyer sur des parcs d'infrastructures de qualité et déjà utilisés au quotidien pour des compétitions sportives nationales et continentales. Grâce à ces nombreux événements générateurs de valeur, les économies occidentales ont su développer leur filière sport en s'appuyant sur de nombreux acteurs hautement qualifiés qui représentent désormais un potentiel d'exportation important alors que le sport professionnel tend à se globaliser. Les entreprises occidentales interviennent régulièrement dans les pays en voie de développement afin d'apporter une expertise comme des investissements à l'image des académies de clubs de football professionnels européens qui éclosent dans de nombreux pays d'Afrique. Les principaux actifs de ces économies deviennent des marques mondiales, en témoignent celles des clubs de football comme le FC Barcelone ou Manchester United mais aussi de ligues comme la NBA. En s'exportant, elles aspirent à générer de la valeur dans des marchés du monde entier et contribuent au *soft power* de leur pays.

Ces économies reposent sur des acteurs clés dans l'ensemble des quatre pans du secteur évoqués précédemment, aussi bien dans l'industrie que dans les services. Le secteur s'y est développé au point de tenter de se suffire à lui-même. En créant des mécanismes de redistribution du sport professionnel vers le sport amateur, le financement de la pratique sportive puise la valeur qui se montre nécessaire au déploiement de politiques publiques au sein du secteur. Toutefois, en témoignent les faillites de clubs de rugby professionnels en Angleterre ou celle du diffuseur Mediapro, ces économies restent encore fragiles. Elles continuent de s'appuyer sur un fort interventionnisme de l'État et des investissements massifs des collectivités qui ont eu tendance ces dernières années à essayer de s'en retirer. Le mécénat et les subventions publiques y jouent toujours un rôle fondamental bien que ceux qui financent le sport deviennent de plus en plus rationnels dans leurs investissements, souhaitant que leurs financements contribuent à générer de la valeur, qu'elle soit financière ou sociale. La solidité relative des modèles économiques occidentaux leur permet toutefois de s'imposer comme des références mondiales et de contribuer à la balance des paiements de leurs pays, que ce soit au travers de l'exportation de compétences ou de la commercialisation à l'étranger de droits marketing.

Les économies émergentes

Les économies émergentes viennent, dans le sport aussi, perturber l'ordre établi. Au-devant de ces dernières, les BRICS ont presque tous bénéficié depuis la fin des années 1990 de l'accueil de grands événements sportifs pour développer une réelle industrie du sport sur leur territoire et venant apporter à leur crédibilité en tant qu'acteurs économiques globaux. Ces économies s'appuient notamment sur leur statut de leader continental (bien que désormais contestés pour certains à l'image de l'Afrique du Sud) afin de convaincre les instances internationales de la nécessité de s'ouvrir à de nouveaux territoires pour les faire bénéficier de l'impact économique potentiel de ces GESI. Et force est de constater que désireux de contribuer à leur développement économique ainsi qu'à celui du sport sur leurs continents, les événements s'y sont multipliés ces dernières années : Coupe du Monde de la FIFA 2010 en Afrique du Sud, Jeux Olympiques de Pékin 2008, Sotchi 2014, Rio 2016, Coupe du Monde de la FIFA 2018 en Russie, Jeux Olympiques d'Hiver de Pékin 2022… Pour autant, si le choix des économies émergentes pour accueillir de tels événements était motivé par cette volonté d'y générer des retombées conséquentes, il s'est opposé à une réalité bien différente liée à un manque de maturité flagrant des secteurs les mettant en difficulté pour répondre aux cahiers des charges imposés par la FIFA ou le CIO. Éléphants blancs, dettes publiques colossales reportées sur le contribuable… ces événements n'ont pas eu l'effet économique escompté et aujourd'hui seule la Chine a su véritablement en profiter pour structurer son économie du sport et lui permettre des perspectives de long terme. Toutefois, cela n'a été permis que par une conjoncture économique hautement favorable à l'Empire du Milieu, capable d'investir massivement dans le secteur et jouissant désormais d'un rôle géopolitique de premier plan. À l'exception de la Chine, la majorité des pays émergents n'a toutefois pas su saisir le tournant et peine encore à structurer une véritable économie du sport qui soit compétitive et exportable.

Au sein de ces territoires, le secteur peine aussi à se développer du fait d'un manque de structure en termes de pratique et de développement des politiques publiques du sport. Avec un manque d'infrastructures important et donc une inégalité d'accès à la pratique, parfois même réalisée sur des critères sociaux (castes en Inde), l'économie de la pratique sportive y reste assez sommaire. Celle-ci semble vouée à se développer principalement avec le pouvoir d'achat global et le développement économique de leur pays, permettant notamment l'accès à des équipements sportifs pour tous mais aussi la capacité à avoir une alimentation adéquate pour réaliser une activité physique, encore difficile à atteindre au sein de certaines populations. Les investissements, faibles, y sont principalement concentrés dans certains sports populaires. En Chine où la situation est toutefois bien différente, la classe moyenne, qui se développe à grande vitesse, possède toutes les caractéristiques de pratique que l'on peut retrouver au sein des économies occidentales présentées précédemment, mais les inégalités au sein du territoire restent tout de même fortes avec des espaces ruraux fortement délaissés, tout comme certaines populations le sont pour des raisons ethniques. La Russie bénéficie pour sa part d'un héritage important en termes de pratique sportive issu d'une vision soviétique de l'homme athlétique et d'une importante volonté de briller sur la scène internationale, notamment lors des Jeux Olympiques. Toutefois, les sanctions internationales auxquelles fait face le pays à la suite des scandales de dopage organisé lors des Jeux de Sotchi puis de l'invasion de l'Ukraine ont eu un impact fortement négatif sur le secteur du sport local, se privant de l'accès aux GESI générateurs de revenus et renvoyant une image négative à l'international, se trouvant parfois même simplement invisibilisée. Un phénomène qui n'est d'ailleurs pas sans avoir un impact sur les économies du sport d'autres pays, les ressortissants russes ayant dû se séparer de clubs qu'ils possédaient en Europe ou encore privant certaines compétitions du sponsoring d'entreprises particulièrement impliquées telles que Gazprom.

Des économies qui peinent à s'imposer

Cohabitant avec ces économies dynamiques, de nombreux pays peinent encore à s'imposer dans un marché du sport globalisé desquels ils sont des acteurs passifs. Illustration d'un sport à deux vitesses, avant les Jeux de Paris 2024, 68 pays n'avaient encore jamais remporté la moindre médaille aux Jeux Olympiques. Si cette statistique ne concerne pas que des pays pauvres, à l'image de la principauté de Monaco pourtant grande terre de sport, elle met en exergue que tous les États ne disposent pas des mêmes ressources afin de développer une économie du sport qui soit génératrice de retombées à l'échelle mondiale.

Certaines économies, à l'image du Kenya ou de la Jamaïque ayant récolté de nombreuses médailles en athlétisme, parviennent à s'appuyer sur un facteur clé de différenciation pour se positionner comme des acteurs de référence dans l'ordre mondial. Pour autant, ces économies sportives sont le plus souvent déstructurées et subissent des comportements qui viennent les pénaliser (détournement des fonds venus de l'international à des fins de développement de l'économie, hiérarchisation de l'accès à la pratique et à ses infrastructures en fonction des catégories sociales ou du genre…). Elles peuvent toutefois parfois se reposer sur des actifs sportifs nationaux forts (Tour du Rwanda en cyclisme, Super League de cricket au Pakistan…) mais cette situation reste peu commune et leur économie du sport reste généralement faible, peu diversifiée et incapable de se positionner comme compétitive sur un marché globalisé. La pratique y est par ailleurs limitée par un manque d'infrastructures et un pouvoir d'achat faible limitant la consommation de produits sportifs.

Pour les pays qui ne bénéficient pas de tels actifs, la situation est encore plus délicate avec un secteur du sport presque inexistant. Il y subsiste principalement grâce à du mécénat local ainsi que des aides internationales importantes pour son développement, justifiées par une mobilisation en faveur du développement durable. Cela concerne notamment les pays les plus pauvres du monde tels que Madagascar où des associations comme Terres en Mêlées, financées par des acteurs du développement occidentaux, jouent un rôle important dans l'expansion de la pratique du rugby et son organisation, pourtant sport majeur sur l'île. Conscients de l'importance de la participation aux grandes compétitions pour développer la pratique dans ces pays, les organisateurs d'événements multiplient les actions de solidarité aspirant à y développer la pratique sportive. Une bonne volonté qui se heurte toutefois à une absence de soutien des États et d'actifs permanents à pouvoir exploiter (compétitions comme infrastructures), rendant particulièrement compliquée la structuration du secteur. Le développement de tels actifs est pourtant ce qu'essaient de faire certains acteurs clés du sport mondial. La NBA a récemment lancé une ligue professionnelle panafricaine tandis que des franchises de rugby financées par la fédération internationale ont vu le jour dans les îles du Pacifique comme en Amérique du Sud. Mais le chemin est encore long et, faute d'acteur avec l'ambition et l'intérêt de développer le sport dans son ensemble à l'échelle globale, le développement de l'économie du sport de ces pays passera forcément par des initiatives ciblées sur certaines pratiques et ne permettant pas une généralisation de l'accès à la pratique et à la consommation de sport.

Des économies émergentes qui bouleversent l'ordre établi

Enfin, certaines économies émergentes se doivent d'être rassemblées au sein d'une catégorie à part tant elles jouent un rôle disruptif au sein de cet équilibre des puissances. Au-devant de ces dernières, on retrouve bien évidemment les pays de la Péninsule Arabique. Ces pays, dont l'économie est ultra-dépendante de l'extraction et la transformation d'énergies fossiles, ont entrepris depuis le début du XXIe siècle une stratégie de diversification au sein de laquelle le divertissement joue un rôle fondamental. Le sport y est devenu un actif stratégique à développer afin de permettre à ces pétromonarchies de constituer une économie forte, diversifiée et structurée sur le long terme. Les fonds étatiques, gonflés de pétrodollars, sont alors devenus depuis deux décennies des acteurs clés de cette stratégie de diversification, permettant d'investir de manière massive et importante dans le développement du sport local mais aussi en vue de faire briller les acteurs nationaux du secteur à l'international. Une volonté de briller qui se fait parfois même au travers de pratiques peu recommandables, en témoignent les suspicions de corruption concernant l'attribution de la Coupe du Monde de la FIFA 2022 au Qatar. Ces investissements massifs des fonds souverains permettent la création artificielle d'une économie dont la résonnance locale est encore particulièrement limitée, la Saudi Pro League ayant attiré en moyenne 8150 spectateurs par match lors de la saison 2023/2024[5], mais avec une notoriété internationale non négligeable. Ces investissements permettent de mettre en place un terreau fertile au développement du secteur, s'inspirant librement du succès de l'économie chinoise, passé dans un premier temps par l'attraction sur son territoire d'acteurs étrangers à forte valeur ajoutée avant d'opérer une transmission de la valeur ajoutée vers les acteurs de l'économie locale.

Dans un premier temps, cette stratégie de développement du sport dans les États de la Péninsule est passée par l'investissement dans des sociétés internationales. En rachetant l'équipementier Burrda Sport ou la chaîne de télévision Bein sport, le fonds souverain qatarien a eu l'ambition d'acquérir des

---

[5] Source : Transfermarkt

actifs clés de l'économie du sport en s'appuyant sur des ressources qui n'existent pas encore localement. Dénués de championnats ou de clubs professionnels attractifs, l'investissement dans des diffuseurs et des équipementiers permettait ainsi au Qatar de capter une partie de la valeur générée par les championnats pionniers à l'échelle internationale. Une telle approche fut aussi l'occasion de gagner en influence sur ces derniers en jouant un rôle clé dans leur financement. De manière concomitante, autour des années 2010, les pays du golfe commencent à investir dans des clubs de football professionnel (les Qatariens rachètent le PSG en 2011, l'Arabie Saoudite rachète Newcastle en 2021…) avec l'ambition de développer la visibilité de leur État à l'international en jouant des rôles de *pure players* mais aussi avec l'ambition de détenir des actifs stratégiques dans des pays occidentaux. Actifs qui, par la même occasion, offrent des opportunités financières intéressantes sur le long terme, le PSG étant valorisé aujourd'hui autour de 4 milliards d'euros alors qu'il avait été acheté 70 millions par le fonds souverain qatarien en 2011. L'appui sur des ressources internationales a ainsi permis à ces acteurs de développer leur économie du sport nationale, contribuant à la formation de professionnels du secteur mais aussi en attirant les meilleurs talents et offrant des opportunités internationales à des initiatives entrepreneuriales locales.

Dans un second temps, la stratégie de développement de ces pays s'est articulée autour de l'accueil de grands événements sportifs dans les différents territoires de la péninsule (Coupe du Monde de la FIFA 2022 au Qatar, Grands Prix de F1 à Bahreïn, en Arabie Saoudite et à Abu Dhabi, Jeux Asiatiques d'Hiver 2029 et Jeux équestres mondiaux 2026 en Arabie Saoudite…). Ces pays peuvent se permettre de faire jouer en leur faveur les modèles d'attribution des grands événements sportifs en s'appuyant sur une manne financière que l'on pourrait qualifier d'illimitée. Avec l'argent des hydrocarbures, ils sont en mesure de construire et d'adapter des sites pour recevoir les épreuves, de créer les infrastructures nécessaires à l'hébergement et l'organisation mais aussi de financer des dossiers de candidature coûteux, tout en assurant le paiement de droits marketing importants pour pouvoir s'octroyer l'organisation de ces événements. De quoi faire la différence dans l'analyse technique de leurs dossiers face à des pays occidentaux qui valorisent désormais la sobriété. Avec une ambition internationale, les économies de ces pays s'articulent autour d'une volonté de s'exporter davantage que de se reposer sur un marché local restreint, un pays comme le Qatar ne comptant que 2,7 millions d'habitants soit autant qu'un pays comme l'Albanie. Ainsi, le développement de leurs championnats nationaux passe principalement par une volonté de générer de la valeur à l'international en se rendant attractifs. Pour générer cette valeur, il est alors plus efficace d'attirer les meilleurs joueurs de football international que de tenter de faire émerger une star nationale et la faire jouer au sein d'un championnat peu médiatisé. En recrutant des joueurs de football tels que Cristiano Ronaldo, Neymar Junior ou le ballon d'or français Karim Benzema, la valeur médiatique du championnat d'Arabie Saoudite a ainsi explosé, s'offrant une visibilité sans précédent sur la scène internationale.

L'économie du sport dans ces pays est ainsi une économie d'export. Elle ne compte pas sur des marchés nationaux restreints pour se développer, malgré un pouvoir d'achat élevé, mais elle veut capter la valeur générée par le sport dans le monde entier pour la ramener à elle. Au cœur d'immenses plans de transformation de l'économie tels que le plan Vision 2030 en Arabie Saoudite, la transformation des infrastructures d'accueil de touristes internationaux tente aussi de faire de la Péninsule Arabique un hub sportif à la croisée des continents, s'octroyant le luxe d'organiser de nombreux GESI avec l'ambition d'observer des retombées économiques sur l'ensemble des secteurs d'activité du pays, notamment touristiques.

Cependant, ces pays, à la différence des pays occidentaux, connaissent de réelles difficultés à développer une économie de la pratique en leur sein. Pourtant nécessaire car fortement touchés par l'obésité et la sédentarité, les pays du Golfe se confrontent à des problématiques sociétales et environnementales qui inhibent la pratique grand public et coupent ainsi le pays d'un pan entier du secteur économique qui aurait pu se montrer particulièrement porteur pour développer une économie nationale.

L'analyse des modèles des différentes typologies d'économies à travers le globe nous permet de prendre conscience des inégalités existantes entre les différents territoires mais aussi des différentes approches en termes de stratégie de développement, s'appuyant tantôt sur des actifs nationaux forts à exporter, tantôt sur la captation de valeur créée à l'étranger pour la ramener au sein d'une économie locale en construction. Les acteurs de ces économies sont ainsi inégalement développés et structurés, laissant à chacun l'opportunité de tirer son épingle du jeu dans un secteur qui n'a jamais été autant globalisé.

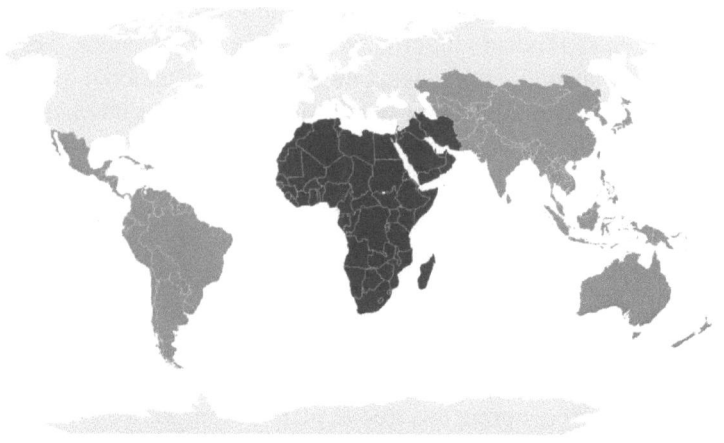

Source : Mordor Intelligence

Annexe 2 : Croissance du marché du sport par région du monde (2019 – 2024)

Focus sur : Le sport chinois, illustration des grandes dynamiques de l'économie du sport mondial

Le sport chinois représente une illustration assez exhaustive du secteur du sport au XXIe siècle. Autrefois un nain économique, en pesant désormais 17% du PIB mondial, la Chine est devenue en quelques années une puissance économique et démographique désormais sans égale. Depuis les années 1980, elle joue un rôle clé au sein du processus de mondialisation. Le pays s'est d'abord imposé au travers de l'intermédiaire de ses capacités de production manufacturières puis progressivement en devenant un pionnier de l'utilisation des nouvelles technologies et de la logistique mondiale, en proposant des services avec une valeur ajoutée de plus en plus importante ou encore… en accueillant les plus grands événements sportifs mondiaux.

Le 8 août 2008 à 20h08, la cérémonie d'ouverture des Jeux Olympiques de Pékin débute, marquant l'entrée du pays dans la cour des grands. Le choix de Pékin pour accueillir la plus prestigieuse des compétitions n'est pas dû au hasard. La croissance économique de la Chine depuis plus de vingt ans a projeté le pays sur le devant de la scène, en faisant un acteur incontournable d'un monde émergent lancé à pleine vitesse. Lorsque Pékin accueille à nouveau les Jeux Olympiques en 2022, d'hiver cette fois-ci, le pays a encore beaucoup changé. Autrefois au cœur d'une délocalisation industrielle du monde occidental, la Chine possède désormais une valeur ajoutée sur l'ensemble des secteurs économiques et sa classe moyenne, croissant à une vitesse phénoménale, n'a plus rien à envier aux classes moyennes occidentales, à l'exception peut-être d'un gouvernement démocratique. L'économie chinoise contribue aujourd'hui à l'ensemble des industries nécessaires pour faire tourner l'économie du sport mondial. Si bien que si la Chine est en mesure d'organiser des Jeux à 100% *Made in China*, elle doit bien être le seul pays du monde à en être capable.

L'industrie chinoise représente un acteur fondamental de l'économie mondiale, et donc aussi du sport. À l'occasion des Jeux de Paris 2024, 80% des mascottes de l'événement commercialisées, les Phryges, étaient produites en Chine. Merchandising, équipements sportifs, tenues des athlètes… la Chine est le grand gagnant de tous les événements sportifs, fabriquant à tour de bras les produits qui y sont utilisés et commercialisés. Alors que les principales entreprises du secteur sont occidentales à l'image de l'équipementier Nike dont le chiffre d'affaires excède 51 milliards de dollars[6], le géant chinois n'est en réalité jamais bien loin, captant une partie de la valeur générée par ces leaders mondiaux. Ainsi, 36% de la production des chaussures de la marque à la virgule est ainsi réalisée dans les usines de l'Empire du Milieu. Entre janvier et avril 2024, à quelques mois des Jeux Olympiques, les exportations d'équipements sportifs de la ville de Guangzhou seule s'élevaient à plus de 2,2 milliards de dollars. À Zhejiang, l'un des principaux hubs industriels du pays, ce sont près de 1,4 milliards de dollars de produits liés au sport (notamment merchandising) qui ont été exportés, en augmentation de 25% par rapport à la même période l'année précédente. Un phénomène qui ne doit rien au hasard, le faible coût de la main d'œuvre chinoise ayant peu à peu mené à une désindustrialisation de l'Occident dont les plus grandes entreprises se sont mises à produire en Chine. Mais les dirigeants du PCC n'ont pas été dupes, cette ouverture s'est faite à certaines conditions permettant au pays de pouvoir s'appuyer dessus pour se constituer une économie compétitive à long terme. Afin de procéder à un transfert de compétences, l'ouverture du pays s'est ainsi faite à condition que les industriels s'y implantant procèdent à la création de *joint-ventures* aux côtés

---

[6] https://fr.statista.com/statistiques/559979/chiffre-d-affaires-mondial-de-nike-de-2005-a/#:~:text=Cette%20statistique%20repr%C3%A9sente%20le%20chiffre,51%2C21%20milliards%20de%20dollars.

d'une société chinoise. Au fil des années, les entreprises chinoises ont ainsi pu acquérir une réelle expertise en termes de production industrielle d'équipements sportifs si bien que les plus gros acteurs du pays se montrent désormais capables de concurrencer les géants tels que Nike à moyen terme. C'est le cas notamment de la société Anta Sports, équipementier partenaire du comité olympique chinois, générant en 2023 un chiffre d'affaires de 8 milliards d'euros après avoir enregistré une croissance de 16% sur l'année. Le développement de ces acteurs locaux est devenu une réalité, permise par leurs concurrents. Ils jouent un rôle croissant au sein de l'écosystème sportif, venant bouleverser l'ordre établi. Désindustrialisés, les pays occidentaux ne peuvent désormais plus faire sans le géant chinois. Si le Coq Sportif a réussi son pari de livrer les équipements de la délégation française des Jeux de Paris à temps (à quelques heures près), le comité d'organisation n'a pas été en mesure de produire l'ensemble du merchandising commercialisé dans l'Hexagone, la faute à la disparition de trop nombreux emplois industriels.

Après avoir attiré les industriels de tous secteurs pour venir produire sur son territoire, la Chine a su développer ces dernières années des industriels de très grande taille, devenant des acteurs mondiaux avec des moyens colossaux. Afin de conquérir les marchés occidentaux où les pouvoirs d'achat sont plus élevés, certains de ces acteurs font le choix du sport comme d'un support marketing pour augmenter leur notoriété et communiquer à l'international. À l'occasion de l'Euro de football 2024 en Allemagne, cinq des treize sponsors principaux de l'évènement étaient des marques chinoises : Hisense, AliExpress, Ant Group, Vivo et BYD. Une stratégie qui semble porter ses fruits pour pénétrer un marché occidental où elles font souvent face à un déficit de notoriété. D'après une étude du China-Britain Business Council, Hisense aurait connu une hausse de 83% de ses ventes à l'international à la suite des précédents Euros. Ainsi, le secteur économique du sport en Chine bénéficie de la présence d'industriels puissants aussi bien dans la production des biens de consommation sportifs qu'au travers de campagnes de sponsoring de grands événements, un atout pour sa présence économique au sein du secteur.

Aux côtés de son industrie, la Chine a investi fortement dans le développement du sport de haut niveau sur son territoire au travers de deux approches : le développement et la professionnalisation des compétitions nationales et l'accueil de grands événements sportifs internationaux. Le développement du sport de haut niveau joue un rôle double pour l'Empire du

Milieu qui, au-delà de son potentiel économique, y voit un outil en vue de se positionner comme une puissance du sport mondial aux yeux de tous. Pour cela, les investissements dans le sport en Chine se font à différentes échelles. L'accueil des Jeux Olympiques et Paralympiques de Pékin (d'été en 2008 puis d'hiver en 2022) a fortement influencé les investissements du pouvoir central dans la pratique, diversifiant les sports dans lesquels les athlètes chinois excellent et déployant de véritables structures de performance, s'appuyant notamment sur le centre national d'entraînement de Pékin. Un succès semble-t-il au regard des résultats de ses athlètes lors des dernières Olympiades[7].

La Chine souhaite briller aux yeux du monde grâce au sport, et le plus populaire d'entre tous ne peut pas faire exception. Alors qu'elle n'est parvenue à participer qu'à une seule phase finale de Coupe du Monde de Football (en 2002 grâce à la qualification automatique du Japon et de la Corée du Sud, pays organisateurs), la Chine ne parvient pas à développer le football professionnel dans le pays. En 2004, elle crée son championnat professionnel, la Chinese Super League et peu à peu les clubs se dotent de moyens financiers considérables. À l'image des clubs occidentaux, ces derniers s'appuient sur des mécènes de taille, les dix plus gros entrepreneurs chinois possédant tous un club du championnat. L'État aussi, du fait de la dimension stratégique du football à ses yeux, a décidé d'investir afin de permettre d'attirer au sein du championnat des joueurs de renom avec l'ambition d'améliorer sa visibilité à l'international. Ainsi, l'année 2012-2013 se retrouve marquée par l'arrivée de joueurs tels que Didier Drogba ou Nicolas Anelka avec des salaires de plus d'un million d'euros par mois, des records pour l'époque. Mais dans la plupart des cas, les joueurs repartent laissant derrière eux des clubs dans une situation financière délicate et sans succès médiatique retentissant. Malgré tout, les droits TV se développent petit à petit, passant de 7 millions de dollars en 2014-2015 à 140 millions en 2015-2016 lors de leur renégociation. La fédération a alors laissé la main à une ligue professionnelle pour développer le championnat, permettant la signature de nombreux contrats de sponsoring d'entreprises internationales telles que Nike ou DHL. Toutefois, malgré tous ces efforts, les parties prenantes du

---

[7] Paris 2024 : 2e des Jeux Olympiques avec 91 médailles, 1ère des Jeux Paralympiques avec 220 médailles
Pékin 2022 : 3e des Jeux Olympiques avec 15 médailles, 1ère des Jeux Paralympiques avec 61 médailles
Tokyo 2020 : 2e des Jeux Olympiques avec 89 médailles, 1ère des Jeux Paralympiques avec 207 médailles
Pékin 2008 : 1ère des Jeux Olympiques avec 100 médailles, 1ère des Jeux Paralympiques avec 211 médailles
Sydney 2000 (avant l'attribution des Jeux de Pékin) : 4e des Jeux Olympiques avec 50 médailles (contre 101 pour les États-Unis, 1ers), 9e des Jeux Paralympiques avec 39 médailles

championnat n'en trouvent pas le modèle économique et on assiste depuis la fin des années 2010 à un recul des investissements, certains clubs mettant la clé sous la porte au début de l'année 2020. La Chine, malgré sa puissance économique, ne parvient pas à structurer une économie du football professionnel qui soit rationnelle et génératrice de revenus.

Le marché chinois est toutefois au cœur des stratégies de développement des acteurs économiques du football professionnel. Avec plus d'un milliard de consommateurs potentiels et une classe moyenne qui a connu une forte croissance ces dernières années, le marché est devenu la priorité de nombreux clubs et fédérations occidentales, notamment en Allemagne où le marché chinois est devenu une véritable cible. Le nombre de followers des stars mondiales telles que Cristiano Ronaldo ou Lionel Messi en Chine a été multiplié par sept ces dernières années pour atteindre 56 millions[8], un chiffre qui reste relativement faible à l'échelle démographique du pays mais dont la valeur absolue reste importante au regard de l'importance accordée à ce sport. L'intérêt des Chinois pour le football allemand a ainsi poussé six clubs de Bundesliga à ouvrir un bureau en Chine, tout comme l'a fait la fédération, afin d'y développer leurs revenus commerciaux en s'appuyant sur une nouvelle base de fans aux pratiques de consommation différentes. Malgré les efforts, ces investissements ne semblent toutefois pas encore particulièrement rentables, à se demander si le pays est réellement prêt à s'ouvrir au ballon rond. En réalité, des études semblent démontrer que ce sont avant tout les joueurs, et notamment leurs attributs physiques, qui attirent les audiences chinoises qui consomment du divertissement, bien plus qu'un intérêt pour la pratique du football en tant que telle, soit une approche complètement différente à appréhender pour les acteurs du secteur[9]. Confrontée à un développement national difficile, la stratégie du football professionnel chinois s'est alors exportée au travers du rachat de clubs professionnels occidentaux par de grands groupes chinois privés liés à l'État, à l'image de ce que peuvent faire ces dernières années les pétromonarchies du golfe. En 2015-2016, des premiers clubs européens passent ainsi sous pavillon chinois (Inter Milan, West Bromwitch Albion, Aston Villa, Epanyol Barcelone…). La présence de la Chine dans le football se fait alors ressentir à l'international par son actionnariat dans les grands championnats médiatisés bien plus qu'en s'appuyant sur des actifs nationaux médiatiques.

---

[8] Propos de Rufio Zhu du Mailman Group

[9] Pour en savoir plus : https://www.ispo.com/fr/news/marches/etude-sur-le-football-les-supporters-en-chine

Faisant face à de nombreux échecs de ses candidatures à l'accueil de la Coupe du Monde de la FIFA, la Chine décide peu à peu de changer de stratégie de visibilité et de l'orienter vers un développement du football sur le long terme, s'appuyant notamment sur la constitution d'une base solide de joueurs à travers le pays. En 2016, le gouvernement lance un plan massif de développement du football avec l'ambition de construire 20 000 académies, bénéficiant de la création de 70 000 nouveaux terrains de football. L'ambition est de développer la pratique auprès de cinquante millions de chinois et de l'imposer à trente millions d'enfants dans les écoles. Le président Xi ne cache pas ses ambitions et déclare « en avoir assez d'être un nain footballistique alors que la Chine est un géant politique et économique ». Le développement de la pratique s'associe alors de la création d'infrastructures destinées au haut-niveau. La Guangzhou Evergrande Football Academy de Qinyan est créée et s'impose comme la plus grande académie de football au monde avec ses 2500 pensionnaires s'entraînant sur 50 terrains de football. Afin de se positionner comme un acteur de très haute performance, l'académie s'appuie par ailleurs sur un partenariat avec le Real Madrid afin de bénéficier de l'expertise nécessaire à la formation des futurs talents du football chinois et lui permettre de se répandre au sein des techniciens locaux.

L'exemple du football chinois est une illustration idéale des mécaniques économiques à l'œuvre dans le sport professionnel aujourd'hui. Les championnats essaient de se professionnaliser dans un monde qui se globalise et où la médiatisation devient le nerf de la guerre. Les puissances émergentes voient dans le football un moyen de se faire entendre sur la scène internationale et n'hésitent pas à investir dans les championnats européens pour gagner en visibilité et capter une partie de la valeur qu'ils génèrent. Le football, s'il représente bien les enjeux auxquels se confronte le sport professionnel dans le monde, est loin d'être le seul sport à se professionnaliser en Chine. Celui qui y est le plus populaire est sans équivoque le basketball. D'autres sports tels que le badminton ou le tennis de table jouent pour leur part un rôle prépondérant au sein de l'identité du pays et de nombreux tournois s'y déroulent chaque année, des références lui permettant de renforcer son attractivité, principalement auprès de ses voisins asiatiques. La stratégie d'accueil d'événements sportifs d'ampleur a ainsi pour ambition de valoriser les territoires du pays et de les placer sur la carte du monde, tout en offrant l'opportunité de créer des infrastructures permettant le développement de la pratique sportive pour le grand public, fondamentale pour les économies. Mais l'accueil de ces événements, parfois aléatoire et peu fréquent ne peut pas être la seule source de développement sportif, les États investissant dans des politiques publiques de grande ampleur pour développer la pratique au sein de leur population.

En termes de pratique sportive, le sport Chinois est hautement dépendant d'un État omniprésent et omnipotent. D'idéologie communiste, la transformation du paysage économique chinois passe principalement par des plans quinquennaux. En 2021, la Chine a lancé un plan national de remise en forme avec l'ambition d'atteindre un taux de 38,5% des Chinois pratiquant une activité physique régulière[10]. Pour cela, l'ambition a été de faciliter l'accès à la pratique avant toute chose. Des indicateurs ambitieux ont alors été définis : avoir au sein du pays deux moniteurs de sport diplômés pour mille habitants, créer ou étendre plus de 2000 lieux de remise en forme supplémentaires et en rénover plus de 5000. À la fin du plan, prévue pour 2025, tous les Chinois devraient alors vivre à moins de quinze minutes à pied d'un lieu de pratique sportive, répondant à l'ambition de dresser le moins de barrière entre les citoyens et la pratique sportive. Les politiques publiques du sport en Chine prennent aussi à cet effet en considération les différentes populations qui ont parfois tendance à être sacrifiées sur l'autel du nombre de pratiquants. Pour les étudiants, l'ambition est ainsi de leur permettre d'avoir deux heures de pratique sportive hebdomadaire à l'université ainsi qu'une heure en dehors du campus. Mais le plan possède aussi des recommandations spécifiques pour les personnes âgées, les publics féminins ou les paysans des territoires ruraux éloignés. Grâce à un tel plan, les pouvoirs publics sont en mesure d'impulser une transformation conséquente de l'écosystème grâce à un investissement massif permettant la création des infrastructures et la formation des ressources humaines nécessaires à en faire perdurer l'impact dans la durée.

À ce titre, le gouvernement Chinois est ainsi particulièrement interventionniste, pour la pratique sportive comme pour le reste. Il n'hésite ainsi pas à légiférer à son sujet. Une *Loi Sport* a été instaurée en 1995 avant de connaître une extension massive en 2021 et légifère sur un nombre de sujets variables allant des thématiques liées à l'anti-dopage à l'encadrement de la pratique sportive en milieu scolaire. Pilotée à l'échelle centrale, la pratique sportive en Chine est ainsi éminemment politique.

---

[10] https://www.china-briefing.com/doing-business-guide/china/sector-insights/how-china-s-policies-are-encouraging-the-growth-of-the-fitness-services-industry

Enfin, le sport chinois prend aussi le tournant du digital, peut-être même bien avant les autres pays, illustrant les nouvelles dynamiques du secteur. Déjà en 2003, le pays avait reconnu l'esport comme un sport officiel face à la popularité du phénomène. Un réel marché de l'esport s'y est développé en suivant un modèle économique similaire à celui du sport, au travers de la création de ligues et d'équipes professionnelles notamment. Le marché représente aujourd'hui 500 millions de dollars dans le pays et sa croissance est attendue supérieure à 4,6% par an, permise par l'engagement de près de 250 millions de chinois[11]. Le digital s'est ainsi peu à peu intégré au développement de l'écosystème, notamment au travers de la gamification de la pratique sportive. Le recours à des communautés digitales et des applications adaptées à la pratique sportive représente un véritable levier pour en développer l'intérêt au sein de la population, et ce particulièrement chez les plus jeunes. L'application mobile *Keep* rassemble ainsi 42 millions d'usagers actifs dont 74% sont âgés de moins de trente ans et les pousse à avoir une activité physique régulière. L'économie du sport chinois a su prendre le sujet du digital afin d'en faire un outil pertinent pour son développement mais aussi un avantage concurrentiel certain.

Le marché du sport en Chine semble donc révélateur des enjeux de développement du secteur dans le monde et tend progressivement à « s'occidentaliser ». Autrefois dominé par la fabrication d'équipements sportifs, le marché se transforme peu à peu au travers d'une demande de services beaucoup plus importante, dynamisée par la prise en considération du sport comme d'un loisir par les classes moyennes. Le développement des sports d'extérieur, lié à l'accueil des Jeux Olympiques d'Hiver mais aussi d'une simple volonté de vivre de nouvelles expériences, notamment après une expérience pandémique traumatisante, en tire le marché vers le haut. En parallèle, de nouveaux produits devenus accessibles pour la population développent la consommation liée au sport : billetterie pour des événements sportifs, coaching personnalisé, merchandising… Les politiques nationales en sont même venues à inciter à l'organisation de grands événements pendant les périodes de congés afin de stimuler la consommation à l'échelle nationale. Au total, l'économie du sport en Chine devrait peser plus de 500 milliards de dollars[12] d'ici à la fin de

---

[11] https://www.statista.com/outlook/amo/esports/china#:~:text=China%20is%20projected%20to%20witness,US%24623.5m %20by%202029.

[12] https://www.china-briefing.com/news/chinas-economic-and-sports-industry-gains-from-paris-2024-olympics/

l'année 2025, bénéficiant d'une reprise d'activité intense après de longues années sans événements liées à la pandémie de Coronavirus. Son dynamisme n'est d'ailleurs pas sans attirer l'intérêt des acteurs traditionnels du sport mondial. En 2018, la France avait lancé un Club Sport à Pékin avec l'ambition d'accompagner les entreprises du sport dans leur pénétration du marché chinois.

Pour l'avenir, la Chine a lancé son programme « Sport + » avec l'ambition d'utiliser le sport pour développer des secteurs économiques connexes. L'accueil de grands événement mais aussi la création de parcs à thèmes et autres attractions sportives ont l'ambition de générer du tourisme sportif sur le territoire. Mais ce programme souhaite aussi s'attaquer au secteur de la distribution, en faisant de la Chine un pionnier de la distribution d'équipements sportifs, notamment à l'aide de plateformes e-commerce ou en utilisant le sport comme un outil marketing pour la distribution de produits du quotidien, en témoigne le partenariat d'Alibaba.com avec le Comité International Olympique. Enfin, la Chine a l'ambition de combiner sport et divertissement pour en améliorer la valeur ajoutée et l'expérience utilisateur en développant les concerts lors d'événements sportifs ou dans des enceintes qui y sont dédiées mais aussi en s'appuyant sur des leviers tels que l'esport. Une stratégie en trois points qui semble bien illustrer les tendances économiques du secteur à l'échelle mondiale et la manière dont il peut contribuer aux économies locales aux yeux des gouvernements.

L'IMPACT ECONOMIQUE DES EVENEMENTS SPORTIFS

Des événements avec un impact économique conséquent

Évaluer précisément l'impact économique des événements sportifs n'est pas chose aisée. Comme nous avons pu l'évoquer, leur impact est double, générant des retombées économiques au sein de la filière sportive, assez facilement quantifiables, mais aussi en-dehors de cette dernière en mobilisant une multitude d'acteurs de tous les secteurs. Preuve de ce phénomène, dans une conjoncture économique assez morose depuis plusieurs années, l'économie de services en France a connu une augmentation significative de son activité au deuxième trimestre 2024, boostée par l'influence des Jeux Olympiques et Paralympiques tandis que l'industrie continue son déclin.

Au sein de la filière sportive, des expertises spécifiques naissent au sein de l'écosystème économique grâce à ces événements. Des expertises telles que la gestion de billetterie, la construction de sites de compétition multimodaux ou encore la gestion de la mobilité des différentes populations sont cruciales pour la réussite de tels événements. L'organisation de GESI dans un pays comme la France permet ainsi à ses entreprises de développer ces expertises et de pouvoir les exporter. La société RnK, spécialisée dans l'organisation de ces grands événements et notamment organisatrice du relais de la flamme olympique et paralympique exporte aujourd'hui son savoir-faire en organisant le relais des Jeux d'Hiver 2026 en Italie ou encore en accompagnant divers acteurs dans la rédaction de dossiers de candidature à l'accueil de Jeux Olympiques ou de Coupes du Monde. L'accueil de tels événements permet ainsi de créer de l'activité au sein de la filière sportive et donc de générer de l'emploi, ce qui justifie leur caractère d'investissement stratégique pour les gouvernements. Le jour de l'ouverture des Jeux, le comité d'organisation de Paris 2024 comptait environ 4500 collaborateurs alors qu'on estime au total à environ 60 000 le nombre d'emplois générés par l'événement dans l'Hexagone[13]. Si tous ces emplois ne sont qu'à durée déterminée et pour des périodes allant de deux semaines à sept ans, ils permettent toutefois d'impliquer et de former de nombreux professionnels du secteur en leur offrant une première expérience olympique mais aussi de contribuer à l'insertion professionnelle de publics à la recherche d'emploi, notamment en permettant à des étudiants, des jeunes diplômés ou des personnes sans activité d'intervenir sur des missions peu qualifiées telles que le service aux spectateurs, la vente de boissons ou le nettoyage. 4000 des emplois cités précédemment ont ainsi été créés dans les chantiers des Jeux à destination de personnes qui en sont habituellement éloignées, plus du quart étant par ailleurs occupés par des jeunes de moins de 25 ans.

L'accueil de tels événements permet donc de générer des retombées économiques indirectes pour l'ensemble des secteurs économiques. Si les principaux secteurs annexes à être concernés sont évidemment le tourisme et les transports, d'autres tels que la vente de proximité ou les loisirs bénéficient aussi de la présence de spectateurs dans les villes et villages hôtes pour une durée plus ou moins longue. Fondamental en cas de construction de nouvelles infrastructures pour accueillir les épreuves, le secteur de la construction bénéficie lui-aussi d'importantes retombées indirectes grâce à ces événements. Mais si certains tirent davantage leur épingle du jeu, c'est bien l'ensemble des secteurs qui en bénéficient. De nombreux artisans ont ainsi été mobilisés sur la Coupe du Monde de Rugby 2023 afin de concevoir les costumes de la cérémonie d'ouverture, tout comme les danseurs, chanteurs, musiciens et autres figurants y participant. Lors des Jeux de Paris 2024, 15 000 interventions sanitaires ont eu lieu en lien direct avec les Jeux, venant contribuer au dynamisme du secteur médical... Mais l'impact de ces événements, s'il est évident, n'est pas non plus automatique. Les organisateurs, ainsi que les organismes étatiques, sont amenés à prendre des décisions stratégiques de gouvernance afin de le maximiser et d'éviter que toute la valeur qu'ils génèrent ne soit captée par des entreprises étrangères ou par un nombre trop restreint d'acteurs économiques.

Pour mieux comprendre les mécanismes économiques qui peuvent être activés pour maximiser l'impact de ces événements, il est important de comprendre leur fonctionnement et leurs enjeux. Ces dernières années, une

---

[13] Source : Bilan des Jeux Olympiques du 23 août 2024, Ministère des Sports et des Jeux Olympiques et Paralympiques

réelle prise de conscience est apparue au sein des comités d'organisation avec un mot revenu en leitmotiv à chaque étape de l'organisation : l'héritage.

Trop souvent, les grands événements sportifs ont laissé derrière eux des éléphants blancs, ces infrastructures aux coûts pharaoniques utilisées le temps d'une olympiade avant d'être abandonnées faute d'opportunités de les réutiliser. Une tendance qui a malheureusement été récurrente et s'est amplifiée ces dernières années, menant à une prise de conscience de l'importance d'être en mesure de laisser un héritage durable à l'accueil de GESI, qu'il soit économique, environnemental ou social. Après les Jeux d'Athènes de 2004, de nombreux équipements sportifs ont été abandonnés à l'image du stade de baseball, du complexe de canoë-kayak ou du village olympique. À Rio, le Stade Maracana, enceinte majestueuse construite en 1950 qui a accueilli la finale de la Coupe du Monde de la FIFA 2014 puis les cérémonies d'ouverture et de clôture des Jeux de Rio 2016 a été laissé à l'abandon et vandalisé pendant plusieurs années avant d'être réhabilité pour redevenir l'antre du club local de Flamingo. Les coûts pharaoniques des Jeux de Rio ont laissé la ville fortement endettée, impactant le contribuable pendant de nombreuses années par la suite. Au Qatar, hôte de la Coupe du Monde de la FIFA 2022, l'émirat a tenté de justifier la construction de sept stades et la rénovation d'un autre en leur promettant une utilisation récurrente sur le long terme. Seul l'un d'entre eux n'était pas destiné à avoir un avenir et a alors été construit à l'aide de conteneurs afin d'être facilement démontable et transportable dans d'autres pays pour accueillir des événements similaires. Mais là encore, le démontage n'a duré que le temps nécessaire aux médias pour s'y intéresser avant de s'arrêter et le stade 974, comme tous les autres stades du Mondial reste inutilisé, à l'abandon, trop grand pour répondre aux attentes du championnat de football local.

Dans le cadre des Grands Événements, les exemples de mauvaise utilisation des ressources ne manquent pas. Toujours au détriment des locaux, ces dépenses inconsidérées sont le plus souvent justifiées par la volonté de proposer un spectacle toujours plus impressionnant et une image imposante à l'international. Les excès des Jeux de Montréal de 1976 ont ainsi endetté la ville et son contribuable encore pendant trente ans après la cérémonie de clôture. En trente-trois éditions de Jeux modernes (d'été seulement), seuls les Jeux de Los Angeles de 1984 auraient généré des bénéfices financiers pour l'organisateur. Mais au-delà du coût financier important, certains en viennent même à parler de la malédiction du vainqueur pour caractériser l'endettement à venir de la ville qui aura gagné l'organisation d'une Olympiade.

Le coût social de ces GESI peut lui-aussi parfois s'avérer démesuré. Au Qatar, pays hôte de la Coupe du Monde de la FIFA 2022, les conditions de travail sur les chantiers des stades ont été qualifiées par de nombreux médias et ONG de situation d'esclavage moderne et ont laissé derrière elles plusieurs milliers de morts, pour la plupart ayant immigré depuis l'Inde ou ses pays voisins. Les déplacements de populations tout comme l'augmentation des tarifs dans les villes hôtes lors des Olympiades ont aussi un coût social important sur les locaux, venant questionner la pertinence de leur accueil. Dernièrement, la prise de conscience, au sein des élites occidentales majoritairement, des enjeux de sobriété énergétique et de l'impact écologique de l'accueil d'événements sportifs plaide aussi en faveur d'une meilleure utilisation des ressources telles que les stades, financés le plus souvent par les pouvoirs publics et utilisés deux fois par mois.

L'ensemble de ces coûts a ainsi raison de nombreuses candidatures et d'un scepticisme croissant des populations concernant l'accueil des Jeux Olympiques et Paralympiques. Dans chaque ville ou pays candidat, les mouvements d'opposition se font de plus en plus nombreux et virulents, motivés ces dernières années par une opposition au financement d'événements hors de prix pour le contribuable dans une période d'austérité où les pouvoirs publics sont souvent confrontés à des réductions budgétaires mais aussi motivés par des raisons d'impact environnemental excessivement négatif pour une simple manifestation sportive.

S'ils sont souvent motivés par une volonté d'améliorer l'image du pays, les grands événements peuvent aussi se retrouver piégés dans des mécanismes médiatiques contre-productifs. Ils s'exposent alors à des volontés de déstabilisation de la part de pays extérieurs d'une part mais peuvent aussi représenter un théâtre de contestations idéales. À l'approche de la Coupe du Monde 2022 au Qatar, les pays arabes voisins ont financé des campagnes de désinformation sur les réseaux sociaux tentant d'associer l'image du Qatar avec celle du financement du terrorisme et à la corruption, déstabilisant le pays dans la sphère digitale à l'aide de *bots*. Dans un autre registre, lors des Jeux Olympiques de 1972, un commando palestinien de l'organisation « Septembre Noir » prend en otage des athlètes de la délégation israélienne dans le village olympique de Munich. La police allemande décide d'intervenir alors que le commando se trouve à l'aéroport et s'apprête à quitter le pays. Mal préparée, l'intervention est menée de la plus mauvaise des manières. L'ensemble des otages sont abattus et ce ne sont pas moins de dix-huit morts qui sont recensés à la fin de l'opération. L'incapacité de l'Allemagne à assurer la sécurité des athlètes est pointée du doigt et son image à l'international en sort fortement dégradée. À l'occasion des Jeux de Paris 2024, un ressortissant russe a été interpellé, soupçonné d'ingérence étrangère en vue de réaliser des déstabilisations d'ampleur pendant la cérémonie d'ouverture. Au-delà des risques d'image, l'organisation des Jeux présente ainsi des risques sécuritaires pour les pays organisateurs, venant faire peser un poids supplémentaire dans l'argumentaire de leurs opposants. La cybersécurité devient désormais un enjeu clé, le cyberespace étant devenu un espace de déstabilisation se démarquant par sa difficulté à être contrôlé. Lors des Jeux de Paris, 550 parties prenantes de l'événement, de l'opérateur de stade à la société de gestion de l'eau, ont été accompagnés par les pouvoirs publics afin de limiter leur exposition à des risques cyber.

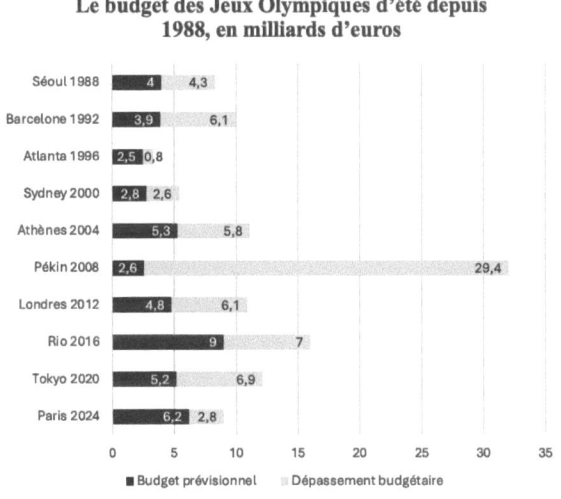

Le budget des Jeux Olympiques d'été depuis 1988, en milliards d'euros

14

Annexe 3 : Les budgets largement dépassés des dernières éditions des Jeux Olympiques d'été

---

14 https://fr.statista.com/infographie/31540/comparaison-budget-organisation-jeux-olympiques-prevision-et-cout-final/
Budgets en euros constants de 2014 et euros courants pour Paris 2024 (estimation du coût final). NB : 9 milliards d'euros en 2024 équivalent à 7,1 milliards d'euros en 2014 (inflation). Source : Statista, Wladimir Andreff, Cour des Comptes via Challenges

Le coût d'organisation de ces GESI n'est donc pas négligeable et peut se retrouver aggravé par un risque réputationnel. Les pays qui continuent à faire le pari de ces événements ambitionnent ainsi de le faire de plus en plus intelligemment en se dotant d'organismes de contrôle, de structures interministérielles et apolitiques pour le pilotage de leur organisation. Malheureusement, depuis 1988, en moyenne, les budgets des Jeux ont tout de même été dépassés de plus de 100%, soit le double du montant prévisionnel. À Pékin, en 2008, ils avaient coûté plus de 30 milliards d'euros, soit un dépassement du budget de 1100%. À ce prix-là, quel peut être l'impact réel espéré de tels événements ?

Des GESI générateurs d'activité économique au sein des territoires

La France a accueilli ces dernières années plusieurs GESI tels que l'Euro 2016, la Coupe du Monde de Rugby France 2023 ou encore les Jeux Olympiques et Paralympiques de Paris 2024. Pilotés avec l'ambition de laisser un héritage durable mais aussi d'avoir un impact économique positif, l'ensemble de ces événements a contribué au développement et à la modernisation de l'économie du sport français. Au sein des territoires, ces événements ont permis de dynamiser l'activité économique et de laisser des infrastructures permettant au secteur de prospérer durablement.

Les infrastructures sportives au cœur de l'économie du sport

Les infrastructures événementielles telles que les stades ou les arénas sont indispensables à l'accueil de grands événements sportifs. Cependant, au-delà de ces compétitions, elles constituent un élément clé du développement du sport professionnel à l'échelle nationale en permettant l'accueil de compétitions annuelles. En France, l'accueil de la Coupe du Monde de la FIFA 1998 avait ainsi permis la construction du Stade de France à Saint-Denis, plus grand stade de l'Hexagone, tandis que les neuf autres stades utilisés avaient fait l'objet d'une rénovation, le tout pour un total de 600 millions d'euros d'argent public investi. Un investissement qui a permis l'accueil en 2007 de la Coupe du Monde de rugby sans que la construction d'aucun stade ne soit alors nécessaire, tout en permettant aux clubs qui y jouent de voir leurs enceintes bénéficier d'une nouvelle rénovation. Des années 1980 aux années 2010, les championnats nationaux ont alors connu une croissance régulière dans l'accueil des spectateurs. Cependant, à l'occasion de l'attribution de l'Euro 2016 à la France, le ministère des sports crée en 2008 une « Commission Grands Stades Euro 2016 » qui fait rapidement le constat selon lequel la France serait en retard en matière de conception et de réalisation de nouveaux équipements. En effet, selon la commission, une modernisation des grands stades s'avère nécessaire afin de ne pas freiner le développement du sport professionnel et risquer de compromettre la capacité de la France à accueillir des grands événements sportifs à l'avenir, une contrainte qui pourrait s'avérer bloquante pour l'ensemble de l'économie du sport professionnel sur le long terme. La commission suggère alors à l'État de définir une nouvelle politique nationale des stades en réfléchissant à un nouveau modèle de partage des responsabilités et des conditions d'accueil et d'exploitation notamment[15] avec l'ambition de leur permettre d'être davantage multimodaux mais aussi de proposer une expérience client améliorée.

C'est dans ce contexte qu'un immense chantier est engagé pour l'Euro 2016. Sur dix stades, cinq sont rénovés et quatre nouveaux sortent de terre à Lyon, Lille, Nice et Bordeaux. Originalement propriété des collectivités territoriales, les stades se veulent toujours plus grands et plus modernes, et donc nécessairement plus coûteux. L'État réfléchit alors à la possibilité de déployer de nouveaux modèles de financement de ces infrastructures onéreuses mais nécessaires. À Lyon, le problème ne se pose pas. Le club de football de l'Olympique Lyonnais parvient à lever les fonds pour construire son propre stade duquel il devient entièrement propriétaire, se dotant ainsi de la troisième plus grande enceinte de France après le Stade de France et le Stade Vélodrome de Marseille. Cependant, le Vélodrome, comme les trois autres stades construits pour accueillir l'événement, fait pour sa part l'expérience d'un partenariat public-privé (PPP), nouveau cadre juridique permettant qu'un constructeur attitré finance le projet de construction de l'infrastructure tandis que la collectivité la rembourse sur le long terme. Cette formule permet ainsi une accélération du préfinancement, importante pour disposer de stades opérationnels à temps pour la compétition mais aussi permettant de moins peser sur les collectivités en laissant à un exploitant la responsabilité de rentabiliser l'enceinte. C'est toutefois la logique d'urgence qui, aux yeux de la loi, justifie

---

[15] https://www.vie-publique.fr/rapport/30208-grands-stades-rapport-de-la-commission-euro-2016

le recours à un tel modèle de financement. Dans un PPP, la ville est propriétaire du stade, elle en délègue l'exploitation à un opérateur privé via des principes de concession ou de délégation de service public. En théorie, l'opérateur se rémunère sur les activités du stade, portant le risque de sa fréquentation et limitant le potentiel impact d'une sous-exploitation sur la collectivité impliquée dans le projet, souvent métropole. Afin d'en assurer une exploitation optimale, les stades construits sont aussi régulièrement associés à un club professionnel local, tenu à payer un loyer annuel fixe et souvent couplé d'une part variable au concessionnaire. Le modèle implique donc trois acteurs principaux : une collectivité, un exploitant et un club résident. La logique économique semble toute trouvée, permettant à l'ensemble des acteurs de faire bénéficier au trio de son expertise et de sa valeur ajoutée pour financer, construire puis exploiter le stade. Malheureusement toutefois, le modèle se confronte rapidement à des limites. Au Mans, le club de football professionnel s'est vu contraint de déposer le bilan. Le stade de 25 000 places est alors devenu bien trop grand pour accueillir des matchs de football amateur. Solidaire du club, c'est alors la collectivité qui a dû porter ses dettes vis-à-vis de la société d'exploitation[16]. La facture s'est ainsi alourdie année après année pour la ville du Mans qui, pour financer son stade, s'est vue contrainte d'augmenter les impôts locaux de 210%. Les partenariats publics privés qui, dans la théorie, sont une bonne idée pour tirer le meilleur des ressources du privé et du public font en réalité porter le plus gros risque sur la collectivité. Ils n'avantagent pas tant non plus le club résident qui se voit parfois exclu de son stade pour accueillir des événements plus rémunérateurs, ni l'opérateur, contraint d'agir avec des acteurs qui peuvent parfois limiter son développement économique ou l'expérience spectateur, si différente selon que l'enceinte accueille du football ou des concerts. En termes d'impact économique, le choix du PPP est ainsi intéressant, faisant porter un risque important aux collectivités mais assurant leur capacité à financer la construction d'un équipement aussi coûteux qu'un stade, nécessaire à l'accueil d'événements générateurs de retombées pour les acteurs locaux.

Au-delà de l'événement pour lesquels ils ont été utilisés, ces modèles ont permis à la France de se doter de stades suffisamment modernes pour développer l'économie de tout un secteur. Les matchs de football et de rugby des équipes de France remplissent des stades de 80 000 places, tout comme les matchs les plus importants des championnats nationaux. Ces stades jouent ainsi

---

[16] Pour mieux comprendre le fonctionnement des PPP et leur impact sur les finances des collectivités : https://www.cairn.info/revue-francaise-de-gestion-2014-8-page-87.htm

un rôle phare dans le développement des compétitions professionnelles en France et se montrent complémentaires grâce à leurs tailles variées. Construit à l'occasion de l'Euro 2016 et avec une capacité de 35 000 places, l'Allianz Riviera de Nice, qui accueille à l'année les matchs du club de football de l'OGC Nice peut paraître grand pour assurer un remplissage quotidien. Toutefois, moderne et dimensionné dans un juste milieu, sa capacité a permis d'accueillir des matchs de l'Euro 2016, de la Coupe du Monde féminine de la FIFA 2019, de la Coupe du Monde de Rugby France 2023 ou encore du tournoi de football des Jeux Olympiques de Paris 2024. La construction de ces stades a ainsi permis de répondre à la problématique identifiée par le rapport du ministère des sports d'un besoin de nouvelles enceintes pour continuer à accueillir des grands événements sportifs. Dans le cadre de la candidature de la France à l'accueil de la Coupe du Monde de Rugby 2023, ses infrastructures ont permis au dossier, légèrement pénalisé par la vétusté des stades Geoffroy-Guichard de Saint-Étienne et de la Beaujoire de Nantes, d'obtenir la note de 3,5 lors de l'analyse de sa candidature par la commission d'experts (contre 2,5 pour l'Irlande et 4 pour l'Afrique du Sud), soulignant sa capacité à mobiliser des stades à la hauteur des attentes liées à l'accueil d'un événement international. Cependant, dans ce cadre encore, le modèle français possède aussi ses limites car ce principe de partenariats et d'utilisation de stades à l'année pour des clubs résidents empêche l'exclusivité de leur utilisation sur une période de compétition automnale lors de laquelle s'est tenue la Coupe du Monde de Rugby. En bonne intelligence, les exploitants et les organisateurs sont parvenus à dessiner un calendrier qui permette à tout le monde d'utiliser le stade en y travaillant notamment avec la ligue de football professionnel afin que les clubs locaux disputent leurs matchs à l'extérieur pendant la période et en déployant un calendrier de compétition qui regroupe tous les matchs dans un même stade sur une période restreinte. Les attentes des fédérations internationales propriétaires de ces grands événements et dont les cahiers des charges sont parfois drastiques concernant les périodes de mise à disposition représentent un risque dans la volonté d'accueillir des GESI mais pour des raisons financières évidentes, le contribuable français ne peut pas se permettre de financer des stades utilisés uniquement pour leur accueil. Au Qatar, il en est autrement. Les sept stades construits à l'occasion de la Coupe du Monde de la FIFA 2022 ne sont utilisés que dans le cadre de l'accueil de GESI tels que la Coupe d'Asie des Nations de football 2023.

Le financement de stades apparait donc comme nécessaire pour pouvoir prétendre à l'accueil de grands événements sportifs ainsi qu'à l'organisation de compétitions professionnelles attractives tout au long de l'année. Si les plus grands événements se déroulent dans les stades, les collectivités ont parfois la nécessité d'investir dans le développement d'autres types d'infrastructures : tremplin de saut à ski, circuit de course automobile, piste de bobsleigh... Le coût de ces infrastructures pour les collectivités est important, mais l'investissement est nécessaire pour avoir l'ambition de générer de potentielles retombées économiques futures. Ne pas posséder de stade, c'est se priver de l'opportunité de prendre part à un grand événement sportif. Ce qui n'implique pas pour autant que la contraposée soit vraie. Le stade du Mans, s'il est de qualité suffisante pour prétendre à l'accueil de grandes compétitions coûte trop cher à la collectivité pour qu'elle puisse se permettre d'investir de l'argent supplémentaire afin de se porter candidate à l'accueil d'événements. Ainsi, la MMArena n'a pris part à aucun des derniers GESI sur le territoire français, ne contribuant pas à rentabiliser son stade dont le principal remplissage est lié à l'accueil des matchs de l'équipe de football de la ville, évoluant désormais dans le championnat amateur.

Le choix du positionnement géographique des infrastructures sportives est aussi un élément essentiel des stratégies d'urbanisme des villes et de désenclavement de certains territoires, notamment dans les banlieues des grandes villes. Les stades jouent un réel rôle pour développer l'attractivité de certains territoires et lutter contre leur enclavement, contribuant par exemple au développement du réseau de transport local. À l'occasion de la Coupe du Monde de la FIFA 1998 organisée en France, la construction du Stade de France était envisagée dans différents territoires de la petite couronne parisienne. Pressenti au sein du quartier d'affaires de La Défense, c'est finalement à Saint-Denis que le stade est construit avec l'ambition de contribuer à la dynamisation d'une banlieue appauvrie. Vingt-six ans après l'événement, les Jeux Olympiques de Paris 2024 ont placé le département de Seine-Saint-Denis au cœur du plus grand événement mondial, s'appuyant sur le Stade de France, étoffé d'un nouveau centre aquatique olympique et aux côtés desquels est venu s'ajouter un village olympique flambant neuf, transformé en hébergements et bureaux après les Jeux qui leur ont permis de bénéficier de l'ouverture de nouvelles lignes de transport en commun. Une véritable réflexion a ainsi été menée à l'échelle locale afin de capter au mieux la valeur des supporters qui, le plus souvent, viennent directement de Paris jusqu'au Stade de France et ne restent que peu à Saint-Denis. À Lyon, la construction du Groupama Stadium s'est faite autour d'une *sport valley* regroupant d'autres infrastructures sportives telles que la LDLC Arena ou le centre d'entraînement de l'Olympique Lyonnais, avec l'ambition de concentrer au sein d'un même lieu des infrastructures sportives, des clubs professionnels et des entreprises du secteur. C'est d'ailleurs là que s'installera le comité d'organisation des Jeux Olympiques et Paralympiques d'Hiver 2030. Ces choix de positionnement géographique liés à des enjeux de politiques publiques, s'ils ont un impact économique positif sur les territoires, peuvent toutefois se montrent problématiques à mesure que le sport se privatise. Le Yankee Stadium de New York, construit dans le quartier défavorisé du Bronx, ne convenait ainsi plus aux nouveaux propriétaires du club qui tentèrent de le vendre pour s'installer dans un lieu aux problématiques sociales moins visibles et donc moins susceptibles de nuire à l'expérience spectateur. Une mobilisation d'ONG a ainsi vu le jour afin de sensibiliser les investisseurs sur le rôle social joué par le stade dans le quartier et les risques de marginalisation qui verraient le jour s'il venait à être déplacé. Elles se sont aussi mobilisées pour davantage sécuriser et dynamiser ses alentours afin d'en faire un lieu dynamique au sein d'un territoire sinistré sur le plan économique, permettant à l'ensemble des parties prenantes de sortir gagnantes de la collaboration.

 Si l'on s'éloigne quelque peu de l'Europe, le cas du DHL Stadium de la ville du Cap en Afrique du Sud est intéressant à observer. À lui seul, le stade aurait généré 415 millions d'euros de retombées pour la capitale économique Sud-Africaine entre 2022 et 2024. Le stade a accueilli 1,73 millions de spectateurs lors de 73 événements majeurs mais son impact est aussi largement dû à son rôle en tant qu'outil économique pour des secteurs annexes. Il a ainsi accueilli 129 événements hors tribunes, principalement des congrès et des salons, ajoutant au dynamisme local. On a d'ailleurs pu décompter pendant ces deux saisons le tournage de plus de 70 films au cœur du stade, venant contribuer de manière significative au dynamisme de l'industrie créative locale, un moyen pertinent d'exploiter les nombreux espaces du stade, souvent sous-utilisés, notamment à l'intersaison. Au total, ce sont plus de 15 000 emplois à temps plein qui auraient été générés ou soutenus par l'activité du DHL Stadium, un indicateur marquant à la hauteur des attentes d'un stade de référence à l'échelle continentale.

Les collectivités, premiers clients des comités d'organisation

Si les modèles diffèrent en fonction de l'organisateur et de la stratégie relative à chaque Grand Événement, en France, il est attendu des collectivités qui souhaitent y prendre part qu'elles candidatent à l'accueil d'épreuves ou de matchs. Au sein de ces candidatures, la capacité à accueillir la compétition dans des infrastructures adaptées mais aussi celle nécessaire à accueillir des supporters du monde entier jouent un rôle fondamental (capacité hôtelière, aéroports internationaux…). Ces candidatures permettent d'assurer à l'organisateur que les collectivités hôtes potentielles souhaitent réellement s'engager pour faire de l'événement un succès. Le plus souvent, c'est un engagement financier qui vient tenter de convaincre le comité d'organisation ou de candidature d'impliquer la collectivité concernée. Cet engagement peut se traduire soit par un apport financier direct justifié par l'achat de droits marketing et de billets, soit par la réduction de coûts pour l'organisateur, notamment en ce qui concerne l'exploitation d'un stade si la collectivité partenaire en est propriétaire. Dans le cadre de la Coupe du Monde de Rugby France 2023, l'ensemble des villes hôtes se sont engagées financièrement auprès de l'organisateur, via un soutien direct ou via de la mise à disposition. Ainsi, des villes de toute la France, parfois même des Outre-mer, candidatent à l'accueil d'un match ou d'une épreuve de l'événement.

Dans certains cas, notamment lorsque les infrastructures pertinentes sont rares, le rapport de force peut avoir tendance à s'inverser et il est attendu que ce soit le porteur de la candidature qui investisse dans les collectivités hôtes pressenties. Dans le cadre de la candidature des Alpes Françaises à l'accueil des Jeux Olympiques et Paralympiques d'Hiver 2030, ce sont les régions Provence-Alpes-Côte-d'Azur et Auvergne-Rhône-Alpes qui ont porté le dossier. Elles se sont donc appuyées sur des infrastructures existantes au sein de ces régions comme la piste de bobsleigh olympique de La Plagne sans attendre de contribution financière spécifique des municipalités de montagne si ce n'est dans l'organisation des transports intra-communautaires, le nettoyage, le déploiement d'un dispositif de sécurité ou l'investissement dans la rénovation de certains bâtiments utilisés dans le concept des Jeux.

La mobilisation de ces collectivités à travers l'Hexagone devient de plus en plus systématique alors les grands événements sportifs modernes se veulent ceux d'une nation et non d'une ville ou d'une région spécifique. Certes, Paris 2024 a concentré la majorité des épreuves olympiques dans la capitale mais en réalité de très nombreuses épreuves ont été organisées au-delà du périphérique, parfois en Ile de France (cyclisme sur piste, BMX et golf à Saint-Quentin en Yvelines, équitation à Versailles…), parfois dans d'autres territoires métropolitains (voile et football à Marseille, tir à Châteauroux…) et parfois même en Outre-mer (surf à Tahiti). Pour développer ce sentiment que les Jeux de Paris sont les Jeux de la France avant tout, de nombreux dispositifs d'engagement se déploient à l'échelle nationale. Ces derniers représentent un moyen supplémentaire de mettre les collectivités locales à contribution tout en offrant aux partenaires privés des relais de communication additionnels. C'est l'exemple du relai de la flamme olympique, qui a traversé la France du 8 mai au 26 juillet 2024 puis du 25 au 28 août pour la flamme paralympique et a été pensé afin de faire vivre l'émotion des Jeux dans 550 collectivités réparties sur le territoire et permettre aux français de se sentir proches de l'Olympiade à venir, plus éloignée géographiquement. Cependant, offrir un tel moment d'engagement à ses citoyens a un coût pour les collectivités qui sont amenées à payer parfois plusieurs centaines de milliers d'euros pour voir la flamme traverser leur ville. Privé, le comité d'organisation des Jeux y trouve un juste compromis, à mi-chemin entre le développement de l'engagement des Français de partout sur le territoire et l'opportunité de commercialiser un produit supplémentaire afin de financer l'événement.

Aujourd'hui, 59% des collectivités territoriales françaises ont fait du sport un élément de leur stratégie internationale[17]. Le bruit informationnel généré par l'accueil d'un événement sportif permet d'améliorer la notoriété des territoires concernés de manière non-négligeable, aussi bien à l'échelle nationale qu'internationale. Le sport est un moyen d'attirer les regards pour valoriser les spécificités propres à chaque territoire. À l'occasion de la Coupe du Monde de Rugby France 2023, chaque ville hôte s'était vue dotée de son propre logo en accord avec la charte graphique de l'événement permettant de valoriser un trait qui lui soit spécifique. À Nice, le ruban de Moebius caractéristique de France 2023 prenait la forme d'un palmier afin de valoriser le caractère de villégiature de la ville tandis qu'à Toulouse, ville de l'aéronautique, il suivait le tracé d'un avion au décollage. Les événements deviennent ainsi des caisses de résonnance des marques territoriales. Certaines collectivités vont même jusqu'à la création d'une marque dédiée afin de se

---

[17] Voir Aymar Pascal, Desbordes Michel, Hautbois Christopher, *Management global du sport : marketing, gouvernance, industrie et distribution,* Paris, Amphora, 2019.

positionner comme territoire sportif. Si les événements s'appuient sur les collectivités pour leur organisation, ces dernières en tirent ainsi parti afin de se positionner d'un point de vue marketing.

À cet effet, les contributions de ces acteurs sont une source de financements non négligeable pour les organisateurs. France 2023 a ainsi récolté près de 30 millions d'euros de la part de collectivités. Ces financements ne sont pas du mécénat, bien au contraire. En échange, le comité d'organisation vend aux collectivités partenaires un nombre de services conséquents parmi lesquels le droit d'utiliser la marque de l'événement, des communications touristiques auprès des supporters ou encore de la billetterie voire l'association de leur collectivité à un projet annexe de l'événement tel que celui de l'absorption carbone ou de l'organisation du Tournoi National des Quartiers. Le statut de ville hôte s'achète ainsi pour un montant allant de plusieurs centaines de milliers d'euros à plus d'un million. Des montants conséquents qui, additionnés à la nécessité de posséder les infrastructures pertinentes, réduit drastiquement le nombre de villes qui peuvent se permettre d'être candidates à l'accueil de ces événements. Pourtant, lors de chaque échéance, de nombreuses métropoles se mobilisent pour candidater. Alors pourquoi ces collectivités sont-elles prêtes à investir des montants financiers importants pour devenir des acteurs des Grands Événements Sportifs ?

Les GESI, générateurs d'un impact économique conséquent pour les villes hôtes

Les événements sportifs ont un impact économique conséquent pour les territoires qu'ils concernent, c'est une évidence. Si l'on pense dans un premier temps aux retombées touristiques, les secteurs qui bénéficient de l'événement sont en réalité bien plus larges. On distingue ainsi deux types de retombées : des retombées directes, qui correspondent à une activité générée par l'organisation de l'événement et des retombées indirectes, qui s'étendent sur un plus long terme et reposent davantage sur une utilisation de l'événement par les collectivités afin de se rendre plus attractive aux yeux du monde. Plus récemment, une nouvelle notion est venue s'ajouter à l'équation des retombées : celle de l'héritage qui a pour vocation de permettre le développement d'une pratique sportive et de retombées économiques sur le long terme. L'ensemble de ces retombées sont ainsi générées par trois principaux types d'acteurs économiques : les organisateurs, les consommateurs et les médias.

Les retombées économiques directes des événements sont générées aussi bien par les dépenses liées à son organisation que par celles des consommateurs qui y assistent, permettant à de nombreux secteurs d'en bénéficier. Les événements vont générer des retombées tout au long de la chaîne de création de valeur : organisation, construction, exploitation et services aux équipes et aux spectateurs. Leur impact varie évidemment en fonction de la taille de l'événement mais aussi des besoins qui y sont liés. Lorsque les événements nécessitent la rénovation ou la construction de nouveaux stades (Euro 2016) ou des infrastructures de transport supplémentaires (lignes du métro dans le cadre de Paris 2024), le secteur de la construction se retrouve tiré vers le haut par des chantiers parfois pharamineux. La construction seule des stades de l'Euro 2016 aurait généré 20 000 emplois portés par les 216 millions d'euros d'argent public investis[18]. S'il s'agit d'un secteur dominé principalement par de grandes entreprises omniprésentes dans le paysage de la construction, ce n'est pas pour autant le cas de l'ensemble des secteurs concernés par les retombées de ces événements. Le comité d'organisation de Paris 2024 a attribué 79% des marchés qu'il a passés à des petites et moyennes entreprises, venant contribuer à un tissu économique local plus épars : agences de communication, transporteurs, sociétés de nettoyage... Les retombées directes sont ainsi le fruit d'un investissement réalisé principalement par les collectivités hôtes (rénovation des stades, signalétique dans la ville, mise à disposition de modes de transport exceptionnels...) ainsi que le comité d'organisation (exploitation du stade pendant la compétition, logement et restauration des équipes, création d'infrastructures dédiées aux médias...). Mais de l'autre côté de la chaîne, le consommateur contribue lui aussi fortement à ces retombées. S'il consomme dans les stades et autour, il dépense aussi dans les transports et l'hébergement afin de pouvoir assister à l'événement. Sa présence contribue à des retombées indirectes lorsque ce dernier consomme des loisirs ou qu'il prolonge son séjour dans d'autres territoires afin de s'adonner à une consommation touristique.

Pour prendre conscience de l'ampleur de l'impact économique d'un tel événement, nous pouvons nous intéresser à la cérémonie d'ouverture des Jeux Olympiques de Paris 2024. Cette cérémonie s'est déroulée pour la première fois non pas dans un stade mais en extérieur, sur la Seine, le fleuve qui traverse la

---

[18] https://geoconfluences.ens-lyon.fr/actualites/veille/euro-2016-les-stades-et-leur-impact-en-questions#:~:text=En %20termes%20d'emplois%2C%20l,%C3%A9conomique%20national%20g%C3%A9n%C3%A9r%C3%A9%20par%20l'

capitale française. En phase amont, cette cérémonie a mobilisé de nombreux acteurs pour réaliser des études de faisabilité et dessiner le concept avec précision. Ces acteurs ayant donné leur feu vert, une phase de production est entamée avec un investissement artistique important pour la conception de la mise en scène de la cérémonie, un investissement aussi dans la réfection des quais de Seine, de ponts et de bâtiments de proximité, l'aménagement de ces derniers avec des structures temporaires pour l'accueil de gradins ou encore la préparation d'un dispositif de sécurité impliquant de nombreux acteurs privés comme de l'État pour sécuriser le lieu le moment venu. Dans les ateliers des partenaires, les couturiers s'affairent à confectionner les tenues des artistes, les diffuseurs travaillent au positionnement des caméras et au déroulé… de nombreux corps de métiers sont mobilisés parfois pendant plusieurs années autour des équipes de production pour un événement de quelques heures. Le jour J, ce sont des milliers de personnes qui sont alors mobilisées : forces de l'ordre, agents de sécurité privée, capitaines de péniches, artistes, conducteurs de bus pour amener les athlètes du village olympique à la cérémonie, caméramen, journalistes, organisateurs et volontaires ou encore agents de nettoyage… Des dizaines de corps de métiers, dont la plupart ne sont pas directement liés à l'événementiel sportif sont ainsi mobilisés. La force de ces grands événements, et ce qui fait leur réelle différence avec les événements du quotidien – entendre l'organisation des grands championnats – est qu'ils génèrent de l'emploi pour un nombre inimaginable de personnes. Un événement comme la Coupe du Monde de Rugby aurait permis de créer ou préserver 5200 emplois sur les deux mois de compétition, au sein des dix villes hôtes mais aussi des nombreux camps de base équipes répartis sur le territoire. Car les spectateurs qui assisteront à ladite cérémonie auront aussi besoin d'être logés ou nourris, ils prendront les transports, depuis leur domicile jusqu'à leur lieu de résidence temporaire à proximité du site. Les médias pour leur part exposeront la cérémonie aux yeux du plus grand nombre, contribuant à la notoriété du territoire qui l'accueille au-delà des frontières du pays et des yeux des simples amateurs de sport, commercialisant au passage des pages de publicité pour des montants pharamineux (les 14 spots publicitaires diffusés pendant la cérémonie d'ouverture des Jeux de Paris 2024 auraient rapporté 2,80 millions d'euros à France Télévisions)[19]. En termes de lisibilité, l'impact économique direct des GESI est ainsi facilement compréhensible. Mais malheureusement, cet impact

---

[19] https://lareclame.fr/kantar-francetv-bilan-publicitaire-jo-paris-2024-302614

direct ne permet que rarement d'équilibrer la balance au regard des montants investis par les pouvoirs publics dans leur accueil. C'est toutefois en prenant en compte les retombées indirectes et de long terme que l'investissement semble se justifier.

Les retombées économiques indirectes des GESI sont plus éparses et plus difficiles à estimer. La préparation des athlètes pendant quatre ans avec en ligne de mire une Coupe du Monde ou les Jeux Olympiques pourrait être considérée comme une retombée indirecte. Mais au-delà du secteur du sport, ce sont avant tout les retombées touristiques de long terme qui sont à considérer. Les organisateurs d'événements s'attachent à mettre en valeur les villes hôtes afin de leur permettre de gagner en notoriété. Cette notion de *city branding* est fondamentale pour développer le tourisme en devenant une destination connue à l'international mais aussi en ayant généré des expériences mémorables pour les supporters qui se seraient rendus à un événement accueilli sur le territoire. Certaines compétitions ont même fait de leur potentiel d'attractivité touristique leur business model. Le Tour de France par exemple, événement gratuit aussi bien au bord de la route que devant sa télévision, commercialise son parcours aux villes françaises et de pays frontaliers. Pour plusieurs centaines de milliers d'euros, les villes peuvent candidater à l'accueil d'un départ d'étape ou une arrivée, attirant des spectateurs du monde entier. Mais ce qui est intéressant réside aussi dans le contenu proposé par le Tour de France. Regarder le Tour à la télévision, c'est l'assurance d'en apprendre plus sur les territoires qu'il traverse, leur histoire ainsi que les principaux monuments, sites naturels ou événements culturels. Le Tour de France, grâce au sport, fait la promotion de territoires et leur assure une visibilité hors norme avec l'espoir de générer des retombées touristiques de long terme. Il est un contributeur certain au tourisme français chaque année, offrant une visibilité à l'ensemble des territoires lorsque le cinéma français fait principalement la promotion de Paris.

Au-delà du tourisme, ce mécanisme de *city branding* s'applique aussi aux investissements économiques ainsi qu'au commerce. Une ville comme Doha au Qatar a énormément misé sur le sport pour se faire connaître aux yeux du monde entier et se créer une image de ville compétitive et dynamique, attractive aussi bien pour les affaires que pour le tourisme. La notoriété d'une ville comme Paris a par exemple permis d'attirer l'investissement du Qatar pour racheter le Paris-Saint-Germain et développer le club au point d'en faire un acteur de renommée mondiale contribuant à son tour à la notoriété de la ville.

Le sport, notamment au travers des grands événements sportifs, a le pouvoir de rendre une ville et ses acteurs attractifs et ainsi d'y générer des retombées économiques sur le long terme qu'elles soient touristiques, commerciales ou en termes d'investissements économiques.

Enfin, troisième et dernier pilier des retombées liées à ces grands événements, la notion d'héritage est désormais omniprésente dans leur organisation. Dans le cadre de la Coupe du Monde de Rugby France 2023, les collectivités qui investissaient dans la compétition s'achetaient aussi le droit à une part du boni de liquidation de l'événement. Si l'événement venait à réaliser un bénéfice, ce dernier serait partagé entre divers acteurs au sein desquels les collectivités hôtes étaient représentées. L'accueil d'un événement peut alors apparaître comme un investissement potentiellement générateur de revenus grâce à un retour financier direct. Ce principe se montre vertueux pour l'ensemble des acteurs, tous engagés pour la réussite de l'événement et dans le contrôle de ses coûts. Au-delà de cet apport financier direct, l'accueil de grands événements est aussi l'opportunité pour les collectivités de bénéficier d'un soutien destiné à la réfection de leurs infrastructures sportives (stades comme terrains d'entraînements) afin d'accueillir les équipes participantes. Un moyen aussi de bénéficier de l'achat de matériel de qualité qui sera à terme légué à la structure d'accueil. Des billets sont distribués pour permettre aux collectivités d'offrir à certains publics locaux qui en sont habituellement éloignés l'opportunité de prendre part à une fête collective. Le droit d'organiser des fanzones suit un principe similaire, offrant aux collectivités partenaires la possibilité d'offrir à leur population un moyen de vivre gratuitement un événement hors du commun. Dans certains cas, comme lors de l'Euro 2024 en Allemagne, ces collectivités partenaires peuvent aussi se trouver dans des pays étrangers. Une fanzone avait ainsi été organisée à Genève, en Suisse, permettant aux locaux de vivre l'événement dans une ferveur unique. Rarement rentables, ces fanzones peuvent toutefois être rentabilisées par les organisateurs en vendant du sponsoring local et de la restauration, créant à nouveau une activité économique supplémentaire autour de l'événement au sein du territoire et permettant aux organisateurs de dépasser sa conscription géographique.

L'héritage immatériel est lui aussi conséquent pour les collectivités. Accueillir un GESI est un moyen hors normes de pousser sa population à pratiquer davantage d'activité physique et notamment à s'inscrire dans les clubs de la ville, toujours à la recherche de licenciés supplémentaires. C'est aussi un moyen d'animer leur territoire tout en générant des liens avec des communautés étrangères parfois fort différentes. Lors de la Coupe du Monde de Rugby France 2023, des *community engagements* des équipes les obligeaient ainsi à prendre part à des activités sociales au plus proche de la communauté (visites d'écoles, de foyers sociaux, de clubs de rugby locaux…) afin de créer un véritable lien entre l'équipe accueillie et son territoire hôte. Elles avaient aussi pour obligation de proposer des séances d'entraînements ouvertes au public dans leurs villes hôtes rassemblant parfois jusqu'à 12 000 personnes comme il en a été le cas à Tours pour un entraînement de l'équipe d'Irlande. L'ensemble de ces actions permet ainsi aux collectivités de susciter l'intérêt et la fierté de leurs habitants. Les liens tissés avec leurs invités sont parfois si forts, à l'image de la ville bretonne de Perros-Guirec, hôte de l'équipe de rugby du Chili, qu'ils donnent lieu à des projets de plus long terme permettant un rapprochement entre les populations.

En termes d'héritage matériel, les GESI ont un impact évident sur les territoires, façonnant l'urbanisme des villes hôtes et aboutissant à la construction de nouvelles infrastructures sportives. Dans certaines villes comme à Munich, hôte des Jeux Olympiques de 1972, les Jeux ont permis de façonner certains espaces de la ville encore en activité aujourd'hui. La construction du parc olympique y a ainsi été réalisée sur un ancien aéroport abandonné. Les tunnels creusés pour y développer un réseau de transport en commun souterrain ont permis de générer des gravats utilisés pour vallonner le parc et aménager le lac artificiel. Le lieu joue aujourd'hui un véritable rôle de poumon au sein de la ville. La piscine olympique y est devenue une piscine municipale et le parc dans son ensemble est rentable sur le plan financier. À Paris, ce sont des centaines de kilomètres de pistes cyclables qui ont été créés avec la volonté de proposer des mobilités douces et durables dans le cadre des Jeux Olympiques. La ville a été refaçonnée par le sport grâce à l'intérêt porté par les politiques à un grand événement à venir. Derrière eux, les GESI laissent ainsi des infrastructures de plusieurs ordres, des stades de taille importante au standard des grandes compétitions, nécessaires au développement du sport de haut niveau mais aussi des lieux de vie au sein de la cité tournant autour de la pratique sportive ainsi que la réfection de nombreux sites de pratique utilisés pour l'entraînement.

C'est en suivant ces principes que les collectivités hôtes investissent dans les Grands Événements Sportifs. Dans le cadre de la Coupe du Monde de Rugby France 2023, 47 collectivités se sont engagées financièrement aux côtés de l'événement (23 communes, 7 métropoles et EPCI, 9 départements et 8 des

13 régions de France Métropolitaine) pour des montants s'élevant de 100 000€ à plus d'un million d'euros. Au total ce sont 89 candidatures de communes qui ont été étudiées par les organisateurs, démontrant un réel intérêt de la part de ces collectivités pour accueillir des matchs, des camps de base pour des équipes ou encore le centre des médias. À l'image de l'accueil des GESI dans leur ensemble, toutes les collectivités ne peuvent pas se permettre d'investir pour bénéficier des retombées de ces événements. Mais nombreuses sont celles qui se refusent à payer pour y être associées, faute de retombées assurées. La question se pose alors de savoir si, malgré un impact économique évident de ces événements, un tel investissement est réellement rentable pour une collectivité.

France 2023 et Paris 2024, exemples d'investissements rentables pour les collectivités

Aussi bien à l'occasion de la Coupe du Monde Rugby que des Jeux Olympiques, il semblerait que les retombées pour les territoires aient été positives au regard de leur investissement. Ce sont toutefois les villes peu touristiques et avec un déficit de notoriété qui semblent le mieux sortir leur épingle du jeu grâce à l'événement. Différentes études permettent de prendre conscience de l'impact de ces événements sur les différents secteurs et territoires, allant même jusqu'à en faire bénéficier des espaces touristiques éloignés des villes hôtes.

D'un point de vue touristique d'une part, les événements se sont montrés à la hauteur des attentes. Une étude menée par le cabinet EY identifie que 98% des spectateurs internationaux de la Coupe du Monde de Rugby 2023 se sont dit satisfaits de leur séjour en France, 82% d'entre eux souhaitant même y revenir dans le futur. Avec une durée moyenne de séjour de 10 jours, ce sont plus de 4,2 millions de nuitées qui ont été générées à travers le territoire national. L'étude permet de mettre en évidence que dans les villes hôtes, la Coupe du Monde de Rugby, positionnée sur les mois de septembre et octobre, a permis de limiter la baisse de fréquentation des hôtels habituelle à la fin de l'été. Une étude menée par Mastercard SpendingPulse identifie une augmentation de la fréquentation des restaurants de près de 12% sur l'ensemble du territoire pendant la durée de la compétition.

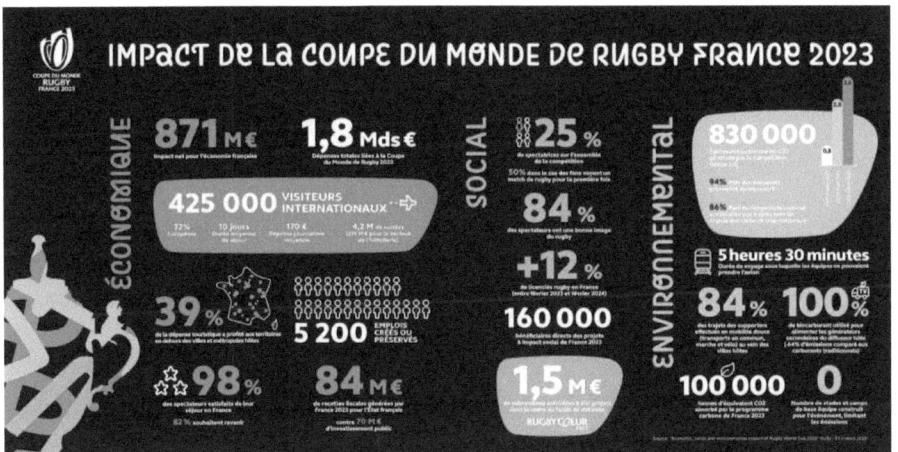

Source : France 2023, EY

Annexe 4 : L'impact de la Coupe du Monde de Rugby France 2023

Dans la Loire, où se trouvait la ville hôte de Saint-Étienne, c'est une augmentation de 91% des dépenses dans les restaurants qui a été mesurée sur la période. Dans le Nord, où Lille accueillait elle-aussi plusieurs matchs, les nuitées d'hôtels ont connu une croissance de 23,5% pendant la période. Dans la région Sud, c'est 1,8 millions de nuitées supplémentaires qui sont enregistrées, la ville de Marseille accueillant pour sa part des quarts de finale. Toujours selon l'étude EY, avec un budget moyen de 170€ par jour (contre 87€ pour les touristes internationaux dans la région Sud sur l'année 2023), 39% de la dépense touristique liée à l'événement ont profité à des territoires en-dehors des villes hôtes, permettant de souligner l'impact de l'événement pour l'ensemble du territoire et pas uniquement ceux qui se sont investis dans son succès. Au total, la Coupe du Monde de Rugby aura généré 1,8 milliards d'euros de dépenses pour un bénéfice net de 871 millions d'euros pour l'économie française. De quoi satisfaire aussi l'État avec des recettes fiscales générées évaluées à 84 millions d'euros, principalement grâce à la TVA, aux taxes de séjour et d'aéroport, à mettre en perspective avec un investissement public de 70 millions d'euros.

En ce qui concerne les Jeux Olympiques de Paris 2024, ceux-ci ont démontré une approche différente de l'événementiel sportif. En effet, 85% des 11,2 millions de visiteurs s'étant rendus sur l'événement étaient Français, dont 45% - soit environ 5 millions de personnes - venaient de la région Ile de France.

Ces Jeux ont ainsi bénéficié avant tout aux locaux qui ont répondu présent pour en faire une véritable fête populaire. L'investissement des collectivités s'est alors justifié aussi par une volonté d'offrir à leur population l'accès à un événement sportif d'envergure ainsi que des moments d'unité et de liesse populaire. Malgré tout, la présence de touristes étrangers s'est tout de même fait ressentir avec une hausse de 13% de leur nombre sur la même période en comparaison avec l'année 2023, soit l'équivalent de 1,7 millions de personnes. Leur durée de séjour dans la capitale a par ailleurs été plus longue qu'à l'accoutumée avec 2,9 nuits (contre 2,5 l'année précédente), permettant de porter le taux d'occupation hôtelier à 84% pendant la période, soit une croissance de 10,1 points[20]. Au global, une étude du CDES d'avril 2024 évalue l'impact économique des Jeux à 9 milliards d'euros pour la région Ile de France entre 2018 et 2034 dans un scénario intermédiaire, démontrant des retombées directes importantes mais aussi sur le moyen terme. Ce qui est vrai pour l'Ile de France n'est toutefois pas forcément vrai pour les autres territoires concernés par les épreuves de Paris 2024. Dans les Bouches-du-Rhône où la ville de Marseille a accueilli des épreuves de football et de voile, la fréquentation de touristes français a été moins importante qu'à l'habitude sur la même période (-5%) mais largement compensée par une forte hausse des nuitées de voyageurs internationaux (+11% dans le département et +30% à Marseille). Selon Provence Tourisme, les retombées économiques associées à l'événement peuvent s'évaluer à 985 millions d'euros dans le département, un chiffre révélateur de l'importance d'un tel événement pour l'économie locale[21]. Le choix de la décentralisation des grands événements sportifs témoigne ainsi d'une réelle volonté de générer un impact sur l'ensemble du territoire et pas uniquement dans une région spécifique.

Ainsi, de nombreuses collectivités prenant part à ces événements semblent y trouvent leur compte. La Coupe du Monde de Rugby France 2023 aurait permis à la ville de Toulouse de bénéficier de retombées économiques nettes de 77 millions d'euros. Un montant qui s'élève à 870 millions lorsque l'on comptabilise ses retombées à l'échelle de l'Hexagone. La ville de Saint-Étienne, qui pour sa part avait investi 2,9 millions d'euros dans l'accueil de la compétition a connu des retombées économiques quatre fois plus importantes, supérieures à douze millions d'euros, dont les deux tiers ont bénéficié aux

---

[20] Source : ville de Paris

[21] https://www.datapressepremium.com/rmdiff/2008717/ProvenceTourismeCPBilanJO20241.pdf

secteurs de l'hôtellerie et de la restauration. Saint-Étienne, qui n'est pas une ville particulièrement touristique, a aussi pu profiter d'un bénéfice d'image conséquent auprès de supporters dont plus de 50% venaient de l'étranger, laissant présager des retombées touristiques à moyen terme. Toutes les villes ne sont toutefois pas logées à la même enseigne et certaines ne voient pas leur investissement s'avérer rentable. Cela étant, d'un point de vue marketing, l'investissement dans un grand événement sportif est une campagne de communication sans commune mesure en vue de valoriser un territoire ainsi que l'opportunité d'attirer de nombreux décideurs économiques. Mais il serait naïf de croire que seuls les plus grands événements sportifs sont en mesure de générer de telles retombées de manière exceptionnelle. L'organisation récurrente d'événements fortement médiatisés en France contribue au développement des territoires de manière pérenne. Le passage du Tour de France 2019 à Albi par exemple a permis des retombées de 8,53€ par euro investi par la collectivité avec une augmentation du tourisme de 10% cette année-là et un écho médiatique au niveau national multiplié par neuf. L'investissement des pouvoirs publics dans la construction d'actifs aussi qualitatifs que la célèbre course cycliste offre ainsi aux territoires l'opportunité de se développer grâce au sport sur le long terme et avec une régularité annuelle.

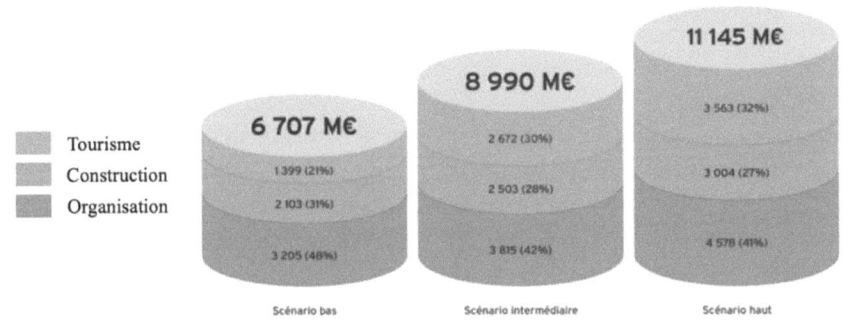

Source : CDES, Insee

Annexe 5 : L'impact économique attendu des Jeux de Paris 2024

Des événements générateurs d'activité pour les acteurs privés qui y sont associés

L'accueil de grands événements représente aussi une aubaine pour les entreprises nationales qui travailleraient en lien direct avec ces derniers, qu'elles soient issues du secteur du sport ou non. L'accueil de GESI permet à de nombreux professionnels de développer des compétences exportables à l'avenir, offrant des opportunités commerciales de long terme à de nombreuses entreprises. À leur échelle, elles pourront contribuer à l'amélioration de la balance des paiements de leur pays en exportant leur savoir-faire à l'international pour l'accueil d'autres grands événements. C'est dans la perspective de capitaliser sur les GESI de ces dernières années afin de former des professionnels du secteur que le comité d'organisation de la Coupe du Monde de Rugby France 2023 avait lancé un projet de Centre de Formation des Apprentis intitulé Campus 2023. Avec l'ambition de former plusieurs milliers de jeunes aux métiers du sport, de la sécurité et du tourisme, il aspirait à contribuer au développement du secteur en leur permettant de s'appuyer sur la Coupe du Monde de Rugby pour vivre une première expérience de Grand Événement Sportif à valoriser et sur laquelle capitaliser pour développer leurs compétences professionnelles avant de les mettre à profit d'autres acteurs du secteur. Conséquence d'un besoin de main d'œuvre bien plus important, le marché de l'emploi dans le secteur est fortement transformé en période d'accueil de tels événements. Les mobilités des ressources humaines se multiplient tandis que de nombreux salariés issus de secteurs extérieurs en profitent pour commencer une carrière dans le sport business.

Ces événements offrent aussi des opportunités à de nombreuses PME ainsi que des start-ups qui cherchent à diffuser des moyens innovants de repenser l'événementiel sportif de bénéficier de premières références d'envergure. Les Jeux de Paris 2024 ont ainsi mobilisé 2000 entreprises dont 79% de TPE-PME. Si la préférence nationale va à l'encontre du droit européen, ce sont tout de même 88% d'entreprises françaises qui ont remporté les marchés passés par le comité d'organisation. Preuve de l'engagement de l'événement, plus de 600 entreprises de l'économie sociale et solidaire ont bénéficié des marchés, lui permettant d'avoir un réel impact social tout en répondant à ses besoins économiques[22]. La manne financière de ces événements est ainsi un

---

[22] https://www.carenews.com/carenews-info/news/paris-2024-10-a-15-des-marches-ont-ete-attribues-a-l-ess?

catalyseur permettant de mettre à l'essai de nouvelles solutions, offrant par ce biais à des entreprises l'opportunité d'avoir des références permettant de convaincre les autres acteurs du sport aux moyens restreints – et donc peu enclins au risque – d'opter pour de nouvelles solutions innovantes. La Coupe du Monde de Rugby comme les Jeux Olympiques ont ainsi déployé de nouveaux outils encore peu utilisés dans le secteur tels que des plateformes de billetterie sécurisées offrant des opportunités de reventes qui auraient pu éviter le fiasco de la finale de la Champions League 2022 au Stade de France où de nombreux faux billets avaient circulé et où les contrôles d'accès Au-delà de l'innovation, ces événements sont aussi l'occasion de donner un nouveau souffle à certains acteurs du secteur en redynamisant leur activité. Par exemple, les équipementiers associés à certaines disciplines bénéficient directement des retombées de ces grands événements. Cornilleau, marque française leader de la construction de tables de tennis de table a vu ses commandes exploser après les Jeux de Paris 2024 et les performances des frères Lebrun avec une augmentation de 70% des commandes en septembre 2024 par rapport au même mois l'année précédente. Un impact positif est donc attendu pour les acteurs du sport alors que les GESI contribuent au développement de la pratique sportive sur le territoire.

Parmi les acteurs économiques liés à ces événements, il en est un qui possède un statut particulier : l'athlète. Les GESI, notamment lorsqu'ils sont organisés dans leur pays, offrent aux athlètes une visibilité hors du commun à laquelle les marques n'hésitent pas à s'associer. À l'occasion des Jeux de Paris 2024, on ne compte plus les marques qui ont créé leur « team athlète », sponsorisant une poignée de sportifs sélectionnée selon leur sport, leurs valeurs, mais aussi leur coût marketing. Le nombre d'entreprises qui s'intéressent aux athlètes crée alors une inflation des contrats de sponsoring, s'élevant à plusieurs millions d'euros par an dans le cadre des plus grandes stars. Pour ceux qui sont peu médiatisés et avec des revenus restreints, ce qui est notamment le cas des athlètes handisport à l'approche des Jeux Paralympiques, accueillir de tels événements est ainsi une aubaine, leur offrant la médiatisation nécessaire à la signature de contrats de partenariat. Le risque derrière ces opportunités est toutefois que les marques se désintéressent rapidement des athlètes une fois l'échéance passée. Leur valeur médiatique diminue drastiquement et ceux qui n'ont pas été en mesure de signer des contrats pluriannuels ou à capitaliser sur l'événement pour se créer une visibilité médiatique de long terme se retrouvent rapidement de retour à la case départ. Par ailleurs, les États qui accueillent une échéance sportive à venir n'hésitent pas à débloquer des fonds exceptionnels pour offrir aux participants de bonnes conditions de préparation, permettant notamment de professionnaliser certains athlètes ou en assurant la prise en charge de déplacements ou de matériel. Leurs revenus augmentent considérablement grâce à des politiques de professionnalisation leur permettant de préparer au mieux l'échéance à venir. Des dispositifs qui ont tendance à subir petit à petit les restrictions budgétaires et à ramener l'athlète dans ses conditions de travail initiales une fois l'événement passé.

Aux côtés de ces événements, des sociétés de tous horizons investissent ainsi pour associer leur image à la grande fête populaire qu'ils représentent. S'appuyant sur leur visibilité à l'international, les géants nationaux n'hésitent pas à devenir partenaires au prix de plusieurs millions d'euros. Certaines entreprises s'y associant ne font que continuer une stratégie de communication reposant sur le sport depuis plusieurs décennies à l'image du géant français des télécommunications Orange ou de celui de la grande distribution Carrefour, tous deux partenaires premium des Jeux de Paris 2024. Une stratégie qui se montre régulièrement payante et justifie le renouvellement de ces partenariats. Lors des Jeux de Paris 2024, Carrefour a ainsi enregistré une augmentation de 25% de son chiffre d'affaires en Ile de France, un montant non négligeable au regard de la taille du groupe. En réalité, les événements sportifs ont toujours été associés à leur caractère promotionnel. Le Tour de France a été créé par le quotidien *L'Auto* afin d'en faire la promotion et de lui permettre de reprendre des parts de marchés sur son concurrent *Le Vélo*. Les événements sportifs avaient ainsi dès le début du XXe siècle une valeur marketing et médiatique à exploiter pour certains annonceurs. Il n'est donc pas particulièrement étonnant que ce phénomène se soit amplifié avec leur médiatisation et leur internationalisation.

Mais ces événements parviennent aussi à attirer régulièrement de nouveaux acteurs n'ayant jamais réalisé de sponsoring sportif par le passé. La maison de luxe LVMH a ainsi associé sa marque à France 2023 puis à Paris 2024 dans un élan de solidarité nationale mais aussi avec l'ambition de montrer le savoir-faire français aux yeux du monde entier en s'arrogeant la cérémonie de remise du trophée ou des médailles. Une première qui a lancé une nouvelle approche de la communication pour le groupe qui s'est désormais mis à sponsoriser d'autres événements prestigieux tels que la Coupe de l'America. S'y associer leur permet de jouer sur les passions des consommateurs pour créer davantage de proximité et de notoriété pour leur marque. Leur image ne suffit pas toujours à engager car il est dur de générer de la passion pour un opérateur de la grande distribution par exemple. En revanche, en s'associant à un événement et en sponsorisant des athlètes, ils créent une histoire commune qui leur permet de capter l'attention du consommateur à qui ils la racontent mais aussi d'augmenter la notoriété de la marque auprès de ceux qui suivent la compétition sans s'en sentir particulièrement proche, générant davantage d'interactions entre les consommateurs et la marque. Au-delà des montants financiers investis dans ces partenariats, des activations marketing voient le jour pour le faire connaître auprès des clients de la marque et du grand public. Avec quatre milliards de téléspectateurs attendus tout au long des 350 000 heures de diffusion, les Jeux Olympiques et Paralympiques de Paris 2024 assurent une visibilité exceptionnelle sur les territoires du monde entier à ces marques. De quoi faire du sport un véritable investissement pour développer ses revenus dans le monde entier.

Toutes les sociétés partenaires des grands événements ne suivent toutefois pas le même schéma. Certaines, souvent au travers d'un statut de fournisseur officiel, tentent avant tout d'utiliser les événements pour générer une activité plus importante. GL Events par exemple est une société leader de l'événementiel qui a été partenaire de nombreux grands événements sportifs ces dernières années. Les services qu'elle propose lui permettent de devenir partenaire pour un coût financier restreint et de procéder à de la mise à disposition de services en complément. Ce qu'on appelle communément VIK (Value in Kind) permet ainsi au comité d'organisation de limiter ses dépenses réelles, prises en charge par le partenaire, tout en permettant à ce dernier de ne pas dépenser trop de trésorerie dans l'acquisition de son statut de fournisseur officiel[23]. Toutefois, dans cette situation, d'une part les partenaires-fournisseurs surévaluent leurs prestations afin que leur partenariat leur revienne le moins cher possible, mais d'une autre ils tentent aussi de bénéficier de leur statut de partenaire pour se voir attribuer différents marchés en lien avec l'organisation de l'événement, que ce soit auprès du comité d'organisation ou des autres parties prenantes. Leaders de leur secteur, les acteurs comme GL Events bénéficient ainsi d'un positionnement premium leur permettant de créer des opportunités commerciales particulièrement importantes découlant de leur présence auprès de ces événements.

---

[23] Dans un contrat en VIK, les prestations fournies par le partenaire sont valorisées et l'organisateur d'événement bénéficie d'une enveloppe à consommer d'un montant équivalent au partenariat (par exemple un million d'euros en location d'échafaudages)

Les grands événements sportifs créent donc des opportunités conséquentes pour les nombreux acteurs du secteur privé, qu'ils soient liés ou non au secteur du sport. La question reste toutefois toujours la même, celle de l'héritage. Après avoir accueilli deux GESI dans l'espace d'une année, les acteurs économiques liés au sport en France parviendront-ils à capitaliser sur ces expériences pour continuer à générer des revenus ? Les athlètes parviendront-ils à continuer à attirer l'intérêt des sponsors ? Les entreprises ayant pris part à l'organisation parviendront-elles à exporter leur savoir-faire à l'étranger où se déroulent d'autres événements ? Et qu'en est-il des entreprises partenaires, continueront-elles à parier sur le sport pour leur stratégie marketing, lui permettant de continuer son activité économique ? Les expériences passées laissent entendre que ces événements sont souvent une bulle qui finit rapidement par exploser mais leur impact n'est pas pour autant négligeable et peut fortement bénéficier aux compétitions nationales et à leurs parties prenantes sur le long terme, si tant est que ces dernières parviennent à capter la valeur de manière suffisamment efficace, notamment en intégrant des ressources humaines qui ont gagné en expertise et sont désormais nombreuses sur le marché.

Maximiser l'impact économique des événements, un enjeu clé des comités d'organisation

Des leviers à manœuvrer dans la stratégie d'organisation

Les comités d'organisation des Grands Événements Sportifs jouent un rôle ambivalent. S'ils sont des structures qui possèdent leur propre compte de résultat et sont ainsi chargés d'assurer la rentabilité de l'événement qu'ils organisent, ils ont aussi un rôle induit à jouer aux côtés des organisations étatiques afin de répondre à des objectifs de politiques publiques : diplomatiques, géopolitiques, en termes de promotion du sport mais aussi et surtout économiques. Ainsi, les comités d'organisation tentent de maximiser l'impact des événements à toutes les échelles. Une ambition d'autant plus motivée par le fait que les collectivités comme l'État en sont bien souvent des partenaires financiers de premier plan et leur investissement a été justifié par un souhait de voir des retombées économiques et sociales en découler.

Ces dernières années, un facteur supplémentaire est venu influencer et contraindre la manière pour les événements d'avoir un impact sur les territoires : le bon sens environnemental. Pour respecter les engagements pris par les parties de l'accord de Paris, Il ne devrait plus être envisagé de faire jouer une même équipe aux quatre coins d'un pays aussi grand que la Russie ni même de contribuer à la construction de sept nouveaux stades comme au Qatar. Sous la surveillance de l'opinion publique, de plus en plus sensible à la question climatique, les organisateurs doivent composer avec la contrainte environnementale pour limiter l'empreinte carbone et les atteintes à la biodiversité d'un événement, ce qui représente un challenge parfois mal anticipé économiquement, se confrontant notamment aux cahiers des charges édités par les fédérations internationales.

L'un des leviers désormais régulièrement utilisé pour générer des retombées est celui de la commercialisation de la billetterie par packs. Dans le cadre de compétitions, les packs permettent de commercialiser des billets pour des sessions qui, à première vue, peuvent paraître moins attractives mais qui, associées à la vente de billets pour des événements dits « premiums » sont plus facilement commercialisables. Ainsi, lors de l'ouverture de la billetterie de Paris 2024, les consommateurs étaient tirés au sort pour pouvoir acheter des packs composés d'une épreuve de première catégorie à associer avec des épreuves de deuxième et troisième catégorie. Ce faisant, le spectateur qui souhaitait assister à la finale du 100 mètres, épreuve reine des Jeux, devait aussi obligatoirement acheter un billet pour un événement tel que le tir à Châteauroux, à première vue beaucoup moins attractif car loin du cœur des Jeux et peu médiatisé. Si le spectateur a la possibilité de revendre ses billets dans les derniers mois précédant l'événement, le montant associé à la vente des tickets de ces épreuves « secondaires » est déjà rentré dans les caisses du comité d'organisation et la probabilité que lui ou une personne à qui il l'aura cédé se rende au stade est bien plus importante que pour un billet vacant. Par ailleurs, s'il venait à les revendre, cela ne serait possible qu'au travers de la plateforme officielle de revente sur laquelle le comité d'organisation ponctionne aussi des frais de fonctionnement.

Lors de la Coupe du Monde de Rugby France 2023, ce système a permis de rassembler près de 50 000 spectateurs dans le stade de Lyon pour assister au match opposant la Namibie à l'Uruguay, deux nations considérées de troisième catégorie par la fédération internationale. De nombreux supporters présents à cette rencontre expliquaient qu'ils avaient acheté un pack avec tous les matchs dans la ville de Lyon pour s'assurer de pouvoir assister à la rencontre du XV de France et s'étaient ainsi retrouvés détenteurs de billets pour ce match, les poussant à prolonger leur séjour dans la ville Rhône-Alpine. La structuration des packs joue alors un rôle essentiel pour assurer des revenus de billetterie conséquents à l'organisateur mais aussi pour générer davantage de retombées économiques dans les territoires. Lors de la Coupe du Monde de Rugby 2023, les nations principales jouaient deux matchs dans la ville hôte la plus proche de leur camp de base. Ainsi, les deux options de packs existantes consistaient soit à suivre leur équipe (*team pack*) ou à assister à tous les matchs d'une ville hôte (*venue pack*). Des produits qui ont pour intérêt dans les deux cas de prolonger le séjour des 450 000 supporters étrangers venus sur le territoire pour assister à la compétition mais aussi potentiellement de générer des retombées pour les opérateurs de transport, la SNCF étant sponsor officiel de l'événement.

Le positionnement géographique des rencontres joue un rôle dans l'impact économique pour les territoires. Cette dimension a été particulièrement bien comprise par France 2023. L'équipe de France a disputé des rencontres dans quatre villes différentes en phase de poules, incitant les détenteurs de *team packs* à se déplacer pour suivre leur équipe favorite tout en permettant aux locaux des villes hôtes d'accéder à leur équipe nationale, dans une quête de rendre la billetterie accessible au plus grand nombre. De la même manière, le positionnement géographique des matchs peut aussi favoriser la venue de supporters étrangers et donc avoir un impact sur le tourisme local. Positionner les matchs de l'équipe d'Angleterre à Lille, ville directement desservie depuis Londres par l'Eurostar, ou Nice où les connexions aériennes sont très importantes étant donné l'intérêt des Britanniques pour la Côte d'Azur, a permis de s'assurer d'une présence massive de supporters anglais sur le territoire, première nation étrangère représentée dans les achats de billets. Le choix des villes de compétition est par ailleurs un sujet qui peut s'avérer fondamental dans certains grands pays tels que la Russie, hôte de la Coupe du Monde de la FIFA 2018 où les matchs se sont principalement tenus dans l'ouest du pays, une mesure nécessaire pour aligner les rencontres sur les fuseaux horaires d'Europe occidentale et maximiser la diffusion des matchs. Premiers consommateurs de football à la télévision, la capacité du pays à minimiser son décalage horaire avec les marchés d'Europe occidentale a représenté un avantage médiatique non négligeable pour les diffuseurs comme les partenaires de l'événement.

Le choix de certaines villes, faisant partie des destinations touristiques les plus recherchées au monde, a par ailleurs permis d'assurer des séjours plus importants, notamment favorisés par un espacement réfléchi des matchs des principales délégations, en accord avec l'offre hôtelière existante en mesure d'absorber le surplus de supporters. En moyenne les spectateurs étrangers ont ainsi passé 4,3 nuitées à Nice contre 2,3 à Lille[24]. De nombreux supporters anglosaxons, notamment venus de l'hémisphère sud, ont aussi fait le choix du camping-car pour sillonner la France au fil des matchs de leur équipe, tout au long des huit semaines de compétition, assurant des retombées dans l'ensemble de l'Hexagone. L'étude d'impact réalisée par EY montre d'ailleurs que quasiment aucune région de France métropolitaine n'a été oubliée parmi les lieux de résidence des supporters de la Coupe du Monde de Rugby.

Grâce à l'organisation successive de grands événements sportifs internationaux – EURO 2016, France 2023, Paris 2024… – la France a aussi su mettre sur pied des entités permettant de partager les bonnes pratiques entre collectivités partenaires. L'association Territoire d'Évènements Sportifs (TES) en constitue un bon exemple. Émanation du Club des Sites mis en place dans le cadre de l'EURO 2016, cette structure offre aux villes/métropoles la possibilité de dialoguer de manière unifiée avec les différentes parties prenantes des GESI tout en capitalisant sur de riches retours d'expérience. L'association permet notamment de modérer les effets de la compétition entre territoires pour accueillir les événements mais aussi de valoriser les avantages et actifs de chaque acteur. L'ambition de l'association est désormais de s'ouvrir à de nouvelles collectivités accueillant des grands événements (en témoigne l'intégration de la ville des Sables d'Olonne qui accueille le départ du Vendée Globe) afin de permettre la coordination des acteurs afin de réaliser des candidatures communes et efficaces pour l'accueil de grands événements sportifs à venir. Elle a aussi pour ambition de les représenter auprès des ligues professionnelles afin de s'assurer que les collectivités, premiers financeurs du sport français, soient considérées comme telles par les acteurs du secteur.

Des résultats qui ne viennent pas sans leur lot de contraintes

---

[24] Source : EY Study of the Rugby World Cup 2023

Malgré tout, les retombées économiques des GESI ne vont souvent pas sans leur lot de contraintes. Au sein des collectivités, à une échelle plus fine, les commerçants se retrouvent souvent pénalisés par l'accueil des grands événements. Routes fermées, impossibilité de faire de la publicité autour des stades ou obligation de vendre une certaine marque d'alcool à proximité des sites de compétition sont autant de contraintes imposées à des petites entreprises qui peuvent parfois représenter pour ces dernières un manque à gagner conséquent. La volonté du comité d'organisation de Paris 2024 d'empêcher les bouquinistes des bords de Seine d'opérer pendant la durée des Jeux a soulevé en France un véritable sujet de société, appelant à la raison les organisateurs qui ne peuvent pas pénaliser de manière trop importante les petits commerçants sous peine qu'ils se retrouvent en difficulté financière. Les sites de compétition eux-mêmes sont aussi pénalisés. Contraints d'être mis à disposition plus tôt, notamment lorsqu'ils appartiennent à des structures publiques, ils ne sont plus en mesure d'exploiter leur enceinte pour accueillir des événements rémunérateurs. La finale du championnat de France de rugby 2024 a ainsi dû être déplacée du Stade de France en pleine rénovation pour les Jeux au Stade Vélodrome de Marseille nécessitant moins de travaux avant l'accueil des matchs de football de Paris 2024. Ces mises à disposition de sites étendues dans le temps et impliquant de nombreux travaux peuvent ainsi avoir un impact économique négatif sur leurs exploitants avec un manque à gagner parfois important. En ce qui le concerne, le Stade de France estime les pertes liées à l'exclusivité de l'utilisation du stade par Paris 2024 à 15 millions d'euros. À la suite de la négociation d'un loyer inférieur à ce montant par le Comité d'organisation des Jeux de Paris 2024, c'est donc l'État, propriétaire du stade, qui a dû prendre des mesures avantageuses pour l'exploitant afin de ne pas le mettre dans une situation économique délicate, lui accordant des passe-droits en prolongeant la concession qui lui a été accordée ou en faisant fi de certains loyers exceptionnels ou de rémunérations variables. L'impossibilité d'exploitation des stades concernés par l'événement a toutefois permis à d'autres territoires de bénéficier des retombées d'événements historiquement accueillis à Paris. Le tournoi des Six Nations de Rugby a ainsi pu être disputé à travers l'Hexagone pour la première fois, la finale de la Coupe de France de Football a eu lieu à Lille… Le manque à gagner des uns peut alors correspondre à un bénéfice pour les autres. En 2016 toutefois, tandis que la France s'apprêtait à organiser l'Euro, aucun stade suffisamment grand n'avait été en mesure d'accueillir la finale du Top 14 qui avait dû être délocalisée au Camp Nou de

Barcelone, laissant échapper de réelles retombées économiques hors de l'Hexagone mais contribuant à la visibilité internationale du championnat. S'il existe un réel manque à gagner pour les territoires concernés par l'accueil des événements qui viendraient à devoir être déplacés, force est aussi de constater que les opérateurs touristiques ne sont pas toujours en mesure de capter l'ensemble de la valeur générée par les compétitions qu'ils accueillent. À l'occasion des Jeux Olympiques et Paralympiques de Paris 2024, le secteur de l'hôtellerie-restauration a eu beaucoup de mal à définir sa politique tarifaire. Si les hébergements de haut standing ont rapidement fait le plein avec des tarifs particulièrement élevés, leur nombre réduit en rapport au besoin exprimé par les comités olympiques et les diffuseurs leur a assuré une commercialisation de nuitées suffisantes. Cela étant, les hôtels de milieu de gamme ont eu de réelles difficultés à remplir leurs chambres et restaurants. D'abord proposant des tarifs en nette augmentation avec une réservation possible parfois plusieurs années à l'avance, la disponibilité de chambres sur le parc hôtelier les a forcés à réduire leurs tarifs au point parfois de commercialiser en dernière minute des chambres moins chères qu'elles ne l'étaient les étés précédents. Ainsi, les comités d'organisations ou les syndicats hôteliers ont un réel travail d'accompagnement à faire auprès des acteurs du tourisme susceptibles de bénéficier des retombées touristiques des GESI afin de leur permettre de se positionner de manière à optimiser leurs revenus. Par ailleurs, la politique tarifaire excessive des hébergeurs a sans doute joué un rôle contreproductif vis-à-vis de touristes potentiels persuadés que leur pouvoir d'achat ne leur permettait pas de se rendre à Paris, générant un manque à gagner économique pour l'ensemble des acteurs. Enfin, le mauvais positionnement tarifaire de ces acteurs a aussi contribué au développement d'une économie souterraine au travers de la location de logements non-déclarés par des particuliers à d'autres particuliers, créant un manque à gagner pour l'État. Cet enjeu est d'autant plus important pour les événements organisés dans des territoires où l'offre d'hébergement est restreinte et peu diversifiée (mix réduit entre hôtels bas de gamme et luxueux), notamment à la montagne. Un sujet qu'il se montre ainsi crucial de traiter en amont des Jeux Olympiques et Paralympiques d'Hiver 2030.

Enfin, si les Grands Événements Sportifs ne sont viables, c'est principalement grâce à leur statut qui leur permet de se reposer sur le recours à des volontaires pour prendre part bénévolement à leur organisation en assumant diverses fonctions opérationnelles qui, si elles venaient à être rémunérées, ne permettraient pas la rentabilité. À l'occasion des Jeux de Paris 2024, ce sont quarante-cinq mille volontaires qui ont été mobilisés sur la durée de la compétition et qu'il a fallu former. Si ces bénévoles trouvent dans leur expérience un moyen de vivre un événement qui leur vend souvent du rêve ainsi qu'une expérience à faire valoir dans leur parcours professionnel, les détracteurs appellent au travail dissimulé et à la nécessité de rémunérer ceux qui permettent la réussite d'événements qui ont parfois un budget de plusieurs milliards comme les Jeux Olympiques. Ce phénomène est symptomatique du fonctionnement du monde du sport qui s'est professionnalisé mais a continué à se reposer sur des ressources gratuites, mobilisées grâce à la passion, bénéficiant pour cela de passe-droits juridiques justifiés par la fragilité de leurs modèles économiques.

L'équilibre financier de ces événements a ainsi pu par le passé générer des interrogations. Il a souvent été reproché à certains de ces événements de ne pas être rentables alors qu'un chemin vers la rentabilité était envisageable, permettant de léguer une partie de leurs bénéfices à la fédération associée à leur pratique sportive (redistribution par le CNOSF dans le cadre de Paris 2024, Fédération Française de Rugby dans le cadre de France 2023…). Pourtant, c'est cette logique de recherche de rentabilité qui a causé de graves dysfonctionnements au sein du comité d'organisation de la Coupe du Monde de Rugby. Un pilotage par le résultat, motivé par une pression imposée par les parties prenantes (FFR, État, CNOSF, collectivités partenaires intéressées au boni de liquidation…) a généré un manque d'investissement dans des ressources humaines menant à de nombreux départs et arrêts maladie susceptibles de mettre l'événement en danger et ayant un impact non négligeable sur la vie des collaborateurs concernés. La question mérite alors d'être posée afin de se demander si un événement tel qu'une Coupe du Monde se doit réellement d'être rentable ou doit opérer en réalité comme un distributeur pour animer l'économie dans les territoires à l'aide de revenus venus en partie de l'international grâce à la vente de billets, de sponsoring ou de droits TV redistribués par les ayants-droits. Il est aussi reproché à ces événements de générer un manque à gagner pour les acteurs qui y sont directement liés. Pourtant, il va aussi de la responsabilité des acteurs associés d'exploiter l'événement pour en tirer leurs propres revenus. À la suite d'une négociation de droits excessive, le Groupement d'Intérêt Économique en charge de la commercialisation des hospitalités de France 2023 a connu un déficit important, aggravé par des impayés et venant impacter directement les finances de la Fédération Française de Rugby qui en était actionnaire au même titre que le comité d'organisation.

L'impact sur les finances de la fédération a été catastrophique, s'élevant à plusieurs millions d'euros alors qu'un bénéfice de plusieurs millions avait été inscrit au budget lié à la part du boni de liquidation qui devait lui revenir. Ces pertes n'ont pas été compensées par une incapacité à capter un nombre de licenciés plus important dans les clubs après la compétition. Reposant sur des extrapolations du dossier de candidature porté par la fédération et qui vantait une Coupe du Monde viable financièrement, certains choix économiques ne se sont pas avérés pertinents. Ces droits d'hospitalités surpayés ont abouti à un impact financier négatif alors que jamais autant d'hospitalités n'avaient été vendues lors d'une édition de Coupe du Monde de Rugby. La fédération, attentiste quant aux résultats de l'événement, n'a ainsi pas suffisamment investi dans la captation de sa valeur. L'exemple le plus frappant est celui des maillots du XV de France en rupture de stock avant même le début de la compétition, représentant le manque à gagner pour les acteurs du rugby. La question de la gouvernance financière des événements est donc intéressante. Doit-on organiser des grands événements rentables ou en faire des outils économiques au service de ses parties prenantes qui pourront en capter tout ou partie de la valeur générée ? Par ailleurs, les fédérations, actionnaires des événements, doivent-elles se désintéresser de leur gestion au point de réaliser des choix budgétaires venant associer des pertes financières importantes à une opportunité aussi belle que l'accueil d'une Coupe du Monde ?

Au-delà des dépenses réalisées par les organisateurs, ces grands événements génèrent aussi un coût important pour l'État. Responsable d'assurer la sécurité dans l'espace public, l'État investit énormément pour assurer une disponibilité de policiers et militaires bien plus importante que d'habitude et sur des plages horaires étendues, générant des coûts salariaux particulièrement importants estimés à 1,14 milliards d'euros pour les seuls Jeux de Paris 2024, accentués notamment par la mobilisation de forces de l'ordre issues d'autres territoires. Des dispositifs souvent étoffés par le déploiement de nouveaux outils de surveillance coûteux alors que les contrôles aux frontières se multiplient eux-aussi - plus de 1,2 million d'enquêtes administratives de sécurité ont été réalisées en amont des Jeux de Paris 2024. Un choix qui se fait aussi au détriment d'autres événements contraints d'être déplacés ou annulés pour s'assurer d'une disponibilité suffisante des forces de l'ordre pour les sécuriser (festivals, compétitions sportives…). De la même manière, les forces de sécurité mobilisées sur de tels événements sont détournées de leurs zones prioritaires, rendant certaines populations plus vulnérables. La gestion des transports publics, elle-aussi, est particulièrement importante, générant souvent des travaux importants avec l'ambition de laisser un héritage durable pour les usagers du quotidien sur le long terme. Sécurité et mobilité sont ainsi des compétences régaliennes incombant à l'État et dont il assume les frais qui ne sont que rarement refacturés aux organisateurs d'événements. Par ailleurs, il est légitime de se poser la question de la pertinence de l'investissement public, et notamment de son dimensionnement lors de périodes d'austérité. Les fonds étatiques n'étant pas illimités, le choix d'investir dans l'accueil de grands événements se fait au détriment d'autres politiques publiques possédant elles-aussi leur propre impact : éducation, logement, sécurité sociale… L'accueil de Grands Événements implique ainsi une priorisation des investissements publics, non négligeable dans l'évaluation de leur impact.

En termes d'impact social, les grands événements sont aussi régulièrement exposés à diverses problématiques. À l'occasion des Jeux de Paris 2024, de nombreuses ONG ont alerté sur les déplacements de populations sans domicile fixe en dehors de la capitale dans ce qu'elles considèrent comme des opérations de « nettoyage social », une volonté de cacher la misère de la ville aux yeux des touristes étrangers. Lors des Jeux, de nombreux étudiants franciliens avaient été eux-aussi sommés de quitter leurs logements pendant l'été afin de pouvoir y loger des membres de l'organisation. Au Qatar, le désastre humain des chantiers de construction des stades de la Coupe du Monde de la FIFA 2022 où des milliers de travailleurs sont morts à cause de la chaleur et de la poussière générée par des travaux au milieu du désert reste dans les mémoires, venant accentuer le coût déjà exorbitant de l'événement sur les plans financier et environnemental. Lors de la Coupe du Monde de la FIFA 2006 en Allemagne, c'est une externalité négative indirecte qui a été générée par l'événement à l'occasion duquel un afflux massif de prostituées issues des pays d'Europe de l'Est avait été recensé alors que les réseaux de proxénétisme européens souhaitaient profiter eux-aussi de l'afflux de touristes pour l'événement. Conditions de travail de salariés de l'organisation, marginalisation de certains publics, emplois précaires... les Grands Événements ne viennent pas non plus sans leur lot de contraintes sociales qui se doivent d'être ajoutées dans la balance de leurs retombées.

En résumé, les Grands Événements Sportifs Internationaux constituent des catalyseurs de l'économie du territoire qui les accueille. Générant une activité intense au sein du secteur du sport, ils contribuent au développement d'une expertise valorisable à l'international sur le long terme. Ces événements, par leur visibilité, permettent aussi de mettre en avant diverses parties prenantes qui font le choix de s'y associer, entreprises comme collectivités. Ils leurs permettent de générer des externalités positives en jouant sur les passions des spectateurs, aussi bien grâce à une consommation nationale accrue qu'à une présence renforcée auprès des consommateurs internationaux. En définitive, ces événements ont un impact économique positif pour le privé comme pour le public mais ils ont aussi un coût important. Sécurité, transports, infrastructures… les sources de dépenses sont multiples et conséquentes, portées par le contribuable qui a tendance à s'y opposer de plus en plus fortement. En Suisse, désireuse d'organiser les Jeux Olympiques d'Hiver pour 2038, ce sont près de dix projets de candidature à l'accueil des Jeux qui se sont confrontés à l'opposition locale et à leur retrait à la suite de référendums locaux pour des raisons financières, écologiques, comme de nuisances. L'impact économique de ces événements n'est d'ailleurs pas le même suivant le contexte macroéconomique dans lequel ils s'inscrivent. L'accueil des Jeux de Séoul en 1988 ou de Pékin en 2008 s'inscrivaient dans des contextes de croissance de plus de 7% par an, rendant les investissements nécessaires, sinon indolores, de réelles opportunités de développer de nouveaux secteurs économiques. Accueillir des Jeux dans un contexte d'austérité a été un pari pour la France avec l'ambition de permettre un développement économique de long terme et de dynamiser son économie.

Au XXIe siècle, le modèle traditionnel d'attribution des GESI peut s'avérer problématique car exclusif. En effet, certains pays clés du paysage sportif mondial ne pourront jamais accueillir ces événements car ils n'auront jamais les capacités de financer la réalisation d'un dossier de candidature, trop risqué pour un pays qui n'a pas les infrastructures (sportives, de transport comme sécuritaires) pour accueillir un tel événement. Jamais les Fidji, pourtant un pays clé du rugby mondial ne pourront en accueillir la Coupe du Monde à cause de leur stabilité économique et politique mais aussi de l'absence flagrante d'infrastructures. Ils ne pourront ainsi jamais bénéficier de l'impact de ces événements. Pour lutter contre ce phénomène, certains modèles différents voient le jour. L'organisation de la Copa América de football par exemple est tournante. Les pays de la CONMEBOL en organisent une édition chacun. En théorie. Car en réalité les difficultés politiques et économiques des pays d'Amérique du Sud amènent régulièrement les organisateurs à changer, et les problèmes d'organisation, à l'image de la finale de l'édition 2024 où des spectateurs sans billets se sont introduits dans le stade, permettent de questionner l'obtention de garanties suffisantes pour l'organisation de tels événements en suivant ce principe. World Rugby, la fédération internationale propriétaire de la Coupe du Monde de rugby a changé son processus d'attribution de la compétition après France 2023. Auparavant, le modèle était similaire à celui de l'attribution des Jeux Olympiques. Les organisateurs potentiels déposaient un dossier de candidature évalué par une commission technique qui donnait une recommandation de vote aux fédérations membres qui élisaient le prochain organisateur de la compétition. L'attribution de la compétition à la France en 2017 avait été contestée. Recommandé en deuxième position seulement par les experts, le dossier français avait été attribué à la suite d'une campagne de lobbying intense menée par ses représentants. À la suite du pied de nez réalisé aux experts de la fédération internationale, le dossier français avait décidé de ne pas entretenir la moindre relation avec ces derniers dans la phase d'organisation, amenant à une situation complexe d'organisation encore inédite, menant à des promesses intenables et la recherche d'un bouc-émissaire permanent auprès des règlementations imposées par World Rugby. À la suite de cette attribution, le processus a changé. La fédération internationale a décidé d'internaliser les équipes dédiées à l'organisation des événements rugbystiques majeurs. En bénéficiant d'experts en interne, elle n'a désormais plus besoin que de pouvoir s'appuyer sur des opérationnels locaux pour assurer le déploiement de la compétition. Les contraintes se sont ainsi allégées pour les organisateurs qui n'ont plus besoin de fournir des dossiers de candidature aussi fournis qu'auparavant mais aussi n'ayant plus besoin d'un panel d'expertises aussi important. L'internalisation des compétences, qui nuit à l'impact de l'événement sur la structuration du secteur pour le pays hôte permet toutefois à de nouveaux pays d'avoir l'opportunité de candidater à leur accueil, offrant de nouvelles perspectives et réduisant peu à peu les risques liés à leur organisation. Le modèle du GESI de demain se dessine peu à peu. La ville de Copenhague, candidate à l'accueil des Jeux Olympiques et Paralympiques de 2036 prend le parti de proposer les Jeux les plus petits et les moins coûteux jamais organisés, en opposition totale au faste vanté par des dossiers Qatarien ou Indien. Le monde occidental veut des Jeux rentables, sobres et avec un impact social et environnemental moindre. Certaines évolutions notables sont déjà apparues, offrant des opportunités pour coorganiser des événements entre plusieurs nations afin de limiter le coût de candidature et d'organisation pour certains pays difficilement solvables. Seul le temps nous dira comment les événements vont évoluer et s'ils se plient peu à peu à ces contraintes de sobriété dans l'ère du temps. Il n'empêche, le modèle économique des grands événements sportifs a connu une évolution majeure ces dernières années, motivée par la volonté de laisser un impact réfléchi, mesurable et surtout de long terme pour les pays organisateurs, entraînant une évolution des modèles d'attribution et de gouvernance auprès des institutions internationales.

Focus sur : Le Qatar, une stratégie économique qui repose sur les Grands Événements

S'il est un pays dans le monde qui parie plus que tout autre sur l'accueil de Grands Événements Sportifs pour sa prospérité, c'est bien le Qatar. Péninsule de la taille de la Drôme bloquée entre deux géants que sont l'Arabie Saoudite et l'Iran, le Qatar est un pays fortement exposé aux enjeux géopolitiques d'une région qui s'embrase régulièrement. Suivant un modèle similaire à la Suisse, le Qatar a fait un choix diplomatique reposant sur la médiation de conflits afin de se positionner en artisan de la paix et assurer sa survie. Partenaire économique majeur de nombreux pays occidentaux grâce à sa capacité d'exportation de gaz naturel liquéfié puisé dans l'immense gisement North Dome qu'il partage avec l'Iran, la pétromonarchie bénéficie d'une rente financière particulièrement importante pour les années à venir. Toutefois, conscient de la durée limitée de la rente des hydrocarbures, et de sa dépendance à des cours parfois volatiles, le pays a entrepris ces dernières années d'importants travaux de diversification de son économie. Au cœur de sa stratégie Vision 2030, deux secteurs sortent du lot afin de rendre le pays attractif à l'international et d'améliorer sa notoriété : le tourisme et le sport.

Depuis le début des années 2000, le Qatar a donc fait le pari d'utiliser le sport pour attirer le monde entier sur son territoire. Un positionnement en accord avec sa prise de position diplomatique de médiateur des principaux conflits. Accueillir le monde du sport dans des confrontations amicales, c'est œuvrer pour réduire les tensions entre les nations. S'il a commencé à se positionner en accueillant des événements assez intimistes, le pays s'est rapidement mis à viser les sommets, accueillant dès 2006 son premier événement sportif majeur : les Jeux Asiatiques d'été. Une stratégie qui se matérialisera en 2022 par l'accueil de la Coupe du Monde de la FIFA, positionnant le Qatar comme une véritable terre de sport. Mais avant de commencer à organiser de nombreux événements sportifs, la stratégie sportive qatarienne est avant tout celle d'un pays qui cherche à générer de la valeur économique. Dans l'incapacité de reposer sur sa population de 2,6 millions d'habitants pour créer une véritable industrie du sport à l'échelle nationale, le gouvernement qatarien engage des chantiers aspirant à capter une valeur économique internationale et à les utiliser afin d'améliorer la notoriété du pays auprès des amateurs de sport ainsi qu'à lui associer une image de compétitivité et d'excellence. C'est dans cette optique qu'en 2003, des fonds étatiques permettent la création d'Al-Jazeera sport, antenne de la chaîne nationale dédiée au sport qui deviendra rapidement connue à l'international sous le nom de Bein Sport à partir de 2014. La même année, à Doha, l'État entreprend la création d'Aspire, un espace dédié à la performance sportive destiné à améliorer les performances des jeunes qatariens mais aussi à accueillir les plus grands clubs du monde pour leur préparation au sein d'infrastructures de très haut standing. Pendant cette même période, le Qatar essaie alors d'attirer la lumière sur son championnat en s'achetant à prix d'or les services de joueurs de football mondialement reconnus tels que Guardiola, Leboeuf, Xavi ou Batistuta. Le Qatar a conscience que la valeur du sport est à l'étranger. Pour la capter, il doit alors se montrer attractif pour pouvoir attirer les acteurs du sport international mais aussi exporter les acteurs de son industrie au-delà de ses frontière, notamment en Occident où le sport génère des retombées conséquentes à capter.

En 2005, la stratégie sportive qatarienne prend un nouveau tournant. Alors que la manne financière issue de l'exploitation des hydrocarbures afflue, le gouvernement crée son fond souverain *Qatar Investment Authority* ainsi que sa branche dédiée au sport *Qatar Sports Investment* (QSI) dotée de 500 milliards de dollars. Contrairement aux fonds de pension, le fonds souverain s'attache à investir sur le long terme avec l'ambition de faire gagner en valeur des actifs à transmettre aux générations suivantes et contribuant à la notoriété de l'Émirat. Avec ces nouveaux outils d'influence économique, le Qatar définit en 2008 une Vision 2030 au sein de laquelle le sport joue un rôle particulier pour influencer le monde extérieur mais aussi générer des retombées économiques pérennes pour le pays. Ce dernier multiplie alors l'organisation d'événements sportifs majeurs en accueillant les championnats du monde d'athlétisme indoor en 2010 puis en obtenant en fin d'année l'attribution de l'organisation de la Coupe du Monde de la FIFA 2022. La stratégie du Qatar est toute trouvée, en s'appuyant sur le football, sport global par excellence, le Qatar tente de se faire un nom à travers le monde et à développer toute une économie autour du sport. En 2011, QSI achète alors 70% des parts du Paris-Saint-Germain, avant d'en acheter les 30% restants au début de l'année 2012. Avec ce rachat et l'obtention de la Coupe du Monde, le Qatar devient un pays clé de l'univers du football mondial et une décennie dorée s'offre à lui avec des retombées d'image conséquentes.

Le Qatar s'appuie sur l'accueil récurrent de grands événements pour contribuer à la modernisation de son économie. La Coupe du Monde de la FIFA 2022 a coûté au Qatar plus de 200 milliards de dollars, un montant jamais atteint. À titre de comparaison, la Coupe du Monde de Football la plus onéreuse jusqu'alors avait coûté 15 milliards de dollars pour l'organisation du mondial 2014 au Brésil. Mais si ce montant est aussi élevé c'est parce que le Qatar a vu dans cet événement l'opportunité d'investir pour se moderniser avant que les yeux du monde entier ne soient tournés vers lui. Nouvel aéroport, nouveaux hôtels, nouveau réseau de métro, sept nouveaux stades et 136 terrains d'entraînement... le pays est complètement modernisé à la suite de travaux d'envergure. Loin d'être rentabilisés par les 17 milliards d'euros de recettes de l'événement, ces investissements sont presque indolores pour un pays encore très peu endetté mais sont un pari ambitieux sur l'avenir afin de développer tourisme et économie. Pour autant, l'investissement semble rentable, au moins d'un point de vue marketing tant l'accueil de l'événement a permis à l'Émirat de gagner en notoriété à l'échelle mondiale et d'accélérer sa reconnaissance internationale. Avant la compétition, seule une poignée d'experts géopolitiques étaient en mesure de citer les villes qatariennes de Doha ou Lusail, ce qui est désormais à la portée de tout amateur de football.

L'accueil de la Coupe du Monde de Football devient aussi le moyen de rentabiliser certains actifs du pays avec une valeur ajoutée hors du commun mais à la notoriété encore trop limitée. La clinique Aspetar par exemple devient peu à peu la clinique de référence pour soigner les plus grands sportifs, réunissant les meilleurs spécialistes et assurant une qualité de traitement sans égal. L'Aspire Academy pour sa part devient un outil à disposition des clubs dans le cadre de la formation de leurs futurs talents. Elle tisse un partenariat avec la *masia*, le centre de formation du FC Barcelone avec l'ambition de devenir une référence mondiale pour le développement des talents, de beaux actifs à faire valoir dans le cadre de l'héritage de la compétition dont l'accueil a aussi permis de rendre le pays plus attractif aux yeux des meilleurs techniciens du football mondial.

Les actifs footballistiques sélectionnés par les Qatariens ne sont pas liés au hasard. L'État de la péninsule s'est d'abord attaqué au marché occidental en s'appuyant sur le diffuseur Bein Sport. Avec des moyens financiers considérables, le Qatar a pu se permettre de se positionner comme le financeur du sport mondial en achetant les droits de diffusion de plus de soixante compétitions d'envergure (NBA, Ligue des Champions...). En 2020, le Bein Media Group était ainsi présent dans 43 pays et rassemblait plus de 55 millions d'abonnés. Ce positionnement a permis au Qatar de pénétrer facilement le sport mondial et d'y faire valoir ses intérêts, tout en améliorant sa notoriété en étant considéré comme un pays avec des ressources considérables. La notoriété du Qatar s'est aussi fortement développée avec le sponsoring maillot du FC Barcelone par la Qatar Foundation en 2010 puis la compagnie aérienne d'État Qatar Airways. Le maillot sacré qui n'avait pas fait figurer de sponsors depuis plus de cent ans a été acquis à prix d'or par l'Émirat pour se faire connaître aux yeux du monde comme un pays proche du sport. Force est de constater que ce positionnement a ouvert la voie à de nombreux acteurs étatiques qui ont agi de manière similaire à l'image de Visit Rwanda, partenaire du Paris-Saint-Germain ou des équipes cyclistes UAE-Emirates ou Israël-Premiertech, désireuses de mettre en avant leur territoire au travers d'une marque sportive avec une grande notoriété.

Le choix du Paris-Saint-Germain s'est aussi imposé comme une évidence. Contrairement aux pays comme l'Allemagne qui ne valorisent pas l'acquisition d'un club par un investisseur unique[25], la France offrait des perspectives intéressantes pour l'acquisition d'un club. À la différence de l'Espagne où le Real Madrid et le FC Barcelone se disputent les titres ou aux championnats on ne peut plus incertains d'Angleterre et d'Italie, la Ligue 1 offrait aussi Qatar la possibilité de contribuer à la création d'un club qui domine son championnat sur le long terme et se qualifie systématiquement pour la Ligue des Champions, reine des compétitions de clubs. En rachetant le principal actif sportif de la ville lumière et en y associant l'image du Qatar, notamment au travers de l'omniprésence de son président Nasser Al-Khelaïfi, le Qatar s'est

---

[25] En Allemagne, la règle du 50+1 impose que l'association mère de tout club professionnel doit en détenir la majorité des droits de vote. Si un actionnaire majoritaire venait à acheter la totalité du club, il resterait donc soumis aux décisions prises par l'association.

offert une visibilité sportive de choix sur le marché européen, apparaissant comme un acteur sérieux et compétitif, inondant le football de la capitale de pétrodollars. Acheté 70 millions d'euros en 2011, le club parisien est aujourd'hui évalué par Forbes autour de 4 milliards d'euros[26] et compte désormais aussi son club de handball. En treize ans, il est devenu une marque mondiale avec la deuxième plus grande croissance dans le monde du sport derrière la franchise de NBA des Golden State Warriors. L'investissement réfléchi du Qatar lui a permis de s'imposer sur le marché européen via la création d'actifs à forte croissance tout en gardant des ambitions de long terme, lui offrant une visibilité et une image sans précédent dans le monde sportif occidental.

En acquérant ces actifs, le Qatar s'intègre peu à peu à l'économie du sport mondial de laquelle il était jusqu'aux années 2000 particulièrement marginalisé. Il cherche ainsi à créer à l'échelle nationale une véritable industrie du sport en s'appuyant sur la possession d'actifs dans les différents secteurs qui la composent à l'international. Le sport offre aussi au pays l'opportunité de valoriser divers acteurs de son territoire. En 2023, la Coupe du Monde de Kitesurf se déroule au Qatar avec l'ambition d'y valoriser ses stations balnéaires et un littoral touristique. Afin d'étendre cette stratégie touristique, Qatar Airways est devenue partenaire du circuit mondial de kitesurf freestyle. Le sponsoring au travers de Qatar Airways est un moyen pour l'Émirat de valoriser une des entreprises clés de son économie, desservant 130 destinations dans le monde, tout en contribuant à la notoriété de son territoire comme destination touristique.

Toutefois, pour s'assurer de briller sur la scène sportive internationale, il est nécessaire pour un pays de remporter des titres. Cela étant, la taille du marché Qatarien ainsi que sa structure démographique empêche l'Émirat d'avoir des performances sportives de premier plan lui permettant de briller sur la scène internationale. Incapable de se qualifier pour les phases finales de Coupe du Monde de Football, le pays doit attendre d'organiser la compétition pour pouvoir être qualifié d'office, tout en y proposant une piètre prestation. Le pays envisage alors la naturalisation de sportifs de haut niveau avec l'ambition de permettre au Qatar de briller lors des compétitions sportives internationales. En 1999, huit haltérophiles Bulgares sont ainsi naturalisés en échange d'un

---

[26] https://www.psg.fr/equipes/the-club/content/le-paris-saint-germain-valorise-a-plus-de-4-milliards-de-dollars-2022-2023

million de dollars[27]. L'émirat exploite la faiblesse des moyens financiers des pays en développement pour se rendre attractif auprès de leurs meilleurs talents et les naturaliser. La sélection nationale de handball qui se qualifie pour la finale des Championnats du Monde 2015 organisés à domicile ne compte ainsi que deux joueurs nés au Qatar dans son effectif. Au Jeux de Rio en 2016, 23 des 39 athlètes qui constituent la délégation Qatarienne étaient nés en dehors de l'Émirat. La stratégie semble toute trouvée mais est onéreuse pour un État qui n'en tire que des retombées incertaines. Malgré des infrastructures d'entraînement de pointe, le Qatar ne compte que 20 000 sportifs licenciés, laissant entrevoir peu d'opportunités de performer sur la scène internationale à l'avenir. Élargir la base de pratiquants s'avère on ne peut plus nécessaire pour aspirer à être compétitif à l'avenir. C'est que la stratégie économique sportive qatarienne, si elle porte ses fruits au vu du développement important de ses différents actifs, n'a que peu d'effet sur la pratique au sein de son territoire. Une étude de la Qatar BioBank[28] stipule que près de 73% des Qatariens et des expatriés de longue date sont obèses ou en surpoids. Seuls deux habitants sur dix pratiqueraient du sport de manière hebdomadaire. En 2012, l'État crée une journée nationale fériée du sport pour encourager les populations à pratiquer mais son effet reste limité. Les hommes politiques et la famille royale sont alors invités à se mettre en scène comme des pratiquants sportifs afin de montrer l'exemple à la population qui fait face aux fléaux du diabète et de la sédentarité, on ne peut plus coûteux pour l'État et véritable frein à sa productivité. La stratégie du développement par les GESI semble ainsi être un outil efficace pour générer des retombées économiques de long terme et améliorer la notoriété de l'Émirat mais cet exemple démontre bien qu'elle n'est pas en mesure de répondre à l'ensemble des problématiques, et notamment celle du développement de la pratique sportive au sein de la société.

En résumé, la stratégie économique du Qatar dans le sport tente ainsi de répondre à plusieurs objectifs avec l'ambition de générer de la valeur pour le pays sur le long terme :

- Montrer l'émirat et promouvoir la marque Qatar, notamment en démontrant les capacités financières de l'Émirat et sa capacité à faire face aux exigences qu'imposent les flux de la mondialisation en

---

[27] P. Gillon « La politique sportive des Émirats du Golfe : comment obtenir une visibilité internationale ? », *Insaniyat*, *2006, n°34, pp 29-38*

[28] « Le Qatar encourage la pratique du sport pour combattre l'obésité », *Le Parisien, 10 février 2015*

accueillant une Coupe du Monde de la FIFA à 200 milliards de dollars. L'événement a d'ailleurs généré des retombées conséquentes sur les réseaux sociaux permettant au Qatar d'améliorer sa notoriété sur tous les continents. Selon l'institut Nielsen Sports, le Mondial a généré 5,95 milliards d'interactions et 262 milliards d'impressions grâce à 93,6 millions de publications en rapport avec l'événement.

- Aménager le territoire, le dynamiser et développer ses infrastructures pour rester attractif, en témoigne l'investissement massif dans les infrastructures de Doha lors de l'accueil de la Coupe du Monde de la FIFA 2022 mais aussi la création d'Aspetar ou de l'Aspire Academy.

- S'imposer comme un hub sportif global. Le tourisme sportif au Moyen-Orient représente aujourd'hui une industrie de 600 milliards de dollars selon le Forum Économique Mondial[29], en faisant la région du monde où le secteur est en plus forte croissance. Au sein de la région, le Qatar joue un rôle fondamental mais est aujourd'hui concurrencé par des pays voisins comme l'Arabie Saoudite ou les Émirats Arabes Unis. Dans cette dynamique collective performante, le pays doit parvenir à tirer son épingle du jeu.

- Attirer les flux de la mondialisation (talents, touristes, entreprises, main d'œuvre…). Doté d'une population peu nombreuse, le Qatar fait face à un réel enjeu de recrutement et d'attraction de talents comme de main d'œuvre pour pouvoir contribuer à son développement économique. Grâce au sport, le pays souhaite se rendre plus attractif auprès de ces publics.

- Diversifier et développer une économie de substitution à la rente gazière. L'investissement dans le sport aspire à contribuer au développement d'une économie de divertissement et de loisir nationale à destination des locaux aussi bien que d'une clientèle internationale. Les acteurs du marché ont ainsi estimé la croissance du secteur à 8,7% entre 2023 et 2026. Une partie de la valeur créée devrait être captée par des entreprises nationales telles que Qatar Airways qui contribuent au succès de la filière mais n'en font pas directement partie.

- Développer l'émirat et profiter d'opportunités permises par le sport (Qatar Sports Tech…)[30]. Propriétaire du PSG, le Qatar a pu utiliser le

---

[29] https://www.weforum.org/agenda/2023/03/sports-middle-east/
[30] Voir « Qatar, dominer par le sport. Géopolitique d'une ambition », *A. Buzenet, M. El Bouanani, J-B. Guégan, p146, 2023*

club dans une optique de développement économique en Afrique. Visit Rwanda, l'agence touristique nationale rwandaise, a ainsi signé un contrat de sponsoring important avec le club qui a permis à l'Émirat de se rapprocher du pays et d'y envoyer ses joueurs en tournée promotionnelle. Le rapprochement des pays, permis en partie grâce au PSG, a ainsi abouti dans l'acquisition par le Qatar de 60% des parts de l'aéroport international de Kigali, lui permettant de posséder de nouveaux actifs stratégiques en Afrique.

La stratégie d'investissement dans le sport qatarienne semble ainsi toute trouvée et paraît répondre à des enjeux clés de développement économique du pays. Toutefois, si cette dernière semble performante tant le pays a gagné en notoriété ces dernières années, elle tend aussi parfois à se retourner contre lui. Aux yeux du monde occidental notamment, le développement de sa visibilité par le sport semble créer des dissonances avec un pays qui est davantage associé dans l'imaginaire collectif à l'esclavage moderne, le fondamentalisme et la pollution. Les valeurs du sport semblent ainsi en complète contradiction avec celles promues par l'Émirat, aboutissant à de nombreuses accusations de *sportwashing*.

Après les échecs des candidatures de Doha à l'accueil des Jeux Olympiques 2016 et 2020, tout laisse à penser que le succès de la Coupe du Monde de la FIFA 2022 poussera le Qatar à se positionner comme un candidat clé pour l'accueil des Jeux Olympiques et Paralympiques de 2036. Le pays pourra alors compter sur l'expérience des Jeux Asiatiques de 2030 qui lui ont été attribué mais aussi de nombreux grands événements qu'il a pu accueillir grâce à sa crédibilité gagnée ces dernières années : championnats du monde de judo, de natation, de handball, de cyclisme, grand prix F1 du Qatar… L'Émirat se positionne aux yeux du monde comme une *bidding nation*, volontaire pour accueillir de nombreux événements sportifs dans un standing nulle part égalé. À l'horizon 2030, le pays s'est fixé l'objectif fou d'organiser un grand événement sportif par semaine, soit cinquante par an, afin de devenir un acteur incontournable de l'événementiel sportif. Pour cela, le Qatar a bien conscience qu'il doit devenir une puissance acceptée sur la scène internationale afin d'être en mesure de convaincre les ayants-droits de ces événements. Le recours à des malversations et la corruption comme il en avait été le cas afin d'obtenir l'organisation de la Coupe du Monde de la FIFA 2022 ne sont plus des options viables sur le long terme, la construction d'une véritable crédibilité internationale est le prochain grand enjeu de l'Émirat.

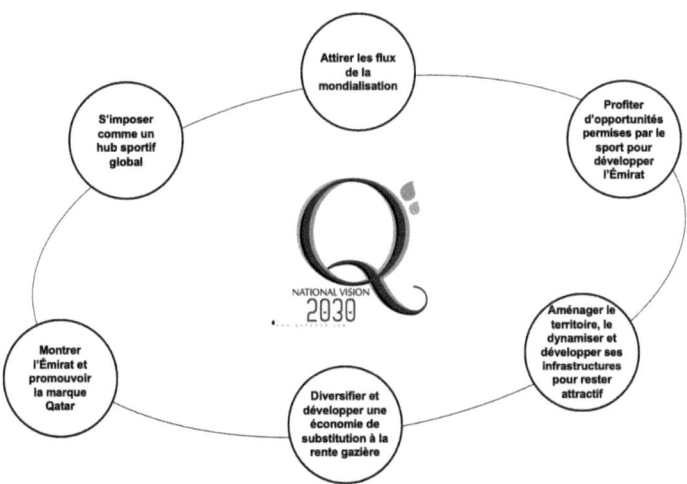

Annexe 6 : Le sport au cœur de la vision de développement économique du Qatar sur le long terme

L'ECONOMIE DE LA PRATIQUE SPORTIVE, REPARTIE DANS TOUS LES TERRITOIRES

Une économie moins médiatisée mais pas moins importante

L'économie de la pratique sportive représente un secteur économique avec un potentiel important dans les pays où elle est institutionnalisée et suffisamment répandue. En France, elle représente 48 milliards d'euros[31] dont 17 milliards sont dépensés par les ménages à des fins de pratique sportive directe (abonnement à la salle de sport, entrée à la piscine…) et 20 autres à l'achat ou la location d'articles de sport. Partout dans le monde, des individus pratiquent une activité physique. Celle-ci n'est pas toujours régulière, peut parfois être encadrée ou même se faire en autonomie. Elle peut être formelle ou informelle, avec ou sans matériel, mais la consommation de sport représente une richesse de plus en plus exploitée par les marques, les États ou encore les ONG dans un objectif de développement économique et social des territoires. Longtemps délaissé des politiques publiques à l'échelle mondiale car moins médiatisé que le sport de haut niveau, le sport amateur représente aujourd'hui une véritable source de consommation des ménages mais aussi des entreprises. En France, le montant total du mécénat du sport amateur est équivalent au sponsoring des clubs professionnels. Les investissements des collectivités y sont par ailleurs plus importants et les ménages y dépensent plus de budget. Dans les pays africains, le sport amateur permet d'attirer des flux financiers depuis les pays développés intimement liés à des projets de développement. Les équipementiers sportifs ont pour certain atteint des tailles colossales et vendent des produits dans le monde entier grâce à des campagnes marketing rendant la pratique sportive séduisante. Enfin, le développement de la pratique joue un rôle fondamental dans celui du sport spectacle. À mesure que l'activité physique se

---

[31] *La filière sport : les challenges d'une championne* – Rapport du groupe BPCE

généralise, la culture du sport se répand au sein des sociétés qui commencent à accorder une valeur aux équipes de haut niveau et ainsi à consommer du sport spectacle en remplissant les stades et assistant aux matchs devant leur télévision. Alors comment l'économie de la pratique sportive se structure-t-elle et comment peut-elle au mieux contribuer au système économique global ?

Histoire de la structuration de la pratique sportive dans les pays occidentaux

Comme nous avons pu l'évoquer, l'industrie de la pratique sportive est principalement dominée par une consommation de biens comme de services liés à l'accès à cette pratique. En France, sur les 53 milliards d'euros dépensés par les ménages dans le sport, seuls 4,6 milliards concernent le sport professionnel. La pratique sportive est motivée par deux principaux éléments. D'une part, il existe un réel besoin de la part des consommateurs de pratiquer du sport. Un besoin qui a un impact direct sur leur santé, sujet auxquels ils sont régulièrement sensibilisés par les pouvoirs publics, surtout dans le monde occidental. D'autre part, il existe tout un pan de consommation de la pratique qui ne se veut pas nécessaire mais additionnel. L'achat de survêtements, initialement destinés à être des équipements sportifs et devenus de véritables accessoires de mode, en est l'exemple type. Les pratiquants allouent une part de leur budget à des produits de pratique liés à la mode ou au divertissement. Les tenues de sport sont devenues des produits de consommation du quotidien dénués de relation directe avec la pratique sportive à l'image de la mythique Stan Smith d'adidas que plus personne ne porte pour jouer au tennis.

Pour comprendre l'économie de la pratique sportive, il est nécessaire de revenir en arrière et considérer le chemin parcouru pour en arriver à l'économie telle qu'elle est structurée aujourd'hui. Historiquement, la pratique sportive a toujours constitué un loisir et a de tout temps été pratiquée comme telle mais elle a pu par périodes endosser un rôle social complémentaire. Dès l'antiquité, de nombreuses compétitions sportives étaient organisées avec une dimension de célébration religieuse ou du pouvoir en place. La dimension de performance associée au sport n'a alors qu'été considérée comme une valeur ajoutée au processus de plaisir, permettant de récompenser les vainqueurs grâce à du prestige social puis financier. De la pratique de jeux de balles religieux au sein des empires Amérindiens aux gladiateurs se battant pour la gloire au cœur du

Colisée, la notion de divertissement était le fondement d'un sport qui se voulait avant tout social. Dans un second temps, les États se sont intéressés à la pratique sportive comme outil au service de la préparation des soldats pour faire la guerre. À une époque où tout homme majeur est susceptible de combattre, la préparation physique de l'ensemble de la population est alors un enjeu de sécurité nationale avant tout, que l'on soit sous l'Empire Romain ou dans l'entre-deux guerres. La pratique sportive est ainsi longtemps encadrée par les ministères des armées ou de la guerre et l'objet qu'elle sert est clair. Ce n'est qu'à partir de la fin du XIXe siècle et avec l'avancée des travaux scientifiques, que l'on a commencé à considérer que la pratique sportive avait un rôle à jouer dans la constitution du corps et de l'esprit des citoyens. L'éducation physique a alors été utilisée dans les systèmes éducatifs pour permettre aux jeunes hommes et femmes de mieux appréhender leur corps et de le mettre au service de leur esprit, pour être mieux dans leur tête mais aussi plus performants dans leur apprentissage : un esprit sain dans un corps sain. Cette approche est principalement véhiculée au sein des universités britanniques avant de rapidement se répandre dans le reste du monde grâce à la présence de l'Empire Britannique sur l'ensemble des mers du globe. Enfin, avec le développement du sport professionnel et sa médiatisation à partir de l'entre-deux guerres, la pratique sportive s'est de plus en plus retrouvée orientée vers une pratique de compétition. Le sport permet de se comparer aux autres au sein de la société et vient servir les ambitions des individus dans un monde capitaliste.

De nos jours, la pratique sportive relève principalement de ces deux dernières conceptions : le recours à l'activité physique pour la santé combinée à une pratique sportive de compétition. L'augmentation du pouvoir d'achat au sein des ménages ainsi que l'accessibilité croissante à des infrastructures et du matériel sportifs permettent aux individus de développer une pratique sportive conséquente, entrée dans les mœurs avec une généralisation de l'éducation physique et sportive dans l'ensemble des pays mais aussi grâce au développement d'une société de loisirs au sein de laquelle le sport joue un rôle particulier. Depuis les années 1990, le développement d'une pratique sportive autonome, accentuée par l'arrivée d'outils digitaux dans les années 2010, contribue à façonner l'espace et les institutions dédiées au sport. En parallèle, les pouvoirs publics ont pris conscience de l'importance de l'activité physique dans la prévention ainsi que la curation de nombreuses maladies. Les États providences voient ainsi dans le sport une opportunité d'investissement permettant de réduire sur le long terme les dépenses de leurs systèmes de santé souvent déficitaires. Les politiques publiques sont alors de plus en plus orientées vers une sensibilisation des citoyens aux bienfaits de la pratique sportive et cette dernière bénéficie du soutien de nombreux acteurs non-étatiques conscients de ses bienfaits et y ayant recours afin de répondre à diverses problématiques de société, qu'elles soient de santé, de cohésion sociale, d'émancipation ou d'intégration. Mais au-delà de la simple pratique, le sport s'est imposé comme une seconde voie. Il offre la perspective d'une réussite sociale et financière en dehors du parcours scolaire existant et inadapté à certaines populations. La pratique sportive ouvre les portes à des opportunités professionnelles indépendamment du milieu social et pousse de nombreux jeunes athlètes à s'y investir de manière intensive avec en ligne de mire des objectifs de vie encore inexistants il y a de cela un siècle.

C'est donc autour de ces deux piliers du sport santé et du sport de compétition que se sont développés de nombreux investissements dans la pratique sportive amatrice. Ces derniers suivent différents raisonnements avec pour ambition principale de contribuer au développement de l'activité physique au sein de leur population. Toutefois, le sujet est en réalité bien plus large, le développement de la pratique étant intimement lié à la réalisation de nombreuses politiques publiques variées, justifiant une diversité d'investissements. À ce titre, le recours au financement de projets de développement par le sport est devenu une condition nécessaire à la réalisation de toute stratégie de diplomatie par le sport, surtout vis-à-vis des pays en voie de développement. La structuration d'une pratique sportive de haut niveau permet pour sa part aux États de briller sur la scène internationale, notamment dans le cadre des Jeux Olympiques. Une retombée qui n'est toutefois permise que par un élargissement de la base de pratiquants au sein de la pyramide de performance mais auquel elle contribue aussi par sa médiatisation. Le financement des champs de l'innovation du sport joue à son tour un rôle important dans l'amélioration des conditions de pratique ou la volonté de mieux comprendre ses bienfaits et les contraintes qu'il impose au corps humain qui justifient de réelles politiques de recherche dans le secteur. La pratique sportive s'invite ainsi au sein de nombreux sujets qui en font un objet économique large, mobilisant de nombreux acteurs et financements de tous horizons. Ces dernières années dans les pays occidentaux, l'investissement dans le développement de l'activité physique est ainsi devenu en quelques sortes le couteau suisse des politiques publiques. Il permet de traiter des sujets de santé et d'éducation mais aussi de s'attaquer aux enjeux de parité, d'insertion, d'emploi, d'aménagement du territoire, de développement d'une identité nationale et locale… ce qui justifie des investissements parfois colossaux de la part de pouvoirs publics convaincus de son bienfait pour leur société, souvent en compléments d'autres projets globaux de politiques publiques.

L'économie de la pratique sportive au XXIe siècle

La structuration de la pratique sportive contemporaine a donc commencé autour d'une approche éducative. Les établissements scolaires ont été les premiers à se doter des infrastructures nécessaires à la pratique massive du sport au sein de la société et ont contribué à rendre populaire l'activité physique ainsi qu'à en enseigner les bases aux pratiquants (échauffement, technique de course, soins, connaissance de son corps…). Petit à petit, afin de permettre la continuité d'une pratique en dehors du giron scolaire, des clubs ont vu le jour au sein des universités permettant au plus grand nombre d'y prendre part. Souvent omnisports, ces clubs bénéficient d'infrastructures municipales ou privées liées à ce milieu scolaire duquel ils étaient issus comme l'illustre le cas du Paris Université Club. Dans un troisième temps, des associations sportives regroupant des individus avec une pratique commune sur un même espace géographique voient le jour de manière complètement indépendante. Les pouvoirs publics locaux se voient alors contraints à financer le déploiement d'infrastructures sportives ouvertes à tous et mises à disposition des clubs locaux qui se structurent au sein de ligues et de fédérations pour s'affronter lors de compétitions officielles. Tout au long du XXe siècle en Occident, la pratique sportive se passe alors principalement en club. Le nombre de licenciés ne cesse de monter à mesure que l'activité physique se démocratise et le sport joue un rôle de plus en plus important comme outil social mais endosse aussi peu à peu un statut de loisir. Les fédérations se structurent alors autour d'un modèle économique où le paiement d'une licence par les pratiquants permet d'organiser les compétitions et de financer les clubs. Les sportifs se retrouvent alors regroupés au sein de ces fédérations qui ne sont pas complètement indépendantes des gouvernements. Ces dernières deviennent ainsi un outil permettant aux pouvoirs publics d'organiser la pratique et de l'orienter selon les politiques publiques à l'œuvre. Le sport devient de plus en plus politique. Le modèle semble cependant tout trouvé pour les sports de masse qui assurent leur autofinancement. Certaines pratiques échappent toutefois à ce principe, principalement justifiées par leur caractère occasionnel et touristique, c'est l'exemple du ski, du patinage ou de la randonnée mais aussi de sports de nature tels que le canoë, pratiqués en autonomie et hors compétition. Leur organisation voit alors émerger de nombreux acteurs privés liés à la pratique (régies de remontées mécaniques, locations de canoës ou de matériel d'alpinisme…), témoignant d'une structuration du sport comme d'un outil davantage économique que de santé publique.

À partir des années 2000, la génération Y (1981-1995) est à l'origine d'un changement de paradigme dans la pratique. Les fédérations n'attirent plus autant de licenciés car les pratiquants veulent avoir accès à davantage de flexibilité. La jeunesse se veut émancipée et souhaite pratiquer où elle le veut et quand elle le veut, mettant en péril le modèle économique établi par les fédérations et nécessitant une adaptation des politiques publiques. Le matériel sportif devient de plus en plus accessible dans une société de surconsommation et les pratiquants peuvent alors multiplier les disciplines pratiquées sans nécessiter de recourir à des clubs possédant du matériel à disposition. Cette évolution de la pratique a alors un impact considérable sur les modèles en vigueur. Les équipements sportifs municipaux, autrefois réservés aux associations sportives s'ouvrent de plus en plus au grand public. Les municipalités se dotent de parcours santés, d'espaces de musculation ouverts et de city stades permettant la pratique de plusieurs sports collectifs à la fois. Cette attente du consommateur de pouvoir accéder à différentes installations sportives au long de la saison entraîne le développement d'infrastructures privées dédiées à des pratiques spécifiques et bien souvent à la mode. Auparavant pourvoyeurs d'équipements sportifs, les services publics répondent désormais à une autre fonction, celle de fournir aux pratiquants les infrastructures qui ne leur sont pas offertes par les autres acteurs, notamment privés. Alors que les complexes de football à cinq privés se multiplient dans des hangars en périphérie des grandes villes, les pouvoirs publics portent les investissements les plus lourds et les moins susceptibles d'être rentables étant donné la nécessité d'y donner un accès gratuit, notamment aux publics scolaires : patinoires, piscines, terrains de football, gymnases… Mais le prix à payer d'une diversification des infrastructures implique qu'elles sont dans l'ensemble vieillissantes dans les pays occidentaux où les trente glorieuses ont permis de financer de nombreux projets onéreux mais dont les coûts d'entretien actuels limitent les capacités des collectivités d'investir dans de nouvelles infrastructures.

En parallèle, on observe une évolution des services afin de répondre aux attentes des nouveaux pratiquants. La pratique en autonomie se montre de plus en plus attractive, notamment chez les cadres et les citadins qui en apprécient la flexibilité, leur permettant de l'insérer plus aisément dans leur emploi du temps. La pratique devient alors de plus en plus accommodante si bien que même les clubs de sport proposent de nouveaux produits ouverts à tous. Il est désormais monnaie courante de pouvoir prendre part à une course pédestre ou à un tournoi de padel organisé par un club sans avoir besoin d'être licencié de la fédération. De plus, l'offre proposée par les acteurs privés répond parfois davantage aux attentes du consommateur. Les centres de football à cinq par exemple organisent eux-mêmes leurs événements et leurs compétitions sur des formats d'une après-midi, sans engagement de long terme, offrant une flexibilité de la pratique inégalée par les fédérations dont les championnats s'étalent sur parfois plus de 8 mois avec des rencontres toutes les semaines. Toutefois, l'ensemble de ces évolutions a des retombées non négligeables sur le modèle économique des fédérations et des clubs qui ne bénéficient plus de la manne financière des licenciés. Un pratiquant va diversifier ses pratiques et ne prend plus nécessairement de licence dans un sport en particulier. En 2018, en France, seul un pratiquant sur quatre est ainsi licencié d'une fédération pour au moins une de ses pratiques, ce qui signifie que trois-quarts des sportifs pratiquent en autonomie ou en dehors du giron fédéral, représentant un manque à gagner énorme pour ces acteurs mais une opportunité économique conséquente pour les acteurs privés qui souhaiteraient en capter la valeur.

Au-delà de l'organisation de la pratique, l'offre de services sportive a aussi évolué ces dernières années, s'étoffant et se diversifiant. Le marché du coaching sportif individuel connaît une forte croissance, alimenté par une société du paraître qui pousse les hommes comme les femmes à se forger une silhouette esthétique grâce au sport. Un coaching qui a aussi l'ambition d'accompagner la remise en forme de nombreuses personnes, que ce soit pour des raisons de santé ou de plaisir personnel. Cette offre intéresse aussi le pratiquant régulier en lui offrant un entraînement complémentaire à une pratique sportive de compétition afin d'améliorer ses performances dans sa discipline cible, et ce qu'importe son niveau. Il n'est ainsi pas rare de voir des joueurs de football amateur se faire accompagner par des préparateurs physiques ou mentaux afin de réussir à s'améliorer sur le terrain, expression même de cet intérêt porté par la jeunesse pour une pratique compétitive offrant des perspectives professionnelles. L'offre sportive complémentaire à la pratique initiale devient ainsi un pan important de l'économie du sport, en témoigne le succès des salles de fitness dans les territoires urbains. En 2019, le marché des salles de sport privées représentait près de 100 milliards de dollars dans le monde (2,4 milliards d'euros en France), s'appuyant sur l'activité de 205 000 clubs existant[32]. On y distingue une offre qui se sépare en deux segments, l'un *low cost* avec l'ambition de permettre la pratique sportive au plus grand nombre et dont le modèle économique repose sur les « abonnés absents ». En commercialisant plus d'abonnements que la capacité de la salle ne peut le permettre en faisant l'hypothèse d'un taux d'abandon, les clubs sont en mesure de rentrer dans leurs coûts. D'autre part, une offre plus premium, destinée à une clientèle recherchant une valeur ajoutée dans sa pratique sportive (bien-être, accompagnement personnalisé...) offre une autre approche de la pratique sportive, souvent bien davantage sociale. Ces offres sportives tentent en permanence de s'adapter aux nouvelles tendances en offrant des services novateurs et attractifs. Les cours particuliers, les sessions de HIIT (High Intensity Interval Training), la possibilité de se rendre au spa après sa séance, le dynamo... sont tant d'offres complémentaires souvent inexistantes dans le parcours de pratique classique. Des services qui sont par ailleurs de plus en plus digitaux. Les programmes de remise en forme en ligne, peu onéreux et peu contraignants, ont une réelle valeur ajoutée pour le consommateur. Les applications digitales permettent d'évaluer ses performances, d'obtenir des conseils pour s'améliorer ou encore de partager ses performances avec sa communauté à l'image de ce que propose le réseau social Strava, avec l'impact négatif d'un intérêt de moins en moins porté aux entraîneurs en tout genre, rendant leurs emplois de plus en plus précaires.

    La pratique sportive répond désormais aux attentes du consommateur du XXIe siècle : il souhaite pouvoir pratiquer quand il le souhaite, où il le souhaite et de la manière qu'il préfère. Il souhaite par ailleurs pouvoir améliorer ses performances et les rendre visibles du plus grand nombre mais aussi faire l'expérience d'une plus grande diversité d'offres de pratiques. Un sportif qui ne faisait avant que du football tout au long de l'année est désormais aussi consommateur de foot à cinq avec ses amis quelques soirs dans l'année après le travail, il va avoir recours à une application comme Strava pour enregistrer ses sorties course à pied nécessaires pour sa préparation physique, tout comme son

---

[32] https://www.perfectgym.com/fr/blog/business/statistiques-de-l-industrie-du-fitness-tendances

abonnement à la salle de sport locale. L'augmentation de l'offre, son individualisation et sa diversification ont permis une augmentation de la consommation sportive des ménages de manière régulière depuis désormais deux décennies. Le consumérisme du XXIe siècle est parvenu à monétiser une pratique gratuite et accessible à tous comme le running. Un aspect positif car il pousse les utilisateurs à s'investir davantage dans la pratique et à en garder un rythme pertinent sur la durée, tout en développant son impact économique.

Autre changement marquant dans la consommation du sport, son statut de loisir. Le sport n'est plus un outil de préparation à la guerre ni un outil éducatif uniquement, il est aussi source de plaisir et de satisfaction. Ce nouveau statut du sport a complètement changé sa place au sein de la société. Les comités d'entreprises ont intégré au même titre que les chèques vacances des avantages à destination de la pratique sportive des salariés. Ils permettant son développement en tant que loisir, lui donnant une tout autre connotation dans les esprits, à l'image du canoë-kayak précédemment évoqué ou des locations de vélos dans les lieux de villégiature. Une prise en charge par l'entreprise qui valorise aussi de plus en plus une pratique quotidienne en proposant des services adaptés à la consommation des salariés sur la pause déjeuner par exemple ou la contribution à l'achat d'un vélo afin de se rendre sur son lieu de travail. En plus du développement d'une pratique sportive au sein des locaux de l'entreprise, les salariés ont désormais accès à des programmes tels que ClassPass ou GymLib en France qui leur permettent de bénéficier d'un abonnement pris en charge en grande partie par leur comité d'entreprise et leur offrant accès à de nombreux cours particuliers et autres offres de services privées : cours de pilâtes, dynamo, salle de sport, location de terrains de sport… Une multitude de services pensés pour être flexibles et qui correspond aux attentes des nouvelles générations de cadres chez qui ils connaissent un franc succès.

En parallèle de l'évolution des services, l'économie de la pratique sportive s'est aussi développée au travers d'une consommation matérielle croissante. L'industrie du sport a entrepris depuis les années 2000 de rendre la technologie de haute performance accessible au plus grand nombre. La pratique sportive de haut niveau a longtemps été motivée par une amélioration des compétences des athlètes, qu'elles soient physiques ou techniques. L'avènement du sport professionnel a toutefois contribué à atteindre une homogénéité de niveau assez importante du fait de conditions de pratique similaires. Il a alors été communément admis que la technique, le physique ou la tactique ne suffisaient plus à s'assurer d'être le meilleur athlète au monde. Désormais, la haute performance est comprise comme une somme de 1%. Pour être le meilleur, il faut être en mesure de mettre de son côté tous ces éléments qui feront progresser de 1% sa performance et pour cela, un investissement technologique important a été réalisé aussi bien par les équipes professionnelles que par les équipementiers. Le recours à de nouvelles matières a permis de rendre les vélos ou les raquettes plus légers, les chaussures de course plus résistantes ou tenant mieux la cheville afin de réduire les blessures ou encore d'améliorer l'adhésion des gants des gardiens de football. Les équipements n'ont eu cesse d'évoluer et leur progression a permis, à l'image des innovations portées par le secteur militaire au XXe siècle, de faire arriver au sein de la société de nouveaux équipements de pratique plus performants et plus diversifiés, adaptés aux différentes pratiques mais surtout moins onéreux à mesure que les avancées technologiques ont rendu les dernières innovations obsolètes pour le très haut niveau. Avec une valeur ajoutée plus élevée, la propension à payer des ménages pour ces équipements a augmenté. Mais le processus a aussi mené à la fin de l'équipement généraliste. Là où une paire de baskets permettait de pratiquer tous les sports par le passé, elles se sont désormais multipliées et spécialisées : chaussures de running, chaussures de trail, crampons de football, chaussures de handball, chaussures de futsal… les typologies d'équipements n'ont cessé de se multiplier. On distingue même différents équipements au sein d'une même pratique : vélo de triathlon, vélo de contre-la-montre, vélo de montagne, vélo d'endurance, vélo de cyclisme sur piste… Cette évolution a mené à la démultiplication de la consommation des équipements par les ménages, dans une logique capitaliste et consumériste propre à la société moderne et faisant les beaux jours de l'industrie du sport. Ces principes ont toutefois tendance à évoluer. Nous évoquerons en dernière partie de cette ouvrage le cas de certains équipementiers tels que le français Décathlon qui prennent conscience de l'enjeu écologique lié à la production de ces équipements. Ces derniers proposent désormais des systèmes de location de matériel adapté à chaque pratique sportive pour que les amateurs de sports puissent s'adonner à réaliser des performances dans différentes disciplines sans avoir à consommer de trop nombreuses ressources en achetant des équipements trop peu utilisés. Le recours à la vente de seconde main s'est aussi généralisé sans pour autant que la qualité des produits n'en soit dégradée. Des pratiques qui ont toujours existé mais qui ont eu tendance à disparaître au profit du consumérisme.

À ces équipements nécessaires à la pratique s'en sont aussi ajoutés d'autres, complémentaires. Les montres de sport connectées en sont l'exemple idoine. Les sportifs arborent désormais régulièrement à leur poignet une montre de sport, permettant de prendre leur fréquence cardiaque tout au long de l'effort mais aussi de faire GPS, leur permettant de connaître la distance qu'ils ont courue ou le dénivelé qu'ils ont dû gravir. Ces équipements, auparavant réservés à l'élite des athlètes, sont désormais accessibles au plus grand nombre et contribuent à l'amélioration des performances globales mais sont aussi représentatifs de l'évolution de la consommation de matériel sportif à valeur ajoutée. N'importe qui peut désormais comparer ses performances avec celles d'un athlète professionnel parfois à l'aide de son seul téléphone. L'application Strava propose ainsi de réaliser les mêmes parcours cyclistes que les coureurs du Tour de France pour pouvoir s'y comparer. Différentes sociétés proposent des outils offrant tous types d'analyses. La start-up Footbar commercialise un capteur sous forme de bracelet à mettre sur sa jambe pendant les matchs de football calculant sa vitesse de sprint, la force de ses frappes ou encore sa fréquence cardiaque. Une offre complémentaire intéressante pour tous les sportifs qui souhaitent atteindre la performance mais qui aurait encore été impensable il y a de cela trente ans. Le développement de l'offre a eu un impact fondamental sur la demande et le développement de la consommation sportive par les ménages, permettant de répondre à l'ensemble des enjeux liés à la pratique, qu'il s'agisse de sport santé ou de quête de performance.

Ainsi, la pratique sportive représente un réel potentiel économique au sein du secteur. Son impact est principalement dicté par un investissement massif (notamment des communes qui y consacrent en France 10% de leur budget en moyenne) dans la création d'infrastructures de pratique. Avec la diversification des sports pratiqués, ce sont toujours plus d'installations qui sont attendues de la part des pratiquants, représentant un besoin continu d'investissement, en témoigne l'émergence récente de la pratique du padel en France, nécessitant la construction de terrains spécifiques. Mais au-delà des infrastructures, le sport amateur représente un potentiel économique important pour les entreprises qui s'y intéressent. La pratique amateure touche bien plus de consommateurs potentiels que celle du haut niveau, engageant davantage le consommateur dans son expérience sportive. En s'appuyant sur ce postulat, des agences comme Act for sport ont pris le parti d'accompagner des marques dans le développement du sponsoring au niveau amateur, notamment via la fourniture de jeux de maillots ou la rénovation de terrains de sport au travers de programmes de partenariats nationaux. En accompagnant les amateurs dans la résolution de problématiques concrètes telles que la nécessité d'avoir de nouveaux maillots chaque année, les marques créent une relation bien plus engageante entre elles et les pratiquants tout en pouvant se targuer d'avoir un impact social réel pour de nombreuses personnes grâce au sport. Par ailleurs, s'attaquer au monde amateur permet de s'affranchir de la contrainte géographique imposée par les partenariats avec des clubs professionnels, souvent associés à un territoire, en témoigne le fiasco du sponsoring avorté de l'entreprise marseillaise Pernod-Ricard avec le club de football du Paris-Saint-Germain. Ces investissements peuvent s'avérer particulièrement intéressants et complémentaires pour les entreprises souhaitant développer leur notoriété et engager les amateurs de sport. Sur le plan de l'engagement interne pour les marques, le sponsoring du sport amateur possède aussi une réelle plus-value car rares sont les programmes d'entreprises qui permettent d'engager des collaborateurs à l'échelle locale de partout sur le territoire national. En accompagnant les clubs du territoire au travers de campagnes d'envergure, les marques permettent aux collaborateurs de leurs bureaux décentralisés d'avoir l'opportunité d'accompagner les clubs de proximité dans lesquels jouent des membres de leurs familles par exemple. De l'autre côté du partenariat, le modèle a su séduire aussi les clubs amateurs qui ne manquent pas de répondre à l'appel, Act for sport affirmant qu'environ 30 à 40% des clubs d'une fédération font part de leur intérêt lorsqu'ils lancent une campagne avec un annonceur[33]. Résoudre ces problématiques auxquelles font face les clubs amateurs est aussi une source de revenus potentielle pour les entreprises qui s'attacheraient à leur résolution. La société SportEasy par exemple aspire à faciliter l'administratif, l'organisationnel et la logistique des équipes de sport amateur. À l'aide d'outils simples, elle permet de faciliter la gestion des calendriers ainsi que le besoin permanent de savoir quels joueurs sont disponibles à chaque séance d'entraînement ou pour chaque match. Générant encore peu d'intérêt à l'échelle de l'industrie, le sport amateur possède donc un potentiel économique considérable pour les entreprises étant donné la taille de son marché principalement. Considérant que deux tiers de la population mondiale pratique du sport régulièrement[34], le marché du sport amateur est l'un des plus gros qu'il reste à explorer à l'échelle mondiale.

---

[33] https://www.ecofoot.fr/interview-guillaume-sarfati-act-for-sport-sponsoring-sport-amateur-5791/

[34] https://www.who.int/fr/news-room/fact-sheets/detail/physical-activity

La pratique sportive possède un réel potentiel économique, notamment car elle peut avoir un impact concret au sein de tous les territoires, avec davantage de granularité que les grands événements sportifs. Plurielle, la pratique sportive offre de nombreuses opportunités pour les acteurs économiques qui s'intéresseraient à sa consommation. Il n'est d'ailleurs pas étonnant de voir à quel point la structuration de l'économie qui l'entoure se veut mouvante, n'étant pas épargnée par l'arrivée de nouveaux outils digitaux ou la libéralisation du marché du travail. Elle est aussi bien un outil au service des politiques publiques relatives à la santé et à l'éducation qu'un outil d'attractivité territoriale, notamment pour les espaces de pleine nature. De plus en plus, l'activité physique contribue d'ailleurs au réagencement des territoires, qu'ils soient urbains ou de pleine nature, afin d'en permettre la pratique. Elle s'inscrit ainsi au cœur de la vie des hommes et des femmes qui s'y retrouvent de plus en plus exposés et en consomment. Cependant, cette croissance n'est pas sans impact sur les modes de gouvernance de la pratique, qui peinent parfois à s'adapter aux nouveaux modes de consommation sportive et doivent urgemment se réinventer afin de pouvoir assumer leur viabilité économique au sein de certains territoires.

UNE GOUVERNANCE DU SPORT QUI ASPIRE A EN MAXIMISER L'IMPACT ECONOMIQUE

COMPRENDRE LA GOUVERNANCE DU SPORT MONDIAL

Les différents modèles de gouvernance

Pour comprendre la gouvernance du sport mondial, il est d'abord nécessaire de bien appréhender les différents principes qui sont susceptibles d'avoir un impact sur l'organisation du secteur. Ces principes se veulent sous-jacents aux stratégies de gouvernance qui sont instaurées à différentes échelles avec l'ambition de régir l'économie du sport. On distingue principalement trois typologies de gouvernance applicables au secteur : systémique, politique ou organisationnelle. Chacune d'entre mobilise des acteurs différents et ne les positionne pas dans les mêmes jeux de pouvoir et d'influence. Toutefois, leur complémentarité se montre nécessaire pour permettre la création de stratégies d'impact à l'échelle globale.

La gouvernance institutionnelle est celle à laquelle on aurait tendance à penser en premier lieu. Dans cette approche, l'État possède la légitimité et l'autorité pour réguler le secteur du sport. Elle se matérialise le plus souvent par un ministère des sports en charge de donner les grandes directives et de contrôler les acteurs du secteur. Son illustration est celle du modèle français où les fédérations sportives ne sont que délégataires de service public pour le compte de l'État et se voient renouveler leur agrément tous les quatre ans par ce dernier. La gouvernance politique se veut ainsi contraignante et en mesure de pousser les acteurs du secteur à suivre ses orientations en ayant recours à l'outil législatif (Code du Sport) et judiciaire afin d'inciter ou contraindre les acteurs à évoluer dans un cadre prédéfini.

À l'opposé de ce modèle, on retrouve la gouvernance organisationnelle. Les acteurs du secteur (fédérations, ligues, entreprises…) sont libres de définir leur stratégie de gouvernance comme ils le souhaitent dans le cadre législatif et juridique général. Les parties prenantes de la gouvernance suivent alors un modèle où elles sont responsables de leur propre organisation et contrôle, respectant un principe de séparation des pouvoirs. Ce modèle n'est pas incompatible avec le précédent, en témoigne la gouvernance des ligues professionnelles. En France, la LFP s'est dotée d'une gouvernance démocratique (son bureau est élu par les présidents de clubs), transparente (elle possède son propre règlement et partage ses comptes à ses membres afin de justifier de la répartition des revenus récoltés) et possède ses propres organes de régulation indépendants (la DNCG audite les clubs et peut leur administrer des sanctions en cas de non-respect des règles de gestion imposées aux clubs).

Enfin, un troisième et dernier modèle intermédiaire permet de s'appuyer sur la mise en réseau des différents acteurs du secteur, guidés le plus souvent par une conception commune de leur engagement. La gouvernance systémique est une gouvernance de réseau où les acteurs s'accordent. Ces modèles de gouvernance sont le plus souvent hybrides, créant par exemple des conditions de coopération dans un modèle de compétition à l'image des ligues fermées nord-américaines. L'intérêt principal de la gouvernance systémique n'est pas sa finalité comme dans les cas précédents mais bien la relation entre ses parties prenantes, gage de stabilité et de création de valeur sur le long terme.

On retrouve ainsi l'ensemble de ces trois approches au sein de la structuration de la gouvernance du sport dans sa globalité. Les États ont souvent des approches différentes de la gouvernance du secteur, tantôt interventionnistes, tantôt libéraux, convaincus qu'il est en mesure de s'autoréguler. Toutefois, ces dernières années, la prise de conscience de l'importance de la pratique d'une activité physique afin de lutter contre la sédentarité et les problématiques de santé qui y sont liées, l'apparition de nombreux cas de harcèlement sexuel au sein des structures du sport amateur comme professionnel ou encore le développement de la violence et d'une économie souterraine changent la donne et appelle de plus en plus à un interventionnisme étatique. Au Royaume-Uni où, historiquement, l'État se tient en retrait et laisse le secteur du sport s'autoréguler, ce dernier s'est vu obligé d'intervenir afin de faire passer des lois luttant contre le hooliganisme, que le secteur était incapable de contrôler à lui seul.

Comprendre la gouvernance du sport nécessite aussi d'être en mesure d'assimiler qui en sont les acteurs et quels sont leurs périmètres d'action et les leviers dont ils disposent pour maximiser l'impact du sport. On distingue au sein de la gouvernance du sport trois typologies d'acteurs. Les premiers sont ceux liés au mouvement olympique et sportif, principalement fédérations internationales et comités olympiques. Ceux-ci ont la responsabilité d'organiser la pratique du sport à l'échelle mondiale ainsi que le développement et la diffusion des pratiques mais sont aussi propriétaires d'une grande partie des championnats internationaux (Coupes du Monde, Jeux Olympiques…). En situation de monopole, ils sont les interlocuteurs privilégiés des États pour les accompagner dans le déploiement de leurs politiques publiques sportives. Ces autorités publiques sont ainsi la seconde typologie d'acteurs à jouer un rôle prépondérant dans la gouvernance du sport. Les États abordent le sujet sportif avec un interventionnisme différent. Certains le laissent s'autoréguler tandis que d'autres structurent une véritable législation spécifique pour l'encadrer. En réalité, c'est principalement le gouvernement à la tête de l'État qui impose une vision du développement de la pratique sportive et se repose sur les fédérations et comités olympiques pour en assurer la diffusion au sein de la société. Ce faisant l'État délègue la gestion du sujet sportif, ce qui peut régulièrement confronter l'ensemble du secteur à certaines problématiques de gouvernance liées à sa gestion autonome par des individus et des organisations aux intérêts divergents et parfois aux compétences en désaccord avec leur importance stratégique. Ce faisant, des situations ont parfois pu démontrer l'incapacité des acteurs du sport à exercer de manière autonome un pouvoir aussi bien législatif qu'exécutif. Cette contradiction a poussé à la création d'une troisième typologie d'acteurs : les autorités de régulation du sport. Les plus connues sont inévitablement le Tribunal Arbitral du Sport, en charge de la résolution des conflits au sein du secteur et l'Agence Mondiale Antidopage, prononçant des sanctions et pilotant la politique antidopage lors des grands événements sportifs. Des autorités supranationales qui souhaitent contribuer à une harmonisation des législations sportives afin d'en assurer l'équité à l'échelle internationale, échelle à laquelle la compétition se veut avoir des enjeux de plus en plus importants.

La gouvernance fédérale à l'échelle internationale

La gouvernance du sport mondial s'est toujours voulue désintéressée. En effet, les fédérations internationales comme les comités olympiques sont dans la quasi-totalité des organismes désintéressés de la génération de tout profit. Ce faisant, ils sont dominés par l'intérêt général et la volonté d'avoir un impact positif pour le développement de leur sport et pour la pratique de leurs adhérents. Initialement dotés d'un rôle d'acteurs sociaux de premier plan, avec le développement des pratiques et la médiatisation croissante des grands événements sportifs qu'ils organisent, ces organismes se voient amenés à jouer un rôle de plus en plus important aussi bien pour le développement de l'économie entourant leur discipline que pour celle des États qui accueillent des compétitions ou leur siège.

Le modèle fédéral français est illustratif du modèle européen du sport. Il place le sport de haut niveau, le sport professionnel et le sport pour tous sous le contrôle des fédérations avec une approche solidaire et unitaire, soutenue par une régulation étatique et européenne. Le schéma classique de structuration des sports selon ce schéma est ainsi le suivant :

- Au sommet se trouve une fédération internationale en charge de la définition des règles du jeu et de l'organisation de ses principales compétitions. La FIFA par exemple (Fédération Internationale de Football Association) a la responsabilité de l'organisation de la Coupe du Monde de Football tous les quatre ans, aussi bien pour les hommes que les femmes ou les espoirs.

- Au-dessous de ces fédérations, des fédérations régionales, le plus souvent réparties sur chaque continent, ont la responsabilité de l'organisation des compétitions continentales ainsi que de la promotion du jeu sur ce même territoire. L'UEFA est ainsi la fédération européenne de football. Elle organise l'UEFA Champions League, une des compétitions continentales les plus médiatisées au monde et finance des projets de développement du sport dans différents territoires sur le continent.

- À un degré encore inférieur, les fédérations nationales sont responsables de l'application des règles et de l'organisation des compétitions à l'échelle nationale. Elles délivrent des licences aux joueurs ainsi que des homologations aux terrains et aux clubs. Elles ont à leur charge la gestion de l'arbitrage dans le pays ainsi que les équipes nationales. Dans certains cas comme en France, elles sont délégataires de service public et ont un rôle clé à jouer dans le développement de la pratique sportive dans les territoires.

- Le dernier degré est enfin celui des clubs. À l'échelle locale, ils rassemblent des pratiquants au sein d'une même organisation, le plus souvent associative, afin de pouvoir prendre part aux compétitions nationales.

Ce fonctionnement est bien évidemment une approche générique de la gouvernance du sport mondial. Les prérogatives des différents acteurs cités précédemment changent selon les pays mais aussi selon les disciplines concernées. Dans la majorité des cas, les fédérations ont le monopole de l'organisation des compétitions sur le territoire qu'elles représentent, une prérogative qui, comme nous le verrons, peut parfois poser des problématiques de légitimité.

En tant qu'organisations à but non-lucratif, les dirigeants de ces structures sont le plus souvent bénévoles et élus par les acteurs de l'échelon inférieur. Les dirigeants des clubs sont nommés par leurs joueurs et élisent à leur tour les représentants des clubs au sein des branches locale puis nationale des fédérations. Les membres des fédérations nationales décident des dirigeants des fédérations internationales qui, dans un processus démocratique, ne peuvent le plus souvent être élus que pour une durée limitée. Nous verrons aussi que ce système démocratique se confronte à des limites, principalement liées aux conflits d'intérêt qui sont de plus en plus importants à mesure que les compétitions génèrent des résultats financiers conséquents.

À mesure que le sport professionnel s'est développé, les fédérations ont dû s'adapter à un nouveau contexte sportif qui se voulait lucratif, en parfaite opposition avec leur raison d'être initiale. Ainsi, pour mieux pouvoir appréhender les enjeux inhérents au professionnalisme, nombreuses sont celles qui ont donné naissance à une ligue professionnelle à laquelle elles ont cédé les droits liés à l'organisation des compétitions professionnelles et qu'elles ont chargées de générer des revenus le plus importants possibles pour les clubs qui les disputent. En France, la ligue de football professionnel, créée en 1946, a parmi ses responsabilités la commercialisation des droits marketing (et notamment télévisuels) des championnats de Ligue 1 et Ligue 2, l'organisation de ces compétitions ainsi que le contrôle économique des clubs professionnels qui y prennent part. Les équipes nationales n'ont pas non plus été épargnées par le développement médiatique du sport, générant des retombées importantes pour les fédérations. Des marques telles que celle des *All Blacks* génèrent ainsi des revenus conséquents chaque année et ont mené dans certains cas à la création de sociétés privées pour en maximiser la valeur par les fédérations qui en sont dépositaires, impliquant à nouveau une évolution de leur gouvernance à des fins de développement économique.

Le positionnement des fédérations a ainsi évolué entre la fin du XIXe siècle et leur modèle actuel. Pendant près de cent ans, jusqu'à la fin du XXe siècle, leur modèle économique est resté immuable. Bénéficiant d'un monopole dans l'organisation et le développement de certaines pratiques sportives, elles ne faisaient face à aucune concurrence ni n'étaient forcées d'assurer une qualité de gouvernance particulière car elles n'avaient de comptes à rendre à personne. Organismes parapublics chargés de déployer les politiques publiques du sport à travers le territoire et dépendant principalement des subventions étatiques et des licences qu'elles étaient les seules à pouvoir encaisser, les plus structurées d'entre elles ont eu besoin de générer de nouveaux revenus pour pouvoir continuer à développer leur sport et le faire briller à l'échelle internationale. En commercialisant de nouveaux produits, et en faisant évoluer leur structuration ou encore en intégrant en leur sein des sociétés privés, elles se sont peu à peu transformées en organismes qui relèvent davantage du paraprivé. Par ailleurs, l'augmentation de leur taille et le développement de leurs activités les expose aujourd'hui à un contrôle des différentes parties prenantes qui s'y associent, imposant un assainissement de leur gouvernance et une évolution des structures décisionnelles depuis les années 1990. La gouvernance des fédérations est ainsi un réel enjeu de développement du sport dans les territoires, devant s'adapter à un double projet : sportif via le développement de la pratique et commercial afin de valoriser au mieux certaines compétitions et la marque de leurs équipes de France.

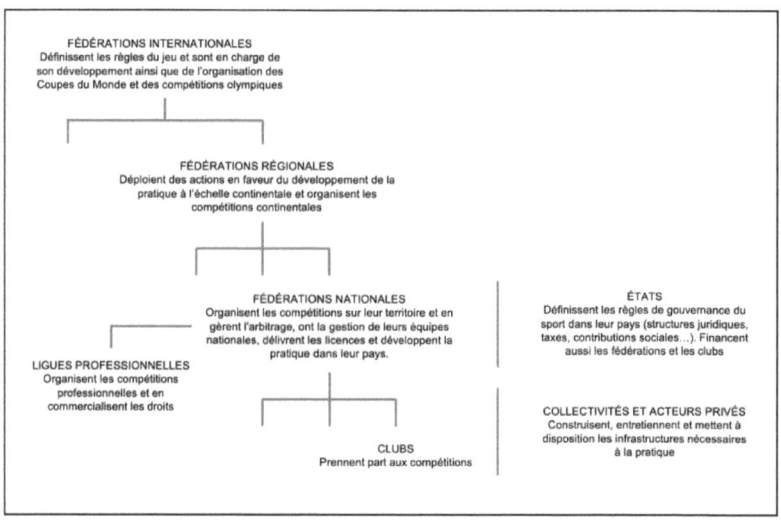

Annexe 7 : Schéma classique d'organisation du sport fédéral en France

Le rôle clé des États dans la gouvernance du sport

Aux côtés de ces acteurs de la gouvernance du sport, les États jouent un rôle prépondérant. Ils ont une responsabilité régalienne qui peut s'avérer fondamentale dans la structuration du secteur mais aussi dans le développement de son impact économique. Certains États, comme la France, se sont dotés d'un code du sport qui régit de nombreux aspects fondamentaux de la gouvernance du secteur. D'autres États approchent le secteur du sport comme tout autre secteur économique et le soumettent aux mêmes impératifs. Ces enjeux de gouvernance légaux touchent l'ensemble de l'écosystème, de la structure juridique des organisations qui le composent à des règles très spécifiques de publicité dans les stades ou de taxation. Cette légifération importante sur le secteur démontre les enjeux stratégiques majeurs qu'il représente du fait de sa médiatisation importante. Dans certains États, les entreprises du sport peuvent ainsi bénéficier de mesures spécifiques leur offrant des avantages concurrentiels afin d'être plus attractives, notamment en ce qui concerne les contributions sociales sur les gros salaires, soulignant leur rôle dans l'attractivité des États. En France, l'État et le monde fédéral sont intimement liés, l'ingérence du premier dans la gouvernance du second étant permanente. C'est d'ailleurs l'État qui délivre aux fédérations des délégations de service public pour une durée de quatre ans renouvelables pour organiser la pratique sportive sur le territoire. Ce positionnement s'explique notamment par une considération du développement du sport et de la culture physique des citoyens comme une obligation d'État.

Au sein des territoires, la gouvernance du sport a pour ambition principale de répondre à la question clé du secteur, à savoir celle de la responsabilité du financement. Toutes les régions du monde ne s'exposent pas aux mêmes paradigmes et les stratégies de gouvernance qui en découlent peuvent ainsi être bien différentes *in fine*. En Europe, les pouvoirs publics jouent un rôle fondamental dans le financement des infrastructures sportives mais aussi des clubs de sport ou des fédérations. Cette conviction selon laquelle le sport a un impact fondamental sur la santé publique et donc sur la productivité pousse les autorités publiques à y jouer un rôle de premier plan, héritage d'un passé socialiste occidental. Aux antipodes de ce modèle, l'approche nord-américaine se veut libérale. L'État y joue un rôle dans le financement de la haute performance mais le secteur privé y est prépondérant dans toutes les strates de sa gouvernance et notamment le financement d'infrastructures nécessaires à la pratique. Les plus grands stades américains ont pour la plupart été construits sous un modèle privé. Le sport universitaire, lui aussi privé, joue un rôle clé dans le développement de la pratique sportive tandis que celle du quotidien est souvent régie par des acteurs eux-aussi dictés par la volonté de générer du profit. L'État n'est pas absent de la structuration du sport nord-américain mais joue un rôle mineur en comparaison avec ses voisins européens. À mi-chemin au cœur de ce modèle, le sport des pays de la péninsule arabique (comprendre l'Arabie Saoudite, Bahreïn, les Émirats Arabes Unis et le Qatar) bénéficie d'investissements publics conséquents par le biais de fonds étatiques alimentés par l'industrie des énergies fossiles. Ce faisant, le public investit massivement mais accompagne aussi la structuration d'un secteur privé aux prérogatives larges grâce à des subventions et l'apport de compétences de l'étranger. En Afrique, en Amérique du Sud ou en Asie du Sud, ce sont principalement des acteurs étrangers qui investissent via des programmes d'aide au développement ou de solidarité internationale. La gouvernance locale y a ainsi d'autres prérogatives qui consistent plutôt à parvenir à orienter au mieux les investissements étrangers pour s'assurer d'un accès élargi à la pratique. Bien loin de se poser la question de la gestion des licences, les fédérations des pays les plus pauvres ont pour enjeux principaux de permettre la pratique au plus grand nombre et de représenter leur pays sur la scène internationale au travers de leur sélection nationale. Pour ce faire, elles ont souvent recours à l'ingérence de puissances étrangères dans un secteur qui a un rôle important à jouer dans le développement de ces pays, et ce d'autant plus lorsqu'il s'agit de sport scolaire.

Pour autant, il n'y a aucun État dans le monde où l'argent public est absent du sport. Si ce financement ne se fait pas au niveau étatique, le relais est pris par les collectivités publiques locales. Rationnellement, ce phénomène s'explique par une absence d'intérêt pour les agents privés d'encourager le développement de la pratique sportive, de laquelle ils ne tireraient aucune retombée directe. C'est donc à l'État, garant de l'intérêt général, de le faire en finançant la construction d'infrastructures sportives ou de clubs amateurs. La sphère publique joue ainsi un rôle prépondérant dans le développement du secteur en pilotant et finançant le volet sportif n'ayant pas d'intérêt marchand. Pour ces raisons, elle est presque complètement absente de certaines dimensions du sport qui ont un potentiel économique certain à l'image du foot à cinq déjà évoqué.

Les acteurs publics jouent donc un rôle clé dans tous les pays, certes à une échelle différente, et ont ainsi contribué à la structuration du secteur et sa législation en prenant en considération son manque de rentabilité, les fonds publics desquels il était fortement dépendant et son ambition associative. Mais le développement économique du secteur a mené à un bouleversement important alors que les activités potentiellement génératrices de valeur ont été ciblées par les acteurs privés qui ont commencé à y investir, apportant de nouvelles compétences et des moyens financiers plus importants pour le développement de l'économie du sport. L'arrivée de ces acteurs est parfois venue se confronter à des modèles de gouvernance qui ont été établis en suivant des paradigmes différents. Dans les compétitions européennes de football par exemple, la multipropriété des clubs pose de sérieuses questions éthiques. Si dans la plupart des championnats il est impossible pour un acteur de posséder deux clubs, rien ne l'empêche d'en détenir plusieurs dans différents championnats européens. Le groupe Ineos Sport est ainsi propriétaire des clubs de Manchester United en Angleterre mais aussi de l'OGC Nice dans le sud de la France. Les règlementations européennes n'ont pas été pensées avec le prisme de la multipropriété. Le règlement n'empêche ainsi pas les deux clubs de se qualifier pour une même compétition européenne telle que l'UEFA Champions League, imposant la nécessité de réfléchir à de nouvelles législations pour faire face à un phénomène qui tend à se multiplier au sein du football européen. Outre-Atlantique, la question de la gouvernance a récemment causé un séisme en NFL, la ligue de football américain la plus puissante du monde. Les règlements de la ligue stipulaient que seul un individu pouvait détenir personnellement plus de 30% d'une franchise de NFL afin de lutter contre la financiarisation à outrance du sport et favoriser l'intérêt sportif avant tout. Toutefois, ces dernières années, les franchises de la ligue ont eu tendance à être vendues entre quatre et six milliards de dollars, certaines dépassant même les dix milliards de valorisation, réduisant drastiquement le nombre d'individus susceptibles de racheter une équipe. Aujourd'hui, de nombreux fonds se montre intéressés et en mesure d'investir ces montants dans des actifs aussi peu risqués, offrant l'opportunité aux propriétaires de franchises de les revendre alors que seule une poignée de personne est en mesure de les posséder en propre. Fin août 2024, la ligue s'est vue contrainte de modifier ses règlements pour permettre à des personnes morales d'acquérir jusqu'à 10% d'une franchise avec l'obligation de conserver ses parts pour une durée minimale de six ans. Une évolution qui n'est pas anodine mais qui témoigne de la nécessité d'adaptation de la gouvernance du sport au développement du secteur qui n'a jamais été aussi rapide et financiarisé.

Pour comprendre la gouvernance du sport, il est donc fondamental de comprendre à qui elle profite. Les régulateurs, qu'ils soient législatifs ou des organisations, du fait de leurs statuts, auront la volonté de favoriser l'intérêt du collectif. Cependant, les acteurs privés qui se multiplient désormais sur le marché peuvent y avoir des prétentions entièrement différentes, notamment tournées vers la génération de profit. Ainsi, le régulateur va jouer sur différents leviers afin de maximiser les retombées des activités sportives, souvent économiques, mais aussi sociales ou écologiques.

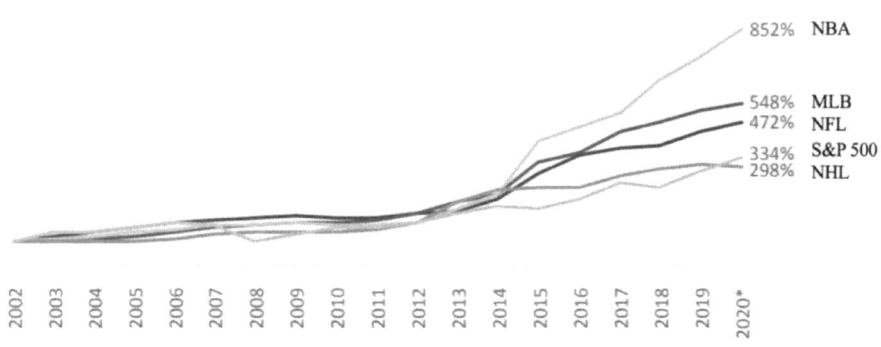

Source : Sportico, Forbes, PitchBook

Annexe 8 : L'intérêt croissant des fonds d'investissement pour les franchises de sport américain se justifie par un fort potentiel de rentabilité

UNE GOUVERNANCE QUI ASPIRE À GENERER DES RETOMBEES POUR L'ENSEMBLE DES ACTEURS

Une évolution du secteur en tant qu'acteur économique rationnel

Les ligues professionnelles, des outils au service de l'impact économique

Autrefois dominé par le mécénat et le financement désintéressé, le secteur du sport a eu tendance à se rationnaliser ces dernières années. Les sponsors ont pris conscience qu'ils avaient une valeur ajoutée à tirer de leurs partenariats, tout comme les collectivités qui ont cessé de financer les clubs locaux pour la simple raison qu'ils sont issus du territoire mais en attendent désormais davantage de leur part. Les différents acteurs de la gouvernance du sport sont ainsi de plus en plus régulièrement amenés à structurer leur activité avec l'ambition de générer es retombées pour leurs partenaires. Les nombreuses entreprises du secteur ont pour enjeu principal de générer des produits financiers, un objectif qui ne peut s'atteindre que par un partage de valeur. Une vision économique capitaliste qui peut parfois sembler en rupture avec la raison d'être des clubs de sport, rassembleurs et communautaires. Dans les esprits de nombreux citoyens, les montants colossaux auxquels s'échangent certains athlètes sur les marchés des transferts peuvent parfois laisser entendre que le sport tend à se financiariser et perdre son impact, aussi bien social qu'économique, pour son territoire. Pourtant, divers exemples ont démontré ces dernières années que l'ambition d'être profitable n'est pas incompatible avec la volonté de servir l'intérêt commun des différentes parties prenantes des organisations sportives. Dans les pages suivantes, plusieurs études de cas nous permettront d'illustrer la manière dont la gouvernance des compétitions sportives et son évolution peut avoir un impact à plusieurs échelles pour l'ensemble de ses parties prenantes.

L'un des exemples les plus abouti de développement financier d'une ligue combiné à l'ambition de générer un impact économique conséquent sur les territoires est celui du Super Rugby, un championnat professionnel de rugby qui se joue entre clubs de rugby de nations de l'hémisphère sud. Le rugby mondial a longtemps résisté à son développement économique en souhaitant rester un sport amateur. Les dirigeants de l'époque considéraient que ses valeurs qui leur étaient si chères ne pouvaient se magnifier qu'à condition que la pratique ne soit pas pervertie par l'argent. C'est cette conception des valeurs du sport qui a poussé en 1895 quelques clubs du nord de l'Angleterre à faire sécession et créer un championnat dissident qui évolua avec le temps vers une forme de jeu que l'on dénomme désormais rugby à XIII (ou *rugby league* dans les pays anglosaxons) et qui autorisait le défraiement et la rémunération des joueurs. Pendant cent ans, le rugby à XV (ou *rugby union*) est parvenu à se développer, conquérir de nouveaux territoires et devenir un actif médiatique de plus en plus important sans pour autant que les joueurs ne perçoivent la moindre part de la valeur générée. En 1995 toutefois, l'Afrique du Sud et son président Nelson Mandela accueillent la troisième édition de la Coupe du Monde de Rugby dans un contexte où le médias sont de plus en plus omniprésents, générant des revenus importants pour l'événement. Pourtant, les joueurs ne tirent aucun bénéfice de cette économie qui tourne autour d'eux. Lors de ce Mondial va ainsi éclore, portée par les médias, la première star du rugby moderne, un jeune ailier néo-zélandais d'un mètre quatre-vingt-seize : Jonah Lomu. Les marques s'intéressent à l'image de ce joueur et souhaitent collaborer avec lui. Pourtant, les joueurs n'ont pas le droit de toucher la moindre rémunération d'éventuels partenariats, gérés par leur fédération. La pression se fait alors de plus en plus forte sur les instances dirigeantes du rugby qui ne parviennent plus à garder amateur un sport qui évolue dans un monde déjà professionnel si bien qu'en août 1995, la fédération internationale de rugby, l'IRB, prend le pli du professionnalisme. Déjà omniprésente sous le manteau dans de nombreux pays et notamment en France, la rémunération des joueurs est désormais autorisée. Par moment, la gouvernance en place n'a d'autres choix que de se plier à la réalité du développement économique du sport, au risque d'imploser. En s'y pliant, elle a pour devoir d'anticiper les prochaines dérives en structurant le secteur avec des outils adaptés et efficaces.

Conscient des opportunités offertes par l'arrivée du professionnalisme, le magnat des médias australiens Rupert Murdoch, propriétaire notamment de la chaîne Fox News, a l'ambition de créer un premier championnat professionnel dans l'hémisphère sud. Il parvient à convaincre les fédérations d'Australie, de Nouvelle-Zélande et d'Afrique du Sud à s'unir dans un groupement prenant le nom de SANZAR pour organiser une compétition de clubs ainsi qu'une compétition internationale annuelles, à l'image du Tournoi des Six Nations dans l'hémisphère nord. L'ambition est claire : rassembler les meilleurs joueurs de l'hémisphère sud dans 12 équipes professionnelles constituant un Super 12 hautement médiatisé et générateur de revenus pour les joueurs, les fédérations, et surtout les médias à l'aide de contrats publicitaires d'envergure. En 1996, le Tri-Nations et le Super Rugby (alors nommé Super 12) sont lancés pour une première saison. La structuration de la compétition est dictée par la volonté de rentabilité économique. Les équipes des îles Samoa et Fidji, pourtant parties prenantes des compétitions amateures antérieures en sont exclues et la compétition rassemble cinq équipes néo-zélandaises, quatre équipes sud-africaines et trois équipes australiennes. Chaque fédération décide du modèle de sélection de ses équipes participantes qui, peu à peu, prennent des noms marketing à l'image des franchises de sport américain, faisant fi de leur origine géographique mais offrant un potentiel économique supposé plus important. L'équipe de Camberra devient les Brumbies, celle de Wellington les Hurricanes... La compétition connaît un rapide succès et en 2006, elle est élargie à quatorze clubs afin de multiplier le nombre de matchs diffusés et les retombées médiatiques associées. Un élargissement supplémentaire verra le jour en 2009 faisant passer la compétition à quinze équipes, en amont d'une renégociation des droits TV à venir en 2011. Le nombre d'équipes participantes se montre alors, dans une certaine limite, être un levier pertinent de génération de revenus en augmentant le nombre de rencontres à diffuser, et donc le temps dédié aux pages de publicité pour les diffuseurs.

À partir de 2012, en vue de continuer à développer l'économie de la compétition, les organisateurs du Super Rugby réfléchissent à une nouvelle expansion. Celle-ci n'est toutefois pas motivée par une volonté de disputer plus de rencontres mais bien de toucher de nouveaux marchés. Le Japon et les États-Unis sont alors ciblés en priorité pour y intégrer de nouveaux clubs mais ce sont finalement deux franchises argentine et japonaise qui sont intégrées au championnat en 2016. L'enjeu de la SANZAAR est double avec ces intégrations : profiter de la dynamique liée au rugby en Asie avec l'accueil de la Coupe du Monde de Rugby 2019 au Japon pour en capter de la valeur et contribuer au développement du rugby dans deux pays qui jouissaient à l'époque du statut de puissances économiques régionales. Au Japon, qui dispose déjà d'un championnat professionnel, l'ouverture à un championnat aussi compétitif que le Super Rugby est une opportunité pour permettre aux joueurs de son équipe nationale d'évoluer ensemble au plus haut niveau en amont de la Coupe du Monde. L'occasion est aussi belle de capter de la valeur dans des territoires sensibilisés au rugby professionnel mais où l'offre est rare. Singapour accueille ainsi plusieurs matchs de la franchise japonaise des Sunwolves. En Argentine, l'opportunité d'intégrer une franchise au Super Rugby a été une véritable révolution pour le rugby du pays. La création d'une première équipe professionnelle sur son territoire où seul existe alors un rugby amateur dont les meilleurs éléments s'envolent vers les championnats européens pour évoluer comme professionnels va permettre à l'Argentine de conserver ses talents et de renforcer son équipe nationale tout en créant de l'emploi. La SANZAAR n'y perd rien, elle est aussi organisatrice du Rugby Championship (Four Nations) auquel prend part l'Argentine depuis 2014. La fédération prend alors une décision structurante pour le rugby argentin, celle de ne sélectionner en équipe nationale que les joueurs évoluant dans le championnat national. Ce faisant, l'équipe nationale se constitue principalement de joueurs de la franchise des Jaguares, améliorant considérablement ses performances et son attractivité. La création de la nouvelle franchise permet par ailleurs de créer de l'emploi pour plusieurs dizaines de joueurs sur le territoire argentin, de contribuer au développement d'une filière sportive professionnelle tout en en gardant une partie de la valeur générée par son rugby sur le territoire mais aussi de structurer un secteur économique dans son ensemble, alors largement dominé par le football. D'une décision motivée par la volonté de générer davantage de revenus (aussi bien pour le *Super Rugby* que pour le *Rugby Championship*), une réflexion intelligente a permis d'avoir un impact sur le développement de la pratique dans l'ensemble de l'hémisphère ainsi que de contribuer au développement et à la professionnalisation du sport dans des territoires où il était en retard. Malheureusement, cette stratégie ne va pas durer longtemps et va se retrouver confrontée à un obstacle de taille.

En 2020, la pandémie de Covid-19 frappe le monde de plein fouet et met à mal la compétition qui n'est pas disputée (seuls des matchs entre équipes d'un même pays ont lieu) et se retrouve dans un grand danger alors que l'Australie et la Nouvelle-Zélande ont une politique de fermeture de leurs territoires particulièrement stricte. La fragilité économique du championnat pousse à un changement de gouvernance majeur. Les franchises sud-africaines se rapprochent du championnat de Pro 14 réunissant les clubs d'Irlande, du Pays de Galles, d'Écosse et d'Italie, alors en pleine restructuration avec l'arrivée du fonds d'investissement CVC Capital Partners permettant d'assurer des revenus conséquents. La franchise Argentine est jugée avoir un potentiel économique trop faible et est alors orientée vers un nouveau championnat continental, le Super Rugby Americas bien moins médiatisé que le Super Rugby. La franchise japonaise des Sunwolves, dont le départ était en discussion depuis l'accueil de la Coupe du Monde 2019 est alors acté. Seules restent à bord les franchises Australiennes et Néo-Zélandaises. Les franchises des deux pays disputent une compétition via des poules nationales ensuite regroupées dans une poule unique pendant une première saison de transition. La compétition se doit de trouver un nouveau modèle économique pour se développer et de nouveaux territoires à toucher. En 2022, fruit d'une nouvelle stratégie régionale bénéficiant d'investissement de la fédération internationale, le championnat se restructure avec un nouveau format officialisé jusqu'en 2030 : le Super Rugby Pacific.

World Rugby, la fédération internationale de rugby, prend la décision de financer deux franchises au travers de son programme de développement du rugby. La première est basée à Suva, aux Îles Fidji, les Fijian Drua, l'autre à Auckland, en Nouvelle-Zélande, rassemblant des joueurs issus des autres nations du Pacifique (Tonga, Samoa, Îles Cook…), les Moana Pasifika. Le financement de la fédération, s'élevant à près de quatre millions de livres par an, a pour ambition de permettre aux joueurs des nations du Pacifique d'évoluer au plus haut niveau sans avoir à s'envoler pour d'autres territoires ou continents. À l'image de l'impact généré par la création de la franchise argentine, les joueurs iliens bénéficient grâce à ces franchises de structures de formation, d'un emploi dans leur pays et tout un secteur économique se structure autour de l'équipe professionnelle nouvellement créée. L'impact d'une telle décision pour un pays aussi pauvre que les Fidji est considérable sur son économie, générant des flux internationaux encore peu développés. Une étude menée par Tourism Fiji permet de bien comprendre l'impact de la décision d'inclure les Fijian Drua au Super Rugby pour l'économie fidjienne. Cette dernière aurait permis la création de 200 emplois à l'échelle locale. En 2023, 60 000 personnes ont assisté aux six rencontres qui se sont déroulées à Suva, une sur cinq étant étrangère. 84% des supporters étrangers sont ainsi venus aux Fiji délibérément pour assister à la rencontre ou ont prolongé leur séjour touristique dans cette optique, générant 40 000 nuitées touristiques. L'investissement de World Rugby aurait alors permis de générer autour de 7,5 millions d'euros de retombées économiques sur la première année, un chiffre qui est attendu à la hausse pour les saisons prochaines avec 90% des supporters étrangers qui se disent prêts à renouveler leur expérience[35]. Cette structuration se veut par ailleurs intelligente et évolutive afin de ne pas surestimer le marché au risque de se brûler les ailes et voir tous les efforts rapidement disparaître. Le stade des Fijian Drua est l'un des plus petits du championnat et n'est pas particulièrement moderne, la priorité ayant été donnée à la création d'un centre d'entraînement de haut niveau afin de permettre au club de se montrer compétitif malgré ses moyens financiers limités. Par ailleurs une attention particulière est portée à la professionnalisation du secteur sportif local. L'absence d'industrie du sport particulièrement développée dans l'archipel a nécessité la nomination d'un PDG britannique pour la franchise mais dont l'ambition est de former et faire évoluer les équipes administratives jusqu'à ce que les ressources humaines soient dans les meilleures conditions pour reprendre le projet à leur compte. L'ensemble de l'approche du projet permet ainsi de combiner la volonté du championnat de générer des recettes, d'améliorer le niveau sportif en permettant aux talents locaux d'éclore dans les meilleures conditions, mais aussi de générer un impact économique clé dans certains territoires pourvoyeurs de talents. L'exemple semble une illustration idéale de la manière dont les acteurs privés peuvent avoir un impact dans le développement sportif des pays, sans avoir à se reposer nécessairement sur l'État, une tendance omniprésente au sein du secteur et qui peut parfois avoir tendance à créer une dépendance contreproductive.

Ces résultats encourageants viennent confirmer la volonté de la fédération internationale de rugby de poursuivre le développement de sa stratégie d'investissement dans des clubs professionnels. Implantés dans des pays en développement pourvoyeurs de talents à l'échelle internationale (Géorgie, Uruguay, Iles du Pacifique), l'ambition est d'y accélérer le développement et l'amélioration globale du niveau de jeu en créant de la valeur de long terme pour le produit financier phare de la fédération : la Coupe du Monde de Rugby. World Rugby a ainsi investi dans les Fijian Drua et les Moana Pasifika mais aussi en Géorgie dans le club des Black Lions ou encore celui de Peñarol en Uruguay. Elle a par ailleurs financé en partie la création d'une ligue continentale en Amérique : le Super Rugby Americas avec l'ambition d'y développer le rugby en permettant aux nations qui le souhaitent d'y faire concourir une ou deux équipes chargées de donner de la visibilité au sport sur leur territoire. Le Super Rugby a ouvert la voie en démontrant qu'il est possible

---

[35] An Economic Benefits Study of Sports Tourism in Fiji: A Case Study on the Fijian Drua 2023 Season

avec la mise en commun des objectifs des différents acteurs de permettre le développement financier d'acteurs privés tout en assurant des retombées économiques conséquentes pour les parties prenantes qui sont liées, de près ou de loin, à leur réussite financière.

C'est en suivant une approche similaire de son développement international que la NBA, ligue de basketball la plus prestigieuse au monde, a construit une nouvelle ligue professionnelle en Afrique, la Basketball Africa League. Son ambition est de contribuer au développement du basketball africain par la structuration d'une compétition professionnelle à l'échelle continentale. C'est donc dans une ambition commune de développement du sport sur le continent que la FIBA, la fédération internationale de basketball, et la NBA se sont associées pour financer ce projet. Cela fait sens pour les deux acteurs, la première œuvrant pour le développement du sport tandis que la seconde, en tant que ligue leader à l'échelle mondiale, a tout intérêt à ce que les 1,5 milliards d'Africains consomment ses produits tout en développant sur le continent des talents à attirer dans son championnat une fois atteinte leur maturité sportive. Ce projet est à l'image de celui des Fijian Drua en cela qu'il permet à l'ensemble des acteurs d'en retirer des bénéfices aussi bien financiers que sociaux. Si le modèle économique n'est pas encore trouvé, NBA et FIBA le voient comme un investissement de long terme tandis que les pays africains concernés par la compétition bénéficient de retombées non négligeables, permettant notamment de salarier les meilleurs joueurs de leurs équipes pour leur offrir l'opportunité de performer à l'échelle internationale. La BAL se déroule dans plusieurs pays chaque année et ambitionne de s'ouvrir un peu plus chaque édition afin de toucher de nouveaux marchés et faire vivre l'écosystème. L'ambition de s'appuyer sur cette ligue pour former les leaders du sport africain n'est pas non plus cachée par la BAL qui met en place des sessions de partage d'expérience de professionnels de la NBA à travers son programme « *The BAL leadership series* » aussi bien à destination des joueurs que des présidents de fédérations. Là où sur les autres continents, le secteur du sport représente en moyenne 2% du PIB, il ne pèse que 0,5% de celui du continent africain et la BAL y investit massivement avec l'ambition de devenir un acteur clé du développement du secteur. Mais la compétition ne s'arrête pas pour autant à sa mission économique et investit massivement dans des projets à des fins sociales et environnementales. Le programme BAL4HER aspire à l'émancipation féminine grâce à la pratique du basketball et au partage d'expérience de femmes inspirantes afin de faire bouger les lignes sur le continent grâce au basketball. Dans cette optique, la ligue a signé un partenariat avec l'Agence Française de Développement pour utiliser massivement le basketball dans les projets sportifs d'aide au développement sur le continent. Amadou Gallo Fall, président de la BAL, n'en cache pas l'ambition de se faire identifier comme catalyseur des relations économiques internationales au sein du continent. La ligue a un rôle à jouer en tant qu'accélérateur pour réunir l'ensemble des décideurs de l'économie africaine autour d'un projet commun afin d'échanger et de créer des relations commerciales. Si la ligue ne peut pas être le seul véhicule du développement économique du continent, elle aspire malgré tout à avoir un impact conséquent, jouissant de son statut d'affiliation à la NBA pour créer de nouvelles opportunités en Afrique.

La gestion des championnats professionnels possède donc un véritable potentiel pour le développement d'une économie autour du sport aux échelles nationale et régionale. Au niveau de leur gouvernance, il existe plusieurs leviers sur lesquels ils peuvent jouer pour développer leur impact tels que l'intégration de nouvelles équipes pour multiplier les matchs et élargir leur audience à de nouveaux territoires. Ce faisant, ils ont l'ambition de générer une valeur supplémentaire liée à l'acquisition de droits redistribués aux différentes parties prenantes des compétitions concernées. Néanmoins, si ces leviers « visibles » ont un impact réel pour la maximisation de la valeur économique d'une ligue, en amont, la structuration de son organisation est susceptible d'avoir des implications encore plus importantes. L'organisation et la gouvernance d'une ligue peuvent offrir des perspectives en vue de maximiser son impact économique pour les différents acteurs qui l'entourent comme ceux qui souhaiteraient, à termes, l'intégrer.

Le modèle européen de ligues professionnelles repose sur la délégation du droit à organiser les compétitions de premières divisions par la fédération nationale du sport concerné. Ce faisant, elles se structurent comme des organisations qui ont l'ambition de maximiser la valeur des compétitions dont elles possèdent les droits. Leur raison d'être est de générer des revenus qui seront redistribués aux clubs selon une clé de répartition prédéfinie après avoir assumé leurs frais de fonctionnement. Tout l'enjeu de la ligue est alors de réfléchir à la manière la plus efficace de structurer et commercialiser son championnat pour que l'ensemble des clubs en obtiennent des retombées financières, nécessaires à la performance et à son attractivité. Ces revenus sont principalement des droits TV et du sponsoring. Les ligues européennes jouent alors un rôle fondamental pour assurer la continuité de l'activité des entreprises (clubs) qui y sont liés, en témoigne l'impact des négociations ratées des droits TV de la Ligue 1.

De leur côté, les clubs sont indépendants dans la gestion de leur budget et organisation, bien que contrôlés. Les revenus redistribués par la ligue sont ainsi des revenus complémentaires pour les clubs, souvent substantiels mais qui viennent s'ajouter à leurs recettes directes : sponsoring, billetterie, merchandising... De fait, le risque de gestion est plus important pour les clubs qui peuvent perdre beaucoup de revenus d'une année sur l'autre s'ils venaient à ne pas renouveler certains contrats de sponsoring importants ou pire, être relégués. L'impact d'une relégation peut alors s'avérer catastrophique.

Après avoir constitué un budget sur plusieurs exercices et signé les contrats de travail de joueurs sur plusieurs saisons, une relégation, que ce soit de la première vers la deuxième division où les droits TV sont bien moindres voire, pire, une relégation au niveau amateur, peut laisser un club avec une structure de coûts en désaccord complet avec ses revenus. La masse salariale, contractualisée sur plusieurs saisons et dont le montant dépasse régulièrement les 60% des revenus d'exploitation d'un club est ainsi un sujet crucial de gestion. L'équilibre est particulièrement fragile dans ces modèles occidentaux où les clubs sont rarement bénéficiaires et s'appuient encore sur des investisseurs intéressés par la génération de plus-value sur leur valeur globale. Si la gestion de la ligue a un impact conséquent sur leur équilibre économique, force est de constater que la contraposée est aussi vraie. La mauvaise gestion des clubs représente une réelle menace pour les ligues, qui s'intéressent alors à leur régulation. Le cas de la Premiership de rugby est assez marquant. La faillite de nombreux clubs a mené à un affaiblissement important de la ligue et à une fuite de ses talents vers l'étranger, contribuant à une baisse d'attractivité du championnat.

La faillite d'un club, qui arrive régulièrement dans de nombreux championnats européens, peut aussi avoir un impact négatif important sur l'économie du sport local. De nombreux clubs qui ont fait faillite ne sont jamais parvenus à se restructurer suffisamment pour atteindre à nouveau le niveau professionnel. En France, des clubs comme Évian-Thonon-Gaillard, Le Mans ou le CS Sedan Ardennes n'ont jamais retrouvé le monde professionnel après leur faillite ou leur rétrogradation administrative. Pour anticiper et réduire ces risques, certaines ligues, comme les ligues professionnelles françaises, se sont équipées d'organes de régulation chargés d'auditer les clubs et d'analyser leur situation financière. Dotés d'un pouvoir coercitif, ces organes imposent des règles destinées à assurer le bon développement des clubs professionnels.

Dans le rugby français par exemple, la Direction Nationale d'Aide au Contrôle de Gestion (DNACG) audite les clubs chaque année et prononce régulièrement des sanctions allant de l'amende à la rétrogradation administrative en cas de mauvaise gestion financière. Au football, la très similaire DNCG se permet aussi d'encadrer la masse salariale ou les indemnités de transfert de certains clubs lorsque nécessaire. Une mesure qui est systématiquement mise en place en Espagne afin de s'assurer de la bonne gestion des clubs et notamment de leur trésorerie. L'organisme de contrôle de gestion est aussi responsable de la validation des projets de rachat de club dans les championnats qu'elle administre afin de s'assurer de la viabilité du dossier ainsi que de sa contribution à la performance de la ligue dans son ensemble. Mais ces organismes sont aussi libres de proposer des réglementations qui peuvent être imposées par la ligue aux clubs. Ainsi, la Ligue Nationale de Rugby a mis en place en 2010 un *salary cap* qui fixe un montant de masse salariale maximal à ne pas dépasser pour l'ensemble des clubs de Top 14 et de Pro D2 afin d'éviter une inflation des salaires qui soit trop importante et rapide, menaçant l'équilibre économique des clubs. Ce *salary cap* est contraignant à la fois de manière relative - le montant de la masse salariale joueurs brute chargée ne doit pas dépasser 52% des produits prévisionnels du club - mais aussi absolue : pour cette saison 2024-25, il s'élève à 10,7 millions d'euros. En plus de se plier à ces obligations, les clubs doivent constituer un fonds de réserve au moins égal à 20% de la masse salariale du club afin d'éviter les risques liés à la variation de trésorerie.

Ces réglementations sont un outil de gouvernance particulièrement impactant afin de développer le niveau du championnat et d'en maximiser l'impact économique. Dans le championnat anglais de rugby, le *salary cap* est moins élevé mais présente deux exemptions. D'une part, les salaires des joueurs en formation au sein du club qui les embauche ne sont pas comptabilisés, ce qui pousse les clubs à investir massivement dans leur académie. Un moyen efficace d'intéresser les clubs à la formation des joueurs anglais de demain en leur permettant de les rémunérer mieux que les autres clubs pourraient le faire en théorie. C'est aussi un moyen de pousser les clubs professionnels à contribuer à la génération d'emplois locaux en salariant leurs joueurs prometteurs. Une fois leur formation terminée, les clubs bénéficient d'extension de leur *salary cap* pour les recruter en priorité. Mais les ligues ont aussi comme prérogatives d'assurer l'attractivité de leurs championnats, et pour cela il faut être en capacité financière d'attirer des joueurs parmi les meilleurs du monde. Pour cela, la ligue anglaise autorise les équipes à recruter deux *marquee players*, des joueurs dont le statut les exempte d'intégrer leurs salaires au salary cap. Grâce à cette disposition, les clubs anglais sont en mesure d'attirer des joueurs médiatiques en leur offrant une rémunération qui n'est pas contrainte par le *salary cap* comme elle pourrait l'être dans le championnat de France. Cette mesure permet de contribuer à l'attractivité du championnat et donc à sa réussite économique dans un contexte de concurrence internationale. Des joueurs tels que le français Louis Picamoles ou l'écossais Finn Russel ont ainsi rejoint les rangs du championnat anglais en bénéficiant de ce système. Le *salary cap* est aussi un moyen d'assurer une croissance de la ligue dans son ensemble, en essayant de maximiser l'intérêt sportif en évitant que les clubs avec les plus gros budgets ne soient les seuls en mesure de recruter les meilleurs joueurs et ne dominent trop largement le championnat. Cet enjeu peut se montrer important notamment dans le cadre du développement des championnats féminins. En Angleterre, la Women's Super League voit les sections féminines des grands clubs de football masculins bénéficier d'un budget bien plus important que les autres équipes. Nombreux sont ainsi ceux qui militent pour un *salary cap* strict et non pas proportionnel aux revenus du club, souvent faussés par une section masculine génératrice de revenus démesurés en comparaison et créant un déséquilibre sportif pouvant nuire à l'attractivité du championnat.

Si les clubs se mettent en danger du fait d'une explosion de leurs charges, un autre facteur explicatif de nombreuses faillites est indéniablement celui d'une baisse rapide des revenus. Les clubs de football bénéficient d'une manne financière particulièrement importante issue de la commercialisation des droits TV par leurs ligues. Le club anglais de Manchester City touchait ainsi 344 millions d'euros de droits télévisuels lors de la saison 2022-2023[36] alors que son budget total était de 750M€[37], soit un ratio de 46% de ses revenus. Pourtant, le risque d'une relégation en seconde division impliquerait une chute drastique de ses revenus télévisuels à 53 millions d'euros, soit une baisse de 85%, ce qui aurait sans aucun doute une implication catastrophique pour le club

---

[36] Source : lafinancepourtous.com d'après Deloitte

[37] https://sportune.20minutes.fr/sport-business/football/om-psg-barca-real-les-budgets-des-clubs-de-la-ligue-des-champions-2022-2023-291631

qui serait menacé de faillite, n'ayant pas nécessairement la possibilité de se séparer de sa masse salariale en cas de descente. Pour protéger les clubs, la Premier League a ainsi mis en place depuis la saison 2005-2006 le système des *parachute payments,* motivés par la différence considérable entre les montants de droits TV perçus en Premier Ligue et en Championship, la seconde division. Ce principe a pour ambition d'étaler sur trois saisons la baisse des droits TV perçus par les clubs relégués, leur permettant de bénéficier d'une marge de manœuvre plus importante pour adapter leur structure de coûts à leur nouvelle structure de revenus. Ainsi, lors de sa première saison en seconde division, un club relégué percevra 55% de la somme qu'il aurait perçue dans le cadre de la répartition des droits TV en première division. Un montant qui sera de 45% la saison suivante puis de 20%. Ce mécanisme permet ainsi aux clubs d'éviter la faillite en cas de résultat sportif imprévu. Ce faisant, il crée toutefois un déséquilibre concurrentiel entre les clubs de deuxième division, n'étant pas tous égaux devant les revenus de droits TV qui leur sont distribués. Ce mécanisme offrirait ainsi aux clubs relégués trois fois plus de chances que les autres de connaître une nouvelle montée à la fin de la saison. Un mécanisme qui se montre donc déséquilibré mais qui a le bénéfice d'éviter des catastrophes financières, un choix assumé par les dirigeants de la Ligue[38].

La structuration des ligues suit ainsi une triple logique : sportive au travers du développement du niveau de jeu, d'attractivité afin d'intéresser le plus grand nombre de personnes possibles à ses compétitions mais aussi financière en vue de permettre le financement des compétitions et des clubs, générant de l'activité pour tout un pan de l'économie du sport. Dans les championnats européens, ligues et clubs sont indépendants bien que leurs résultats économiques soient intimement liés. Les ligues majeures américaines telles que la Major League Soccer, en plein développement, ont pour leur part mis en place une gouvernance différente afin de limiter le risque porté par les clubs et de faire front uni dans la volonté de poursuivre les trois objectifs cités précédemment. En MLS, les salaires sont pris en charge directement par la Ligue dans la limite d'une grille salariale prédéfinie tout en laissant l'opportunité aux clubs de rémunérer les joueurs concernés de manière plus importante en en assumant l'excédent salarial. Lorsqu'un actionnaire souhaite acheter ou créer une franchise, il achète des parts de la ligue qui lui donne la

---

[38] Pour en savoir plus sur les parachute payments : https://www.ecofoot.fr/parachute-payments-football-anglais-5832/
.

gestion de l'une de ses filiales. La ligue est responsable de vendre les droits TV mais aussi de signer des partenariats marketing qu'elle impose à l'ensemble des clubs. Avec adidas, la MLS a signé un contrat d'équipementier permettant à la marque allemande d'équiper l'ensemble des franchises de la ligue qui est aussi responsable de la commercialisation de leur merchandising. En prenant en charge les principaux coûts liés à l'exploitation des franchises (la masse salariale notamment), la MLS aspire à limiter le risque de faillite des équipes tout en offrant des opportunités pour le développement de la compétition et de l'ensemble des parties prenantes qui y sont financièrement associées en permettant aux investissements d'être orientés vers des actions marketing ou la construction d'infrastructures. Ce modèle pousse ainsi l'ensemble des clubs à agir pour le bien de la ligue dans son ensemble et non pas uniquement dans leur intérêt dans le monde particulièrement concurrentiel qu'est celui des clubs professionnels. La Major League Rugby, qui n'en est encore qu'à ses prémisses, a pour sa part mis en place un dispositif permettant à la ligue de prendre en partie en charge le salaire des joueurs dont l'impact pourrait être positif pour développer la visibilité et l'exposition internationale du championnat et donc profiterait à l'ensemble des franchises et de leurs actionnaires.

Toutefois, si ce principe fait sens, c'est notamment parce que les ligues américaines sont ce que l'on appelle des ligues fermées. Pour y accéder, il n'est pas nécessaire de remporter une division inférieure de laquelle elles sont complètement indépendantes mais bien d'acheter des parts, comme on le ferait pour n'importe quelle entreprise. Ces ligues sont ainsi mues par une volonté de coconstruire de la valeur entre les clubs qui, s'ils sont concurrents sur le terrain, sont des partenaires économiques clés. Aux États-Unis, les ligues ont la conviction que les championnats serrés créent plus de valeur à l'échelle globale que ceux largement dominés par une seule équipe. Pour cette raison, elles ont mis en place un système de redistribution des meilleurs talents intitulé *draft*. Les équipes les moins bien classées de la saison précédente obtiennent le droit de sélectionner en premier les meilleurs prospects qui s'apprêtent à rentrer dans la ligue. Ce faisant, la concurrence entre les franchises reste importante chaque année grâce à une répartition des talents et il n'existe pas de domination sur une décennie entière telle que l'on peut en voir dans les championnats européens. Cette capacité pour les équipes à être en concurrence pour le titre permet de générer davantage de revenus et de maintenir un taux d'intérêt des spectateurs pour l'ensemble des matchs qui ont ainsi tous un enjeu potentiel sur l'issue de la saison[39]. Si le modèle des ligues fermées est contestable pour le développement du sport à l'échelle globale en n'offrant pas la possibilité à des acteurs inattendus de disputer le plus haut niveau, elles sont toutefois l'illustration parfaite d'une situation de coopétition[40]. Dans ces ligues, les acteurs ne sont ni dans un rapport de coopération ni dans un rapport de compétition mais bien dans la recherche permanente du juste équilibre entre les deux. Les franchises collaborent pour générer la valeur la plus importante possible à l'échelle de la ligue. Pour ce faire, elles travaillent conjointement en investissant dans des projets tels que l'a fait la NBA avec la Basketball Africa League. À leur échelle, les franchises ont aussi la responsabilité de contribuer au développement de leur image et de sa capacité à engager des publics et générer de la valeur économique se répercutant à l'échelle de la ligue dans son intégralité au moment de négocier des partenariats d'ampleur. Ainsi, le modèle n'empêche en rien la compétition entre franchises, aussi bien sur le plan sportif que financier, mais pousse aussi à la coopération. Toutefois, si ces ligues marginalisent certaines équipes qui pourraient devenir professionnelles et aspirer à y évoluer en gagnant le championnat de division inférieure, elles n'ont pas le monopole de l'organisation des compétitions comme en Europe. Des ligues concurrentes peuvent alors voir le jour dans un même pays. Le problème de la diversification des ligues américaines repose toutefois principalement dans la sur-représentation des ligues majeures dans les médias, les positionnant comme des actifs incontournables à l'échelle mondiale et donc particulièrement difficiles à concurrencer, créant une situation de monopole pouvant se montrer contreproductive sur le long terme.

La stratégie de gouvernance inhérente au lancement d'une nouvelle ligue est fondamentale afin de lui permettre d'atteindre ses objectifs. Le lancement de la Ligue Féminine de Football Professionnel (LFFP) en France à l'été 2024 illustre bien les problématiques et les objectifs qui influencent la manière dont se définit la gouvernance d'une ligue professionnelle. La LFFP est une ligue intégrée au sein de la Fédération Française de Football - en France, toutes les ligues féminines sont dans ce cas - ce faisant, elle contribue aux objectifs de la FFF, notamment en ayant l'ambition de participer au développement de la pratique du football féminin dans les territoires ainsi qu'à sa structuration et sa professionnalisation. Pour ces raisons, la ligue ne pouvait

---

[39] https://www.cairn.info/revue-economique-2015-2-page-427.htm

[40] https://www.cairn.info/les-grands-courants-en-management-strategique--9782376873174-page-281.htm

pas être une ligue fermée, exclusive par définition, mais bien ouverte afin de laisser à chaque équipe féminine du championnat de France l'opportunité de se développer et de permettre le développement de projets sportifs par des acteurs tiers. De nos jours, un des enjeux de la création d'une nouvelle ligue est de parvenir à se distinguer au sein d'un écosystème sportif particulièrement chargé sur le plan médiatique. Pour cela, la LFFP a souhaité développer l'incertitude au sein du championnat et conserver un intérêt jusqu'au bout en instaurant un système de play-offs ayant fait ses preuves dans certains championnats comme le TOP 14 de rugby.

Par ailleurs, les équipes d'Arkema Première Ligue, la première division féminine en France, dépendent souvent de clubs qui évoluent au sein des ligues professionnelles masculines, créant une dépendance du secteur féminin aux recettes générées par les hommes. La LFFP se fixe ainsi pour objectif de prendre des mesures afin de rendre les clubs féminins les plus indépendants possibles des sections masculines. Partant d'un bon sentiment, plusieurs clubs ont d'ailleurs pris l'habitude d'organiser certains de leurs matches de gala d'Arkema Première Ligue dans des stades habituellement dédiés à leur équipe masculine et donc en surcapacité, générant alors des coûts de gestion importants pour les clubs comme les collectivités qui sont souvent propriétaires des enceintes. Afin d'anticiper au mieux le sujet, la LFFP a pris ce sujet à bras-le-corps en mobilisant l'Association Nationale des Élus en Charge du Sport (ANDES) afin de construire ensemble un cahier des charges mais aussi de comprendre comment mieux travailler conjointement pour financer, à terme, des infrastructures aux jauges adaptées à un tel championnat. L'ambition de cette initiative est alors de s'assurer de la cohérence du projet avec ce qui se déroule dans les territoires tout en cherchant à limiter les coûts pour les collectivités, tous les acteurs étant conscients de l'absence de rentabilité d'un tel championnat à date.

La stratégie de construction des ligues professionnelles est ainsi un élément fondamental à prendre en considération pour répondre à leurs objectifs et s'assurer de leur impact économique global. Différents modèles ont été déployés ces dernières décennies. Pourtant, aujourd'hui, tous semblent être challengés par leurs parties prenantes, appelant à une innovation dans les modèles de gouvernance avec une ambition double : générer de nouveaux revenus pour les clubs et assurer l'équilibre économique comme sportif des championnats.

Le modèle de réussite financière des ligues fermées américaines, couplé au développement économique du sport à l'échelle mondiale pousse de plus en plus d'acteurs à contester l'ordre établi, souvent considéré comme défavorable sur le plan financier pour les principaux acteurs économiques des différentes ligues. Partant de ce postulat, les clubs de football européen les plus médiatiques ont annoncé en avril 2021 leur volonté de sortir du giron des compétitions organisées par l'UEFA, la branche européenne de la FIFA, et de créer une nouvelle ligue fermée sur invitation rassemblant les principales puissances économiques de chaque championnat. Avec le regroupement d'équipes populaires et avec un niveau élevé, l'attractivité de la ligue permettrait de générer des revenus bien plus importants pour lesdits clubs, notamment au travers de la négociation de droits TV conséquents et mieux répartis entre les équipes que dans les ligues actuelles. En effet, des championnats comme la Ligue 1 française, tirés vers le haut par des locomotives telles que le Paris-Saint-Germain leur distribuent une proportion de droits TV inférieure à ce qu'ils génèrent, au contraire des petites équipes du championnat ou des clubs de seconde division qui, s'ils touchent beaucoup moins de revenus de la ligue, y contribuent en réalité encore moins. Le projet de Super League qui souhaitait mettre fin à cette injustice reposant sur un mécanisme de solidarité économique, allait ainsi à l'encontre de l'intérêt sportif des compétitions offrant à David la possibilité de se confronter à Goliath. Pour cette raison, face à la pression populaire, le projet a rapidement été abandonné après le retrait des clubs fondateurs. Pour autant, il aura créé un précédent dans la contestation de l'ordre établi et a poussé les instances dirigeantes à repenser le modèle de leurs compétitions pour assurer davantage de matchs à enjeux et générer une valeur économique plus importante pour les clubs les plus médiatiques. C'est ainsi qu'a été pensée la réforme de la Ligue des Champions à partir de la saison 2024/2025.

L'argent étant le nerf de la guerre pour l'ensemble des sociétés du secteur sportif, certains pays qui possèdent des mannes financières importantes, notamment ceux du golfe, ont saisi l'opportunité de venir perturber l'ordre sportif mondial en créant des ligues fermées bien plus profitables et intéressantes financièrement que celles existantes. L'Arabie Saoudite a ainsi créé LIV Golf, une ligue dissidente du PGA Tour, leader historique au sein duquel elle recrutait sur des contrats annuels des joueurs du Top 100 mondial pour les faire concourir. Si le circuit a fini par fusionner avec le PGA Tour, il a créé un énorme bouleversement dans le golf professionnel, venant même à opposer les golfeurs entre eux mais surtout en plaçant l'Arabie Saoudite comme un acteur majeur de ce sport duquel elle était jusqu'à présent assez absente. Cette stratégie, le pays l'a aussi conduite sur d'autres sports, aspirant par exemple à la création de la One Cycling, sa ligue fermée de cyclisme. En se professionnalisant, le sport se rationnalise sur le plan économique et cherche à maximiser ses retombées financières. Toutefois, le secteur possède ce positionnement particulier qui le force à respecter une certaine « éthique » sportive, qui est aussi au cœur de la valeur qu'il génère : celle de représenter des supporters et non de simples consommateurs, celle d'être un acteur clé de leur territoire ou encore celle de se battre jusqu'au bout quoi qu'il en coûte pour faire la fierté de ses parties prenantes en laissant à chacun la chance de réussir…

Vers de nouveaux modèles économiques pour les acteurs du sport

Les acteurs du sport professionnel sont aujourd'hui en train de repenser les modèles traditionnels qui leur ont permis jusqu'à présent d'exister avec l'ambition de générer davantage de valeur à la fois économique, sociale et environnementale. Le club de football du Paris FC, qui joue en deuxième division professionnelle, a fait le pari de la billetterie gratuite. En faisant ses calculs, le club s'est rendu compte que la gratuité de la billetterie lui permettrait d'augmenter ses audiences et d'élargir sa communauté. Le manque à gagner de la commercialisation de billets, peu onéreux pour des matchs de Ligue 2 et ne représentant pour le club qu'un million d'euros par an, pourrait ainsi être compensé par la commercialisation de contrats sponsoring plus importants permis par une communauté élargie. Par ailleurs, la propension à consommer au stade serait elle-aussi plus importante et permettrait de rentabiliser les buvettes, peu sollicitées lors des matchs de football mais nécessaires dans le cadre de l'expérience client. De telles décisions économiques peuvent ainsi se montrer bénéfiques d'un point de vue du développement sociétal comme financier : elles donnent accès au spectacle sportif au plus grand nombre, indépendamment de son pouvoir d'achat, tout en permettant une rentabilité financière de long terme. Un pari audacieux qui pourrait s'avérer gagnant dans une capitale particulièrement dominée par le Paris-Saint-Germain sur le plan footballistique. Ce modèle économique n'a rien de novateur. Il existe déjà dans le cyclisme sur route où l'accès à la course, gratuit, est permis par des droits TV et sponsoring importants. L'enjeu est aussi pour le Paris FC d'offrir via la gratuité une visibilité à son équipe féminine encore peu médiatisée malgré sa place en première division professionnelle.

Les enjeux d'augmentation de leurs communautés ne sont pas pour autant propres aux clubs. La fédération internationale World Rugby, dans l'incapacité de commercialiser à des montants suffisants certains matchs dont elle est propriétaire tels que les championnats du monde de rugby à sept a lancé sa propre plateforme OTT pour en assurer la diffusion digitale dans le monde entier, générant des revenus publicitaires et sponsoring plus importants que d'éventuels droits TV, contribuant à son rôle de développement de la visibilité du sport dans l'ensemble des territoires tout en cherchant à rentabiliser ses investissements. Elle produit aussi des contenus exclusifs publiés sur sa plateforme afin de générer de l'engouement pour le sport, notamment en en montrant les coulisses des grands événements. Certaines ligues, plus ou moins dépendantes des droits de diffusion liés à leurs championnats, opèrent ainsi une remontée de filière en prenant à leur charge la création de plateformes de diffusion. Une transformation du secteur permise par l'avènement de la diffusion par internet et non plus satellitaire comme il en était le cas auparavant et nécessitant une fréquence d'ondes, créant des barrières à l'entrée importantes pour la diffusion, notamment dans un contexte international. Les plateformes offrent ainsi l'opportunité aux ligues de sortir de la dépendance de diffuseurs. La LFP a ainsi entrepris la diffusion de ses championnats sous ce format dans des pays étrangers où ses droits n'étaient pas attribués. Mais la généralisation d'un tel modèle pose avant tout des problématiques d'ordre économique, les droits TV étant versés *a posteriori* dans le cadre d'une plateforme payante, venant impacter la trésorerie des clubs qui jusqu'à présent les touchaient en début de saison.

Cette transformation du secteur se fait aussi par le développement de la formation de réels professionnels ayant une connaissance précise de son fonctionnement et de ses enjeux. Les plus grandes écoles et universités commencent à prendre en considération le sport comme un enjeu économique important et l'enseignent de plus en plus, parfois même au travers de parcours dédiés. En parallèle, de nombreuses écoles dédiées au Sport Business émergent. Privées, elles représentent une importante manne financière, promettant aux étudiants des débouchés au sein d'un secteur de passion qu'elles ne sont toutefois pas toujours en mesure de garantir. En effet, le marché du travail dans le sport business est en pleine évolution mais un goulet d'étranglement existe en sortie d'école. Les étudiants des plus grandes universités se confrontent à un secteur composé principalement de PME dans lesquelles la hiérarchie est peu développée et se voient le plus souvent contraints d'y rentrer en acceptant des postes qui ne sont pas à la hauteur de leurs prétentions. Prétentions qui peuvent aussi être salariales, les débouchés dans d'autres secteurs privés pouvant s'avérer bien plus rémunérateurs. À l'opposé, les étudiants d'écoles privées spécialisées se retrouvent particulièrement nombreux à se confronter au marché du travail avec un diplôme et de premières expériences similaires. Ces écoles, le plus souvent en alternance, abondent ainsi le secteur du sport français d'une masse salariale peu onéreuse et pertinente pour la réalisation de tâches opérationnelles, mais venant ainsi concurrencer la création d'emplois juniors. Par ailleurs, les capacités d'emploi du secteur sur des postes managériaux sont plus limitées et c'est alors que le bât blesse, la masse de professionnels n'étant pas en adéquation avec la pyramide de recrutement. Il n'empêche que le développement de ces formations spécialisées contribue à une meilleure professionnalisation du secteur qui ne repose plus uniquement sur l'embauche d'anciens sportifs ou de leurs familles. Par ailleurs, ces écoles de management prônent souvent le développement de l'entrepreneuriat, élément clé du développement économique du secteur. En France, le succès croissant de la Sportech n'est pas à dissocier de l'intégration des enjeux liés au management du sport dans les parcours d'écoles d'ingénieurs ou de management. En cela, la multiplication de ces parcours universitaires est une preuve indéniable de la santé du secteur et des débouchés croissants qu'il est possible d'y trouver.

Vers la fin du mécénat des collectivités

Au sein des collectivités, les acteurs tentent aussi de rationaliser leur approche du sport. Autrefois en charge du financement du sport sur leur territoire et de l'accompagnement des associations sportives locales, la période récente d'austérité budgétaire a poussé les pouvoirs publics à repenser leur rôle et à impliquer davantage d'acteurs dans le financement et le fonctionnement du sport. Comme nous avons pu l'évoquer précédemment, les partenariats public-privés liés au financement d'infrastructures onéreuses ont permis aux collectivités de continuer à financer des infrastructures sportives pertinentes pour le territoire sans pour autant en avoir l'exploitation. Un moyen d'intéresser des acteurs privés à la réussite économique d'un projet commun. Mais on remarque aussi dans les territoires un appel au privé de plus en plus important pour la gestion de petites infrastructures, qu'il s'agisse d'acteurs associatifs ou entrepreneuriaux. Les collectivités adoptent un principe selon lequel leur intervention n'est nécessaire que dans un cadre où la rentabilité n'est pas atteignable, justifiant leur rôle de service public. Ce faisant, si la construction d'infrastructures est susceptible de peser sur la rentabilité de leurs exploitants, les collectivités ont tendance à la financer avant d'en laisser l'opération, souvent rentable, à un autre acteur, générant ainsi de l'activité sur le territoire et favorisant son développement économique. En complément, les collectivités jouent un rôle d'accompagnement des acteurs souhaitant développer de nouveaux produits ou services sportifs au sein du territoire et considérés comme pertinents dans le cadre des politiques publiques. Elles n'hésitent ainsi pas à mettre à disposition des terrains pour permettre la construction de centres de padel par exemple, dont l'activité est rentable mais pour laquelle un acteur privé a pu avoir besoin de financements ou d'un espace au sein du territoire.

Dans certains sports, les collectivités continuent d'accompagner les clubs professionnels avec la conviction qu'elles bénéficieront de retombées en rapport avec leur investissement. Le club de rugby du RC Vannes peut par exemple compter sur un fort soutien des pouvoirs publics. Seul club de rugby professionnel de Bretagne, il représente un réel potentiel d'attractivité du territoire au sein d'une communauté large, plus de la moitié des Français se déclarant intéressés par le rugby d'après un sondage Odoxa. Ainsi, le club breton bénéficie de 1,36 millions d'euros d'aides des pouvoirs publics pour la saison 2024-2025 sur un budget total de 20 millions d'euros alors qu'il vient d'accéder au Top 14, la première division du rugby français. Mais si les collectivités soutiennent autant le club, c'est que la saison précédente, les retombées ont été conséquentes pour le territoire, évaluées à 18 millions d'euros, contribuant notamment à la création de 300 emplois équivalent temps plein sur le territoire. C'est que le club, malgré son statut de PME, ne mobilise pas moins de 550 fournisseurs (dont plus de la moitié sont de la région) et 600 entreprises partenaires qui y voient un moyen de développer leur activité. Pour chaque euro investi par les pouvoirs publics, ce sont donc 3,8 euros de contributions sociales et fiscales qui sont générées par le club, de quoi étiqueter cet investissement de rentable pour un territoire qui en sort avec une attractivité grandie et qui contribue à répondre à une attente forte d'une population particulièrement intéressée par le rugby.

Dans l'ensemble, la gouvernance du sport à ses différentes échelles a donc un impact conséquent sur le développement du secteur, mais aussi de son impact dans les territoires. Longtemps mécènes, les acteurs publics ou fédéraux ont tendance à rationaliser leurs investissements, ce qui pousse les parties prenantes du secteur à repenser leur impact et à déployer des produits qui maximisent la valeur de chacun. Le sport se professionnalise et se structure à l'échelle de la planète, une tendance qui se justifie aussi par la formation de réels professionnels, désormais capable d'y mener une carrière entière et de le faire évoluer mais aussi de contribuer à son internationalisation.

Un secteur qui fait aussi l'expérience de la mondialisation

Les collectivités publiques, premiers contributeurs du secteur, ont aussi pris conscience de l'importance du sport dans un contexte économique mondialisé. Comme nous avons pu l'évoquer, ces dernières s'appuient régulièrement sur le sport pour générer des retombées touristiques. Le sport est devenu pour ces dernières un élément clé du *place branding* alors que les destinations touristiques se retrouvent de plus en plus en concurrence à travers le monde du fait du développement des transports low-cost. Les collectivités tentent alors d'utiliser le sport comme un avantage comparatif pour se démarquer des lieux touristiques avec lesquels elles se trouveraient en concurrence. La construction de leur marque locale se fait principalement en suivant une double dynamique : au travers du développement de la pratique du tourisme sportif et en développant localement le spectacle sportif, susceptible de leur donner une visibilité médiatique. Le tourisme sportif devient un outil fondamental d'attractivité au travers de la valorisation des espaces naturels comme il peut en être le cas des Dolomites en Italie, associées dans l'imaginaire collectif à la randonnée ou au ski. Mais il peut aussi être provoqué en s'appuyant sur des structures de pratique locales différenciantes à l'image de la Rafa Nadal Academy de Majorque proposant des stages de tennis tout au long de l'année. Ce tourisme sportif peut aussi être développé au travers de l'accueil d'événements sportifs de masse. Des GESI évidemment, mais aussi des événements participatifs tels que le Marathon de New York. Au-delà d'en être la raison principale, la pratique sportive est aussi un élément qui s'intègre au sein d'une expérience touristique. Preuve de l'importance de la pratique sportive lors des séjours touristiques, en France, 25 millions de français pratiquent des sports d'extérieur, dont 82% dans un cadre touristique. De plus, si certains voyagent à Nice pour assister à un match de l'OGC Nice ou visiter le musée national du sport, d'autres y voyagent pour découvrir la ville et la Côte d'Azur mais ne se refusent pas un détour par le stade de l'Allianz Riviera en fin de semaine afin d'y assister à une rencontre. Développer le sport comme un élément touristique attractif d'ampleur mondiale au sein de sa collectivité représente une valeur ajoutée certaine aux yeux du touriste potentiel.

L'accueil de compétitions intervient ainsi de manière complémentaire à ce positionnement de tourisme sportif en donnant une visibilité à la ville ou la région grâce au sport, justifiant un financement important des pouvoirs publics. Parfois, l'accueil d'un événement permet simplement de placer une ville sur la carte grâce à l'association de son nom à l'événement. C'est le cas des villes ayant accueilli des Jeux Olympiques dont certaines ne sont pas des villes mondiales telles que PyeongChang, en Corée du Sud, hôte des Jeux Olympiques d'Hiver 2018. Si elle a permis de faire connaître son nom dans le monde entier, elle a aussi permis de sensibiliser le grand public sur le fait qu'il était possible de pratiquer du ski en Corée du Sud. Dans d'autres cas, l'accueil de grands événements sportifs permet de venir offrir une reconnaissance supplémentaire aux territoires concernés, permettant une montée de gamme. Coincé dans son positionnement perçu comme celui d'un territoire offrant des opportunités de vacances à bas coût, le Maroc va souhaiter se positionner comme une destination touristique plus haut de gamme en accueillant la Coupe du Monde de la FIFA 2030, lui permettant de rentrer dans la cour des grands. Un tel procédé avait déjà permis à des territoires tels que l'Afrique du Sud, hôte de la Coupe du Monde de la FIFA 2010, de susciter un intérêt touristique autre que celui des safaris aux yeux de touristes potentiels, et cela dans le monde entier. Conscients de l'intérêt d'avoir recours à l'accueil de grands événements dans leur stratégie marketing globale, les pouvoirs publics locaux s'y investissent de différentes manières. Dans certains cas, ils se contentent d'un statut de ville hôte, assurant l'accueil des organisateurs et du public, y jouant ainsi un rôle passif. Dans d'autres cas, elles vont s'impliquer d'un point de vue aussi bien marketing, et donc financier, que logistique, adaptant son urbanisme à l'accueil de l'événement comme a pu le faire la ville de Paris pour l'accueil des Jeux Olympiques 2024. Enfin encore, un modèle alternatif existe dans lequel les collectivités vont prendre un rôle actif dans l'organisation et la valorisation d'événements sur leurs territoires. L'actionnariat de la société d'économie mixte en charge de l'organisation de la course nautique du Vendée Globe est ainsi composé du conseil général du département de la Vendée (54%), de la ville des Sables d'Olonne (20%), d'un consortium de vingt-huit entreprises locales (18%) et de la région Pays de la Loire (8%). Afin de se rendre attractifs, certains pouvoirs publics n'hésitent plus à investir dans les grands événements sportifs pour en faire un élément de leur *place branding*. C'est d'ailleurs dans cette optique que les pouvoirs publics soutiennent régulièrement les clubs professionnels. Une étude réalisée en 2016 par le cabinet Deloitte a montré que le FC Barcelone avait accueilli 2,4 millions de spectateurs lors de la saison 2014-2015 et que, ce faisant, il avait contribué à 6% de l'activité touristique de la ville. Il est donc compréhensible qu'à différentes échelles les collectivités s'investissent dans le succès de leurs clubs sportifs, en témoigne le rachat du club de rugby de l'ASBH par la ville de Béziers afin d'en éviter la faillite, lui qui a permis à la ville d'être placée sur la carte de tous les amateurs de rugby pendant plusieurs décennies grâce à ses succès en championnat de France.

Si nous évoquons ici l'intérêt des collectivités des pays développés pour le tourisme sportif en vue de contribuer au développement de leur économie, en réalité, ce dernier peut jouer un rôle bien plus crucial pour certains pays pauvres ou émergents, notamment en leur permettant de récolter des devises étrangères, fondamentales pour assurer la stabilité de leur économie. La ville d'Iten, au Kenya, représente un véritable outil touristique international, attirant les coureurs de fonds du monde entier désireux de s'entraîner dans les mêmes conditions que les plus grands champions. Les collectivités publiques ont ainsi connu avec la mondialisation et le développement des flux dans leur ensemble une véritable évolution. Originellement des acteurs d'une gouvernance administrative avec un simple rôle de financement et de coordination des acteurs locaux en vue de répondre aux enjeux des politiques publiques, elles se structurent désormais à l'aide d'une gouvernance stratégique. Elles affichent clairement l'ambition d'utiliser le sport pour répondre à leurs enjeux de développement et de structuration du territoire sur le long terme, rationnalisant leurs investissements avec l'ambition, souvent, de créer des marques nationales, sinon mondiales, grâce au sport.

À mesure de son développement, la mondialisation n'a pas épargné le sport professionnel. Traditionnellement cantonnées à des territoires nationaux, les ligues professionnelles tentent de plus en plus d'aller générer de la valeur en dehors des frontières où elles exercent. Les dernières éditions de la finale de la Supercoupe d'Espagne se sont ainsi déroulées en Arabie Saoudite en échange d'un versement de 30 millions d'euros par an de la part des promoteurs qui souhaitent voir des clubs populaires se rencontrer dans la péninsule. Un projet qui semble par ailleurs témoigner d'un réel intérêt pour le football occidental dans les économies émergentes. D'autres ligues voient davantage à l'international l'opportunité de développer leur valeur médiatique dans des pays avec un potentiel économique intéressant. La Ligue de Football Professionnel a ainsi organisé le Trophée des Champions 2019 à Shenzhen, en Chine. Depuis les années 2010, ce trophée a été perçu comme un moyen d'exporter la Ligue 1 dans de nouveaux territoires à l'aide d'un match fanion, opposant probablement deux des équipes du championnat les plus médiatiques. États-Unis, Canada, Gabon, Autriche… de nombreux pays ont ainsi été concernés par ce système d'exportation. La NBA agit de manière similaire chaque année en organisant au moins un match de saison régulière en Europe. En 2023, les Chicago Bulls ont ainsi affronté les Detroit Pistons à l'Accor Arena de Paris tandis que les Orlando Magic se sont inclinés face aux Atlanta Hawks à la Mexico City Arena au Mexique. Cette même année, des matchs de présaison avaient aussi été organisées à l'Etihad Arena d'Abu Dhabi, permettant là-encore de toucher un nouveau marché potentiellement porteur sur le long terme.

Ces opportunités internationales, les clubs ne manquent pas non plus de les saisir individuellement, motivés par une volonté de développer leurs revenus commerciaux dans certains territoires ou avec l'objectif de répondre à des enjeux liés à ceux de leur actionnariat. Des promoteurs internationaux tentent de convaincre les grands clubs à se rendre dans certains pays afin d'y disputer une tournée estivale. Le Paris-Saint-Germain a encaissé plus de 20 millions d'euros pour accepter de participer à une tournée au Japon et en Corée du Sud, en plus de nombreux contrats de sponsoring signés à l'occasion de ces tournées afin d'offrir la possibilité aux marques locales d'associer leur nom à celui du club sur des territoires spécifiques. L'occasion aussi d'attirer des marques mondiales issues de ces pays dans leurs portefeuilles de partenaires. Au regard des montants liés à ces partenariats, les ventes de merchandising ne sont finalement qu'accessoires contrairement à ce qu'avancent de nombreux médias. L'internationalisation est désormais un impératif pour permettre aux clubs de devenir des cadors économiques de leurs championnats, et pour cela ils peuvent parfois compter sur leurs investisseurs. Le City Football Group, propriétaire du club britannique de Manchester City, possède ainsi un bureau aux Émirats Arabes Unis, d'où provient son actionnaire majoritaire, l'Abu Dhabi United Group. L'enjeu de ce bureau est de parvenir à générer de l'intérêt dans la

Péninsule Arabique pour les clubs dont il est propriétaire (Troyes, New York…) afin de permettre la signature de partenariats commerciaux, notamment sponsoring.

L'un des principaux enjeux de l'internationalisation des ligues et des clubs est aussi de permettre la génération de droits TV plus importants grâce au développement d'une visibilité médiatique dans d'autres territoires. Le recrutement en 2023 de très nombreuses stars internationales telles que Cristiano Ronaldo, Sadio Mané ou le ballon d'or Karim Benzema a permis au championnat saoudien de football de bénéficier d'une visibilité internationale sans précédent en négociant la diffusion du championnat dans plus de 170 pays à la fin du mercato. Au-delà de l'impact économique attendu d'un tel investissement, c'est aussi tout un pan du projet étatique « Vision 2030 » aspirant à diversifier l'économie saoudienne qui se retrouve dans ce projet d'achat massif de joueurs de très haut niveau. Toutefois, une telle stratégie a tendance à se faire au prix d'un temps de jeu limité pour les athlètes locaux alors que l'objectif est aussi de leur permettre de progresser aux côtés des meilleurs joueurs en vue de l'accueil potentiel d'une Coupe du Monde de la FIFA en 2034. Plus fou encore, certains championnats tels que la NFL envisagent potentiellement d'ouvrir leur ligue à des franchises dans d'autres régions du monde, notamment en Europe où le potentiel de développement économique de la ligue est important alors qu'il semble difficile de pouvoir tirer davantage de recettes de droits TV sur le continent américain où le potentiel maximal paraît déjà atteint. Malheureusement, dans de telles situations, face aux dollars, les enjeux de développement durable n'apparaissent souvent que secondaires.

Lorsqu'il s'agit de développer leur communauté à l'international, les clubs ne manquent pas d'ingéniosité. Le Paris-Saint-Germain arbore chaque année des maillots floqués avec les noms des joueurs en chinois afin de célébrer la fête du printemps aux côtés de cette communauté du bout du monde. Mais les chiffres semblent montrer que la meilleure manière de toucher un marché encore non conquis est de s'acheter les faveurs d'un joueur médiatique local. Les réseaux sociaux des joueurs touchent bien plus de fans que ceux du club et c'est un outil fondamental à considérer pour les équipes qui souhaitent s'internationaliser. Des joueurs médiatiques, sans qu'ils ne soient nécessairement des superstars, permettent aux clubs de capter leurs communautés et de la faire leur. Le Coréen Heung-Min Son a permis d'attirer les yeux d'une communauté de fans de football d'un pays asiatique développé vers le club anglais de Tottenham de manière bien plus efficace que toute campagne de communication. Ainsi, lors de la commercialisation de produits marketing, les clubs ne vendent pas uniquement leurs communautés mais aussi celles que leurs parties prenantes sont aussi en mesure d'engager, les joueurs en premier lieu. Le choix de ces derniers est donc fondamental pour l'équilibre économique du club dont la valeur est souvent dépendante de cette médiatisation qu'il est en mesure de générer.

Si en évoquant la mondialisation du sport ce sont principalement les plus grands clubs de football européens qui nous viennent en tête, nous aurions tort de croire qu'il s'agit du seul segment de l'économie du sport à être confronté à ce phénomène global qui présente sans doute plus d'opportunités pour les nations occidentales que de menaces, à contrepied de l'économie dans son ensemble. Aujourd'hui, des pays du monde entier se montrent désireux de structurer un secteur économique lié au sport et aux loisirs, ne bénéficiant pas à date de l'expertise nécessaire pour le faire, pourtant bien présente au sein des économies occidentales comme la nôtre. Une fenêtre d'opportunité grande donc, mais dont la temporalité est restreinte avec l'impératif pour les entreprises du secteur de rapidement se positionner sur un marché international avant que de nouveaux acteurs de référence ne voient le jour dans des pays émergents et ne viennent les concurrencer. Ce faisant, la capacité d'exportation de biens et services devient en Occident une priorité pour le développement de la filière, couplé à des enjeux stratégiques forts, notamment diplomatiques.

En France, depuis 2016, l'instance Filière Sport réunit les acteurs de l'économie du sport afin de promouvoir leur savoir-faire à l'international. À ses côtés, le groupement d'intérêt économique (GIE) France Sport Expertise qui regroupe différents leaders du secteur ne manque pas non plus de faire valoir l'expertise des acteurs du sport français à l'international. Une ambition qui s'étend d'ailleurs aux entreprises qui n'en font pas partie mais ont contribué au succès des récents GESI accueillis en France dans le cadre de l'approvisionnement des sites en énergie verte par exemple. Les instances gouvernementales, au travers de ces organismes publics, prennent alors l'initiative de créer des ponts avec les écosystèmes sportifs d'autres nations pour accompagner les entreprises à l'export. Ces dispositifs sont complémentaires d'autres actions publiques. Le réseau Business France par exemple, rattaché au ministère de l'Europe et des Affaires Étrangères, a pour ambition d'emmener les entreprises françaises au contact d'acteurs étrangers avec qui elles sont susceptibles de faire des affaires au travers de voyages organisés. Le réseau est aussi responsable d'attirer des investisseurs étrangers dans les entreprises françaises en vue de les financer et de les aider à grandir, tentant de bénéficier à nouveau de ce que peut apporter la mondialisation au secteur.

La Banque Publique d'Investissement (BPI France) a entrepris ces dernières années un réel travail d'accompagnement des acteurs du sport. S'étant occupée dans un premier lieu de cartographier l'écosystème afin de le rendre lisible et de bien être en mesure de le comprendre, la BPI a pu sélectionner un certain nombre d'acteurs économiques du secteur avec l'ambition de les accompagner dans leur développement, aussi bien en France qu'à l'international, leur faisant notamment bénéficier des produits que la banque propose tels que des financements ou le recours à des assurances pour couvrir une partie de leurs coûts de prospection à l'international en cas d'échec. Les acteurs accompagnés se voient aussi offrir l'accès à l'ensemble du réseau BPI à l'international et aux opportunités économiques qu'il génère. À l'occasion des Jeux Olympiques de la Jeunesse qui se dérouleront à Dakar en 2026, la BPI a sollicité son bureau au Sénégal pour identifier et accompagner des entreprises du sport français dans la génération de contrats liés à l'événement.

Aujourd'hui étendu au réseau des Meneurs, la BPI a aussi à cœur de valoriser l'expertise des acteurs nationaux. Elle accompagne ainsi trente clubs professionnels français désireux de se développer et d'innover qu'elle met en contact avec des startups françaises proposant des solutions innovantes avec la volonté de créer un cercle vertueux en jouant un rôle de catalyseur au sein de l'écosystème. L'ambition de l'ensemble de ces acteurs publics est assez claire : en rassemblant les différentes expertises, ils souhaitent permettre aux entreprises françaises de répondre conjointement à des problématiques rencontrées par des acteurs économiques étrangers et ainsi de faciliter leur exportation. Un objectif en phase avec le plan « Osez l'export » présenté en juin 2023 par l'ex-ministre délégué chargé du Commerce extérieur, Olivier Brecht, et visant à porter le nombre d'entreprises exportatrices en France à 200 000 d'ici 2030.

Dans certaines situations, les organisations étatiques choisissent une approche différente et investissent massivement pour permettre aux entreprises nationales d'intégrer un marché étranger, à mi-chemin entre outil diplomatique et de développement économique. En Arabie Saoudite par exemple, la région d'Al-Ula, qui se veut être un lieu stratégique pour l'avenir des compétitions sportives mondiales mais aussi pour la culture et l'art, peut s'appuyer sur l'Agence Française pour le Développement d'Al-Ula (AFALULA) pour l'accompagner. Si ce sont des deniers du contribuable français qui financent un projet en Arabie Saoudite, cette initiative représente un enjeu diplomatique fort mais aussi de réelles opportunités économiques avec la volonté de tisser des liens en rendant le marché saoudien du divertissement perméable aux entreprises françaises.

Un autre exemple de stratégie commune d'exportation des entreprises nationales particulièrement réussi est celui du projet GREAT, porté depuis plus d'une décennie par le gouvernement britannique. À l'occasion des Jeux Olympiques et Paralympiques de Londres 2012 ainsi que du jubilé de la Reine la même année, le gouvernement britannique a lancé la campagne GREAT dont l'ambition était de tirer profit de la médiatisation importante à venir du Royaume-Uni afin de contribuer à son développement économique et diplomatique à l'échelle mondiale. La campagne a ainsi mobilisé des acteurs clés du sport et du divertissement britanniques (mais pas uniquement) afin de se faire les porte-étendards de l'économie nationale. Ces acteurs d'ordre mondial ont ainsi permis à GREAT de bénéficier d'une présence dans 145 pays et 300 villes pour aller à la rencontre des décideurs économiques locaux. McLaren F1, la Premier League ou la BBC ont été autant d'acteurs à se mobiliser pour faire rayonner le Royaume-Uni. Un partenariat entre la campagne et l'écurie de Formule 1 a ainsi permis de contribuer à la notoriété de GREAT en lui offrant une visibilité exceptionnelle mais aussi en permettant à des prospects de vivre des expériences hors du commun, renforçant leur attachement. Un des points forts du Royaume-Uni est notamment de ne pas dissocier les enjeux diplomatiques et business, permettant au sport de jouer un rôle aussi bien économique que géopolitique. Cette philosophie semble porter ses fruits. La campagne a permis de générer des retombées économiques estimées à 2,7 milliards de dollars. Par ailleurs, en guise d'héritage olympique, on estime qu'elle a généré plus de soixante contrats entre des entreprises britanniques et les comités d'organisation des Jeux de Sotchi et de la Coupe du Monde de la FIFA 2018 en Russie. Dans le cadre de la collaboration entre les pays hôtes des Jeux, ce ne sont pas moins de 150 millions de pounds de contrats qui auraient aussi été signés par des entreprises britanniques afin d'assurer la livraison des Jeux de Rio 2016. De quoi qualifier la stratégie de valorisation de l'accueil de GESI sur le territoire de réussie et de donner un exemple idéal d'héritage olympique sur le plan économique.

Focus sur : Le sport aux États-Unis, un secteur économique qui s'auto-régule

La gouvernance du sport aux États-Unis est à l'image du pays et de son économie : libérale. En effet, si cela peut paraître étonnant, à l'échelle fédérale, l'État n'intervient quasiment pas dans le secteur. Ni sur le plan financier, ni législatif. Si le sport américain reste soumis à la législation générale, l'État est étonnamment absent de sa gouvernance, imposant de sa part une organisation économique qui lui permette de s'auto-financer, parfois au détriment de l'accessibilité de la pratique à tous les publics.

Évoquer le sport américain, c'est avant tout évoquer une industrie florissante, ultra-compétitive et génératrice de revenus. Le chiffre d'affaires du secteur y est estimé à 519 milliards de dollars par an[41] soit autour de 4% du PIB des États-Unis. Sa croissance annuelle est d'ailleurs estimée entre 5 et 6%, preuve de son dynamisme, le plus important du monde occidental. La force de l'économie du sport américain réside dans la constitution d'une véritable culture de consommation de sport de haut niveau au cœur de l'identité nationale. Les sports américains les plus populaires sont de véritables marqueurs culturels du pays avec à leur tête le football américain et le baseball, des sports pratiqués presque exclusivement en Amérique du Nord. Le basketball et le hockey sur glace, possédant eux-aussi leur ligue majeure, ont fait du modèle américain une source de fierté. Le sport s'est peu à peu instrumentalisé au pays de l'Oncle Sam afin de développer le sentiment d'appartenance et de fierté nationale tout en jouant un rôle clé dans l'offre de divertissement. L'hymne américain est joué au début de chaque rencontre, l'armée y est omniprésente sous le signe de la célébration et l'équipe qui aura le bonheur de remporter le championnat sera titrée de championne du monde… Une approche qui fait qu'aux États-Unis le sport est consommé de manière quotidienne, parfois même sans s'en rendre compte tant le sujet est omniprésent dans les médias ainsi que dans le marketing des produits de consommation du quotidien. Avec le développement de ligues professionnelles remontant à la première moitié du XXe siècle, le sport américain a longtemps pu s'appuyer sur un modèle libéral pour son développement, résultant en une quasi-absence d'intervention fédérale dans sa régulation. Un paradigme qui semble aujourd'hui fragilisé et semble davantage

---

[41] Source : Inter-American Development Bank, 2020

nécessiter un interventionnisme. Alors comment le sport états-unien fonctionne-t-il ?

Avant toute chose, il est important d'avoir à l'esprit que si l'État fédéral est absent de sa coordination centrale, les pouvoirs publics américains investissent tout de même massivement dans le sport par l'intermédiaire des États et des villes. Mais en réalité, contrairement aux modèles européens, ce sont avant tout des acteurs privés qui ont la responsabilité de la ligne directrice des politiques publiques du sport aux États-Unis. L'écosystème, pour sa part, y est aussi principalement privé mais la part des acteurs entrepreneuriaux y est plus élevée qu'au sein des modèles européens où l'associatif prévaut. Les parties prenantes de la gouvernance y sont ainsi le plus souvent très spécialisées et adressent une approche sous-sectorielle spécifiquement, s'appuyant sur une philosophie du sport qui peut varier d'un acteur à l'autre. On distingue ainsi au pays de l'Oncle Sam quatre principales approches sous-sectorielles du sport : le sport de masse (avec une attention particulière portée à la jeunesse), le sport universitaire, le sport olympique et le sport professionnel. Chacune d'entre elle est gouvernée de manière différente avec l'ambition de permettre aux initiatives privées d'y contribuer et de s'en faire les porteurs.

Le sport de masse aux États-Unis

Le sport de masse américain est organisé autour de cinq principales typologies d'acteurs : les pouvoirs publics locaux, notamment au travers de l'investissement dans la construction d'infrastructures sportives ; des organisations à destination de la jeunesse telles que la YMCA ou les boy-scouts ; des clubs privés plus ou moins selects ; des ONG et enfin le système scolaire. En termes de développement des infrastructures, à défaut de bénéficier d'une ligne directrice à l'échelle fédérale, la majorité des villes américaines possèdent en leur sein un département des parcs et loisirs qui se rassemblent à l'échelle nationale au sein d'une association chapeau, la NRPA. Cette association contribue à les éduquer sur les stratégies d'urbanisme sportif et à partager des bonnes pratiques tout en créant un semblant de politique nationale à leur initiative. À cet effet, elle s'appuie sur des ressources fédérales comme privées (ONG, Universités…) afin de produire des éléments de recherche et contribuer au développement du modèle d'infrastructures de pratique de masse aux États-Unis. Ces dernières, une fois construites, sont ensuite occupées par des associations à but non lucratif (connues comme des organisations 501(c)(3)) à l'image des clubs locaux européens. À leurs côtés, des clubs privés onéreux et sélectifs se développent, confrontés à une demande importante avec l'ambition de répondre au mieux aux attentes des jeunes publics en quête de compétitivité. Ce phénomène concerne principalement les sports individuels tels que la gymnastique, la natation ou le patinage artistique. En complément de ces organisations, des ONG agissent en faveur d'un sport pour tous qui se veut inclusif et accessible, bénéficiant d'un soutien privé important (aux États-Unis, le don est déductible à 100% du revenu imposable[42]) mais agissant sans réelle coordination et davantage en fonction d'une philosophie qui leur est propre ou coordonnée à l'échelle régionale ou fédérale. Il n'empêche, malgré tout cela, aux États-Unis comme dans de nombreux pays, c'est avant tout le système scolaire qui est le premier fournisseur d'accès à la pratique sportive dans le pays. Il y entretient avec le mouvement sportif une relation réellement symbiotique. Le sport est au cœur du système éducatif américain tandis que le système scolaire est un pilier immuable du développement de la pratique sportive sur le territoire. La pratique scolaire s'organise ainsi à deux échelles. On y distingue d'une part une éducation physique et sportive en interne à la structure, comme en Europe, et d'autre part la participation à des compétitions entre établissements d'un même État. Si le système permet l'éducation physique massive des jeunes américains, la prévalence de la compétition au sein de cette pratique scolaire tend toutefois à créer une fracture au sein de la jeunesse qui se retrouve confrontée à l'adolescence à un système qui valorise la performance bien davantage que la simple pratique pour le plaisir, menant à de nombreux abandons de toute activité physique. En effet, d'après un sondage réalisé par la *National Alliance for Youth Sports*, 70% des jeunes aux États-Unis abandonnent le sport organisé à l'âge de 13 ans. La raison principale à être évoquée est celle d'une « sur-professionnalisation du sport » à partir de cet âge-là, menant à une perte de plaisir dans la pratique sportive du fait d'une pression accentuée ainsi que d'une augmentation significative des volumes d'entraînement couplée d'une spécialisation dans une discipline en particulier.

 Le Comité Olympique et Paralympique des États-Unis, aux côtés d'organes de gouvernance nationaux a ainsi défini un *American Development Model*, un modèle sportif qui aspire aussi bien à contribuer à la pratique sportive au sein de la société qu'à former les athlètes de demain. Celui-ci s'articule

---

[42] Pour en savoir plus sur la comparaison des modèles d'incitation fiscale au don :
https://www.culture.gouv.fr/Thematiques/mecenat/Particuliers/Comparaisons-internationales

autour de catégories d'âge et fait évoluer la pratique progressivement vers la compétition et la performance.

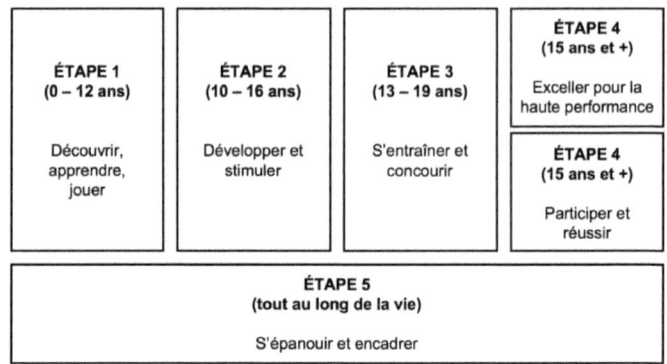

Source : adapté de USOPC (2016)

Annexe 9 : L'American Development Model aux États-Unis

Résultante de cette approche sous le signe de la performance, 75% des adolescents américains ne satisfont pas aux exigences de pratique sportive à leur âge. La surmédiatisation du sport de haut-niveau dans le pays entraîne une rupture forte entre ceux qui peuvent y prétendre et le reste de la population qui a tendance à quitter le système sportif faute d'intérêt à y prendre part[43]. La pratique sportive chez l'adulte aux États-Unis devient ainsi corrective et non proactive. Les efforts déployés par les acteurs du sport de masse chez l'adulte aspirent à le pousser à reprendre une activité physique après une rupture plus ou moins longue alors que la constitution d'un modèle sportif adapté limitant la déperdition des pratiquants à l'adolescence aurait permis de s'assurer une pratique de long terme et une réduction de la sédentarité au sein de la population, responsable en partie de l'obésité, fléau qui touche 43% des adultes américains (contre 21% des enfants)[44].

Le Comité Olympique et Paralympique des États-Unis (USOPC) a aussi un rôle clé à jouer dans la diffusion de la pratique sportive. Le système olympique américain se veut collaboratif et mobiliser les différentes structures

---

[43] https://www.usatoday.com/story/sports/2024/01/22/70-of-kids-drop-out-of-youth-sports-by-13-new-aap-study-reveals-why/72310189007/

[44] Source : World Obesity (https://data.worldobesity.org/rankings/?age=a&sex=t)

de gouvernance pilotées par l'USOPC, principalement avec l'ambition de sélectionner et faire performer les athlètes américains lors des compétitions internationales. Toutefois l'*Amateur Sports Act* de 1978 attribue à l'USOPC le rôle de coordonner et développer le sport amateur dans le pays, en parallèle de ses activités liées à la haute-performance. Une loi qui lui attribue aussi la responsabilité de juger les différends entre les organisations du sport et les athlètes. Cependant, la loi impose à l'USOPC de réaliser l'ensemble de ces actions en s'auto-finançant, ne pouvant pas compter sur des deniers publics pour mener à bien sa mission et ayant pour contrainte de devoir trouver des revenus suffisants pour financer l'ensemble de ses actions. En guise de soutien, le congrès américain lui a donné l'exclusivité de l'utilisation de toute marque et formulation liée à l'olympisme sur le territoire américain. Une décision qui ne manque pas de créer des différends avec le Comité International Olympique, propriétaire des marques en question, ainsi que des autres Comités Olympiques Nationaux dans l'incapacité de communiquer sur le territoire américain. Ce faisant, c'est avant tout le sport de haut-niveau et sa dimension olympique qui permet à l'USOPC de se financer et c'est donc sans surprise que ce dernier soit un destinataire privilégié des investissements de la structure.

L'*Amateur Sports Act* ne prévoit aucune mesure coercitive en cas de non-respect des engagements à soutenir le sport amateur. Ce faisant, les organes de gouvernance du sport pilotés par le comité ont ainsi tendance à se concentrer principalement sur la génération de médailles, l'attraction de nouveaux membres et la génération de nouvelles sources de financements. Le développement d'une pratique saine, en-dehors du giron fédéral ou à destination des populations marginalisées avec un faible pouvoir d'achat n'est donc pas une priorité, n'étant pas génératrice de revenus directs pour le Comité. Le choix de gouvernance de l'État d'être absent du financement et de l'organisation de la pratique sportive de masse la met ainsi en danger au bénéfice des activités génératrices de revenus, priorité propre au secteur privé. Ces dernières années, on a ainsi pu assister à une implication de plus en plus importante du pouvoir législatif dans la régulation du secteur. Une tendance qui semble s'avérer nécessaire à la résolution de problématiques internes au sport américain, notamment à la suite de la révélation de nombreuses situations d'abus sexuels au sein des organisations sportives appelant à légifération et démontrant en quelques sortes l'incapacité d'un tel modèle à s'auto-réguler.

Le sport de Haut-Niveau, entre sport universitaire et professionnel

D'un point de vue économique, il est indéniable que la pratique sportive de haut-niveau et le sport professionnel américains sont des références en termes de génération de revenus et de valeur économique pour leurs parties prenantes. À la suite du sport scolaire, le sport universitaire se fait l'antichambre du sport professionnel et de haut-niveau et se retrouve ainsi dans un entre-deux délicat, entre amateurisme de ses pratiquants et générations de revenus particulièrement importants du fait de sa médiatisation.

Suivant un modèle de gouvernance systémique, le sport universitaire américain est principalement régi par une ligue du sport universitaire américain qui rassemble l'ensemble des universités américaines parmi ses membres, la NCAA. À l'échelle régionale, les universités de proximité et partageant une approche commune du sport sur le plan académique se rassemblent au sein de conférences organisant entre elles des matchs de saison régulière tandis que la NCAA prend en charge la gestion des *playoffs* à l'échelle nationale. En tant que ligue universitaire, cette dernière se porte garante du principe selon lequel il est fondamental d'inscrire la pratique sportive au cœur du processus académique, un principe mis en danger par les revenus conséquents générés par le sport universitaire chaque année. Pour cette raison, elle se fait garante de l'amateurisme de ses compétitions. Le sport universitaire répond ainsi à des enjeux académiques et de divertissement grâce à deux divisions mobilisant un tissu d'universités conséquent. Cependant, la première division universitaire joue pour sa part un tout autre rôle, celui d'antichambre du sport professionnel. Les équipes universitaires de haut-niveau jouent ainsi un rôle dans la formation des prospects, habituellement portée en Europe par les centres de formation des clubs professionnels. Aux États-Unis, cette formation est ainsi décentralisée, déléguée à des acteurs qui parviennent à lui trouver un modèle économique, reposant principalement sur la médiatisation des rencontres.

Dans les universités possédant des équipes disputant les divisions de haut-niveau, le sport est un outil de sélection des étudiants au même niveau que les autres matières académiques. Les étudiants athlètes rentrent à l'université en valorisant leurs performances sportives, leur permettant à l'avenir de faire valoir un diplôme de grandes universités. Ce modèle est un véritable outil d'ascension sociale grâce au sport au sein de la société américaine. Le sport offre à des élèves issus de milieux défavorisés l'opportunité de se constituer un bagage académique solide, et ce à moindre coût. Particulièrement onéreuses, à défaut de pouvoir les rémunérer, les universités n'hésitent pas à rendre gratuits leurs frais de scolarité pour les athlètes les plus prometteurs afin qu'ils les représentent dans les championnats NCAA. Les universités, privées, y trouvent leur intérêt car grâce à certains sports particulièrement médiatisés, certaines génèrent plusieurs centaines millions de dollars de revenus chaque année. En effet, en 2022, l'université d'Ohio State a généré plus de 250 millions de dollars de revenus de son activité sportive. Cette même année, l'économie du sport universitaire américain a généré 13,9 milliards de dollars, principalement issus de la commercialisation de droits TV[45]. Rassemblant plus de 1000 universités à travers le pays, l'objectif de la NCAA est ainsi de générer de la valeur pour le sport universitaire afin de permettre aux universités de le financer par elles-mêmes, les pouvoirs publics n'y jouant plus qu'un rôle secondaire.

Les universités sont ainsi confrontées à un réel challenge. Les étudiants sont des sportifs amateurs et ne peuvent être rémunérés malgré les sommes qu'ils peuvent générer pour leur école. Malgré des évolutions à travers le temps, la position de la NCAA reste claire : elles ne peuvent prendre à leur charge plus que les frais d'inscription des étudiants athlètes en partie ou en totalité. Une somme qui représentait tout de même 1,8 milliards de dollars en 2022. Mais une compensation qui est d'autant plus inégale que tous les sports ne génèrent pas les mêmes revenus. Ceux liés aux compétitions de basketball et de football américain en représentent la majorité, finançant ainsi la pratique d'autres sports moins médiatisés via un système de redistribution au service de la formation académique. Il est d'ailleurs estimé que les athlètes de ces deux sports récupèrent grâce à leurs frais de scolarité seulement 7% de la valeur qu'ils génèrent en jouant. Selon la NCAA, ce positionnement est fondamental pour permettre de conserver un réel lien entre sport et études afin que les athlètes restent avant tout étudiants et continuent à travailler en ce sens. Un positionnement qui semble en réalité assez hypocrite car la majorité d'entre eux délaisse le parcours académique avec l'ambition de réussir dans le sport professionnel, un phénomène qui concerne moins les athlètes de sports moins médiatisés. Le positionnement des athlètes universitaires est ainsi délicat. Alors qu'ils sont pour certains de véritables stars, ils ne peuvent pas tirer de revenus de leur droit à l'image sous peine de perdre leur statut de sportif amateur nécessaire à évoluer en NCAA. L'enjeu est de taille et l'équilibre est difficile à trouver pour la NCAA qui, en poussant les athlètes à continuer leurs études à

---

[45] https://moronesanalytics.com/following-the-money-in-college-sports/

l'université, représente théoriquement le centre de formation idéal, leur offrant l'opportunité de réussir leur carrière même s'ils venaient à échouer dans le sport, mais qui en réalité prive les jeunes athlètes de revenus substantiels.

À l'image de la NCAA qui génère toujours plus de revenus afin de financer les infrastructures sportives et le fonctionnement des universités qui y prennent part, le modèle économique du sport professionnel américain repose sur une contradiction : en termes de commercialisation, il représente le capitalisme poussé à l'extrême tandis que la manière dont il se structure suit des principes socialistes motivés par la redistribution pour assurer un équilibre concurrentiel.

Le sport américain est sans doute ce qui se fait de mieux en termes de marketing. Son principe est simple : créer des marques mondiales qui lui permettent de se commercialiser à travers le monde et de faire monter sa valeur pour générer des revenus. L'ensemble de la valeur du sport professionnel américain repose ainsi sur sa visibilité et sur la capacité de ses marques à se positionner comme des leaders en s'appuyant sur une image positive et de performance. L'essentiel de leurs revenus proviennent alors de la vente de partenariats sponsoring ou de la publicité commercialisée par les diffuseurs à la mi-temps des rencontres. Une approche qui a permis de développer des actifs hypermédiatisés, infiltrant le quotidien des Américains qui en consomment devant leur TV comme sur leur paquet de céréales. Au premier semestre 2023, 44 des 50 programmes les plus regardés à la télévision dans le pays étaient des programmes sportifs. Pour cette raison, le marché de diffusion des droits TV représente plus de 20 milliards de dollars aux USA, un montant colossal. En rendant particulièrement visibles les marques des principales franchises, leur valeur a explosé ces dernières années, devenant des actifs marketing incontournables. L'équipe de football américain des Dallas Cowboys est ainsi la première équipe de sport professionnel à être valorisée à plus de 10 milliards de dollars à la fin de l'année 2024. À titre de comparaison, en 2013, c'était l'équipe de football espagnole du Real Madrid qui dominait le classement avec une valeur de 3,3 milliards de dollars, preuve d'une explosion de la valeur des franchises cette dernière décennie.

Le sport professionnel américain est ainsi largement dominé par la visibilité des franchises de ses ligues majeures (Football Américain (NFL), baseball (MLB), basketball (NBA & WNBA), hockey sur glace (NHL) et football (MLS & NWSL)) mais aussi par certains événements et championnats professionnels particulièrement plébiscités (golf, stock cars, MMA, tennis…).

Le sport américain se structure en tant qu'outil publicitaire pour générer des revenus issus du sponsoring et de la vente de produits dérivés. Tout est pensé dans le sport américain pour le spectacle, et tout élément de spectacle est commercialisé à des marques. Le *halftime show* du Superbowl est devenu une institution du sport, commercialisé à plus de 50 millions de dollars à une marque partenaire pour profiter de la visibilité de ce concert de la mi-temps.

Rang	2023		2013	
	Équipe	Valeur	Équipe	Valeur
1	**Dallas Cowboys** (Football Américain, États-Unis)	$9,2 milliards	Real Madrid (Football, Espagne)	$3,3 milliards
2	**New York Yankees** (Baseball, États-Unis)	$7,1 milliards	Manchester United (Football, Royaume-Uni)	$3,17 milliards
3	**Golden State Warriors** (Basketball, États-Unis)	$7 milliards	FC Barcelone (Football, Espagne)	$2,6 milliards
4	**New England Patriots** (Football Américain, États-Unis)	$7 milliards	**New York Yankees** (Baseball, États-Unis)	$2,3 milliards
5	**Los Angeles Rams** (Football Américain, États-Unis)	$6,9 milliards	**Dallas Cowboys** (Football Américain, États-Unis)	$2,1 milliards
6	**New York Giants** (Football Américain, États-Unis)	$6,8 milliards	**New England Patriots** (Football Américain, États-Unis)	$1,64 milliards
7	**Chicago Bears** (Football Américain, États-Unis)	$6,3 milliards	**Los Angeles Dodgers** (Baseball, États-Unis)	$1,62 milliards
8	**Las Vegas Raiders** (Football Américain, États-Unis)	$6,2 milliards	**Washington Redskins** (Football Américain, États-Unis)	$1,6 milliards
9	**New York Knicks** (Basketball, États-Unis)	$6,1 milliards	**New York Giants** (Football Américain, États-Unis)	$1,47 milliards
10	**New York Jets** (Football Américain, États-Unis)	$6,1 milliards	Arsenal (Football, Royaume-Uni)	$1,33 milliards

Source : classement annuel Forbes

Annexe 10 : Les clubs de sport les mieux valorisés au monde

Paradoxalement, si le sport américain est parvenu à créer des marques aussi fortes et susceptibles de générer des revenus aussi importants, c'est en adoptant un modèle de gouvernance au niveau des ligues qui mélange des approches à la fois capitaliste et socialiste. En effet, à l'exception de la MLS qui est propriétaire de toutes les franchises qui la disputent, les ligues professionnelles se composent de franchises privées dont les propriétaires jouissent d'un monopole territorial qui leur assure d'être dans la plupart des cas la seule équipe d'un même territoire à évoluer au sein de la ligue, leur permettant de faire fi de tout risque de concurrence locale. Ce monopole permet aux franchises d'être en position de force pour négocier avec les pouvoirs publics le financement d'infrastructures ou des exonérations fiscales. Un rapport de force qui est par ailleurs accentué par la possibilité pour les propriétaires d'opérer le déménagement d'une franchise dans un autre État. Ce faisant, les équipes permettent d'attirer l'ensemble de l'activité économique à elle, et ce d'autant plus que les différents championnats se succèdent au long de l'année. Par exemple, la saison 2024 de MLB s'étend du 28 mars au 29 septembre avant que ne suive la saison de NBA du 22 octobre au 13 avril.

Pour générer un maximum de valeur, les ligues s'organisent de sorte à créer de l'incertitude lors de chaque rencontre. Pour cela, elles opèrent une régulation du niveau de chacune des franchises au travers de systèmes de régulation spécifique. Outre le *salary cap*, le système de *draft* est sans doute le plus iconique de tous. Il permet aux équipes les moins bien classées en fin de saison de sélectionner les prospects avec le plus de potentiel pour intégrer la ligue. Une manière de répartir les talents au sein des équipes mais aussi de limiter la mobilité des joueurs qui signent à cette occasion des contrats pluriannuels afin que ces derniers ne soient pas tous achetés par des franchises aux moyens financiers les plus important, créant alors un déséquilibre du championnat. Les ligues, dont les propriétaires des franchises sont actionnaires, s'inscrivent ainsi dans un modèle de coopétition où, si les franchises sont en compétition pour le titre, elles sont en coopération pour créer de la valeur globale matérialisée par la commercialisation des droits TV, marketing et merchandising dont les bénéfices sont partagés entre les équipes. Pour cette raison, elles n'hésitent pas à délocaliser des matchs de saison régulière dans des marchés potentiellement porteurs, notamment en Europe, afin d'améliorer leur exposition et générer des revenus supplémentaires dans de nouveaux territoires qui bénéficieront, *in fine*, à tous leurs membres.

Le dynamisme du sport américain, de ses ligues et de leurs parties prenantes telles que les équipementiers avec à leur tête des marques comme Nike ou Wilson, a contribué à une structuration efficace du secteur. Aujourd'hui, de réels parcours de management du sport forment dans les meilleures universités les dirigeants du sport américain de demain. Contrairement à de nombreux pays, il est possible de faire une véritable carrière dans le sport tout en restant au sein du secteur privé. Le sport américain offre des opportunités professionnelles et est considéré aux yeux des acteurs économiques du monde entier comme un secteur rationnel et structuré, lui permettant d'ailleurs de s'exporter avec efficacité et d'attirer les meilleurs talents des deux hémisphères.

Ainsi, le sport américain se veut très libéral. La quasi-absence de l'État dans sa régulation incite les différents acteurs de sa gouvernance à prendre leurs propres mesures afin de l'auto-réguler. Particulièrement libres de légiférer comme ils le souhaitent, ces derniers ont créé des modèles uniques au monde, à l'image du fonctionnement des ligues majeures. Le sport américain n'hésite d'ailleurs pas à faire fi de toute considération pour la gouvernance du sport mondial afin de se créer ses propres règles. La plupart des ligues ne suivent par exemple pas les règlementations imposées par l'Agence Mondiale Antidopage ni n'ont recours au Tribunal Arbitral du Sport en cas de litige. Le congrès américain a même ratifié une loi l'autorisant à sanctionner toute personne, quelle que soit sa nationalité, qui serait impliquée dans un système de dopage, faisant fi des organes de contrôle et de sanctions déjà existants et réalisant un véritable pied-de-nez à la gouvernance établie du sport mondial. Le choix de laisser le secteur s'auto-réguler n'est pas pour autant une méthode toujours efficace pour répondre à tous les enjeux qu'il rencontre. Si cette gouvernance a permis de créer un secteur économique parmi les plus dynamiques et performants du monde, il a délaissé en grande partie la pratique sportive du grand public, mettant en danger la population, exposée aux risques générés par la sédentarité alors que plus de quatre américains sur dix sont considérés obèses, un mal contre lequel la pratique de l'activité physique est un véritable atout.

UNE GOUVERNANCE QUI ÉVOLUE POUR MIEUX SE CONFRONTER AUX ENJEUX CONTEMPORAINS

Une adaptation continue de la gouvernance du sport pour mieux appréhender son évolution

Comme nous avons pu l'évoquer précédemment avec le projet avorté de Super Ligue, depuis les débuts de la structuration du secteur du sport et de la création d'une gouvernance du sport mondial, cette dernière n'a pas cessé d'évoluer sous la pression d'éléments perturbateurs. Nous avons pu évoquer précédemment le contexte de création du rugby à XIII, né de la scission de certains clubs avec la fédération anglaise de rugby, mécontents de ne pas pouvoir défrayer leurs joueurs et souhaitant faire du rugby un sport professionnel. La contestation de la gouvernance de certaines disciplines a ainsi mené à la création de nouvelles pratiques, administrées différemment et avec d'autres objectifs. Des problématiques de gouvernance qui continuent d'apparaître régulièrement de nos jours, notamment avec l'apparition régulière de nouvelles disciplines particulièrement médiatisées telles que le MMA ou le padel.

L'émergence récente du padel a pu poser des questions de gouvernance. Très proche du tennis, ce sport de raquette disputé dans une cage en verre possède sa propre fédération internationale. Pour autant, en France, il est administré par la Fédération Française de Tennis qui en fait un axe fondamental du développement de la pratique chez les jeunes générations mais aussi chez les séniors. Dans ce cas-ci, le regroupement des deux disciplines semble à première vue bien se passer. Dans d'autres cas, cela est plus compliqué. La Fédération Française de Roller et Skateboard administre les deux disciplines, pour autant, les tensions ne manquent pas de ressurgir régulièrement tant leurs pratiquants ont des styles que tout oppose, et ce davantage encore depuis que le skateboard est devenu une discipline olympique. L'ajout de disciplines olympiques additionnelles pose régulièrement des questions d'organisation dans certains pays. Le lacrosse, sport assez proche du hockey sur gazon et qui sera au programme des Jeux Olympiques de Los Angeles 2028, ne possède pas de fédération en France, organisation pourtant nécessaire pour participer à des compétitions internationales. La Fédération Française de Hockey s'est montrée opposée à l'intégration de ce nouveau sport dans son giron, créant une situation délicate pour la participation du pays aux Jeux. De manière similaire, la récente décision du Comité International Olympique à l'été 2024 de créer des Jeux Olympiques d'esport posera la question à terme de l'intégration des disciplines esport à une ou plusieurs fédérations mais aussi de leur représentation par le Comité National Olympique et Sportif Français, à l'image des fédérations sportives disputant les Jeux Olympiques.

Dans les cas évoqués comme dans de nombreux autres, l'évolution de la gouvernance des fédérations va être assujettie aux enjeux économiques, qu'il s'agisse des nouveaux enjeux liés à la professionnalisation ou à la génération de valeur par de nouvelles disciplines. Les évolutions génèrent régulièrement des problématiques qui mènent au changement, souvent par la voie législative. Le statut associatif des fédérations sportives en France, qui pour certaines réalisent plusieurs centaines de millions d'euros de chiffre d'affaires, n'autorise pas la rémunération de l'ensemble des membres élus de son bureau. Ainsi, dans certains cas, la personne ayant la responsabilité juridique de l'ensemble des activités agit de manière strictement bénévole, souvent avec une autre activité professionnelle en parallèle. Cet impératif n'est pas optimal pour assurer un fonctionnement efficace de la gouvernance de ces institutions mais aussi afin d'éviter les malversations et les conflits d'intérêt que de tels postes pourraient générer. Par ailleurs, le format actuel de gouvernance associatif est aussi remis en question avec la nécessité des fédérations de financer des projets de plus en plus importants à l'instar de la construction de stades ou la gestion de marques génératrices de revenus importants. Leurs besoins en financement ne collent plus avec leur statut juridique et leur organisation. L'ingérence d'acteurs privés au sein de la gouvernance de ces acteurs est ainsi de plus en plus prégnante et tend ces dernières années à transformer leur fonctionnement avec les évolutions inhérentes à l'arrivée de certains fonds dans divers championnats et fédérations.
Autre preuve s'il en faut de sa structuration et de sa professionnalisation, le secteur a vu émerger différents syndicats avec l'ambition de représenter les acteurs de la filière aussi bien sur le plan national

qu'international. À titre d'exemple l'Union of European Clubs réunit plus de 150 clubs professionnels européens avec l'ambition de permettre à chacun d'entre eux de faire entendre sa voix auprès du législateur et des organisateurs de compétition. Ce syndicat prend le parti de défendre la méritocratie, en opposition avec les récents projets de ligue fermée portée par les cadors des championnats européens. De tels syndicats sont complémentaires d'autres existant sur le même périmètre tels que l'European Clubs Association qui avait aussi joué un rôle crucial dans l'opposition au projet de Super League mais dont la constitution du board et le système de votation diffèrent. Ces regroupements d'acteurs sectoriels se font à diverses échelles et selon des critères de regroupement plus ou moins précis. À l'échelle internationale, on retrouve ainsi la World Federation of Sporting Goods Industry rassemblant les acteurs de l'industrie du sport ou encore la World Federation of Advertisers qui regroupe les annonceurs qui y effectuent du sponsoring. À l'échelle nationale, des syndicats de clubs tels que Foot Unis en France côtoient des organisations patronales comme l'Union Sport et Cycle, permettant d'offrir un pouvoir de lobbying et de représentation spécifique aux intérêts du football mais aussi d'être représentés au sein de l'écosystème sportif national de manière plus large.

Les syndicats de joueurs, d'entraîneurs ou de cadres administratifs ont aussi vu le jour et aspirent à représenter leurs membres au quotidien, notamment lors des négociations des conventions collectives sectorielles ou en cas d'évolution de la législation ou des règlementations de la ligue dans laquelle ils évoluent. La création d'une convention collective nationale propre au secteur dès 2005 en France a marqué le développement d'un dialogue social généralisé dans le secteur privé associatif et commercial. Les syndicats de joueurs à l'image de l'Union Nationale des Footballeurs Professionnels (UNFP) jouent par ailleurs un rôle phare dans leur accompagnement dans les négociations contractuelles et leur défense lors de situations problématiques avec les clubs employeurs. Ils ont par ailleurs l'ambition d'accompagner les sportifs dans la préparation de leur après-carrière en les aidant à s'ouvrir les bonnes portes pour aborder l'avenir sereinement. L'UNFP accompagne aussi les joueurs libres afin de retrouver un contrat dans un club, s'attachant à leur employabilité dans un contexte de mobilité internationale et donc d'offre pléthorique. Chaque été, un groupe de joueurs libres est constitué et sélectionné pour partir en stage avec l'équipe de l'UNFP FC pendant six semaines lors desquelles ils s'entraînent avec la même intensité que les joueurs des autres clubs et ont l'opportunité de se montrer à l'occasion de matchs amicaux. Au final, entre 70% et 80% des joueurs prenant part à ces stages retrouvent un emploi comme footballeur professionnel dans l'année[46].

Cet exemple de l'UNFP FC est symptomatique de l'évolution positive qu'a connu le secteur en termes de formation et d'emploi ces dernières décennies, et ce dans l'ensemble des sports collectifs professionnels mais aussi dans des sports de haut niveau où la pratique, chronophage, peut avoir un impact considérable sur les carrières des athlètes. La réglementation des différentes ligues impose désormais la constitution de centres de formation qui sont évalués selon des critères spécifiques et évolutifs afin de s'assurer de la qualité de la formation sportive des jeunes stagiaires. Un moyen aussi de s'assurer qu'ils ne se retrouvent pas en situation de décrochage scolaire dans le cas où une carrière d'athlète professionnel ne leur soit finalement pas accessible. La formation sportive de haut niveau en France est ainsi presque mieux structurée que celle dédiée aux métiers dits « traditionnels ». Le cadre juridique impose un double cursus qui soit de qualité, offrant des perspectives pour se rattraper en cas d'échec. Une fois la carrière des athlètes commencée, tout ne s'arrête pas pour autant et de nombreux dispositifs sont mis en place, aussi bien par les ligues, les syndicats que les clubs afin d'aider les athlètes à préparer la seconde carrière qui les attend. À ce titre, la Fondation du Sport Français accompagne les athlètes au travers d'un pacte de performance, sorte de contrat en alternance pour les athlètes de haut niveau, leur offrant l'opportunité de s'entraîner tout en se formant dans une entreprise partenaire en alternance bénéficiant en échange d'exonérations d'impôts. Ces dispositifs sont l'illustration d'une véritable volonté des pouvoirs publics d'assurer l'employabilité des athlètes à la fin de leur première carrière. Une véritable campagne s'immisce ainsi au cœur des entreprises afin de donner conscience aux recruteurs de la valeur ajoutée que peut avoir un athlète au sein d'un collectif. Pour mieux appréhender ce sujet, de nombreux pays, et la France dans une certaine mesure, n'hésitent pas à accorder un statut de fonctionnaire à leurs athlètes. Militaires, policiers, pompiers, professeurs d'EPS… les athlètes de haut niveau ne bénéficiant pas du statut de professionnel sont régulièrement accompagnés par l'État qui leur offre des conditions d'entraînement idéales. En France, ce modèle existe encore avec de nombreux postes réservés aux athlètes dans le public ainsi que des dérogations dans le cadre du passage de concours de la fonction publique. Il existe toutefois une réelle volonté d'impliquer les entreprises privées pour offrir des

---

[46] https://www.sofoot.com/articles/on-a-passe-une-journee-avec-lunfp-fc

opportunités professionnelles aux athlètes. Dans certains pays comme les Fidji, les meilleurs talents sportifs sont intégrés à l'armée ou la police qui ont ainsi en leur sein parmi les meilleures équipes de rugby du territoire.

Le récent intérêt des fonds d'investissement pour le sport entraîne une évolution de sa gouvernance

La présence des fonds dans le sport, un message fort

Depuis le début des années 2010, l'intérêt des fonds d'investissement pour le sport a connu une croissance exponentielle. Cette arrivée des fonds dans le secteur est évidemment concomitante avec le développement de la SporTech, le secteur de l'innovation sportive, dont l'essor a été principalement permis par le développement des nouvelles technologies. Les prises de participation de fonds dans les startups du sport ne sont qu'une continuité de ce qui se déroule dans les autres secteurs économiques. Toutefois, en parallèle, ces derniers ont commencé à s'intéresser à d'autres typologies d'entreprises du secteur et notamment aux clubs de sport professionnels. Le rachat en 2011 du Paris Saint Germain par le fonds souverain qatarien QSI a été le premier rachat hautement médiatisé d'une série d'acquisitions d'actifs stratégiques aussi bien par des fonds souverains que des fonds de pension. Si ce phénomène existait déjà, il a connu depuis les années 2010 une croissance particulièrement importante, au point de presque devenir la norme de l'actionnariat des clubs.

Dans certaines disciplines, la présence d'acteurs économiques de premier ordre est une réalité de longue date. Dans le football ou le rugby (en France mais aussi au Japon), les entreprises propriétaires des clubs l'ont d'abord fait pour contribuer au rayonnement de leur ville et afin de se positionner comme un mécène engagé auprès de la population locale : Bayer à Leverkusen, Michelin à Clermont-Ferrand, Toyota Verblitz... Soutenir un club local était un moyen de se rendre attractif, d'acheter une paix sociale et de faire la promotion de ses produits grâce au sport. Dans d'autres cas, et notamment en cyclisme ou dans les sports mécaniques, les équipes ont souvent été considérées comme des actifs à posséder et faire fructifier. En effet, les sponsors des équipes du Tour de France sont en réalité propriétaires de leurs équipes, tout comme les écuries de Formule 1 ou de Moto GP. Ces disciplines démontrent ainsi depuis de nombreuses années un intérêt des investisseurs pour les actifs sportifs. Au-delà d'attendre une rentabilité économique directe, rémunératrice en dividendes, les propriétaires cherchent régulièrement à utiliser ces actifs comme des outils marketing permettant d'améliorer la notoriété de leur marque grâce à une pratique médiatisée dans le monde entier. Avec un nombre de licences restreint pour les principales compétitions, plus ces dernières ont tendance à se développer médiatiquement, plus la valeur des équipes ou des écuries qui y concourent a tendance à monter en suscitant l'intérêt d'autres investisseurs souhaitant pénétrer le marché. Cela permet à ces derniers d'envisager des retours financiers importants liés à l'augmentation de la valeur de leur actif davantage qu'au versement de dividendes. C'est ainsi que peu à peu les fonds ont commencé à s'intéresser aux équipes professionnelles, conscients de leur capacité à générer des plus-values importantes en cas de développement médiatique des compétitions auxquelles elles prennent part et ce malgré un risque non-négligeable, sans doute plus que dans les autres secteurs car souvent plane au-dessus des têtes le spectre de la relégation. Dans l'ensemble, on remarque que les clubs qui constituent l'écosystème professionnel ont tendance à connaître une croissance continue. Leur structure de coûts et les charges croissantes engagées pour assurer leur compétitivité ne les rendent pas pour autant rentables mais est une bonne illustration du développement de leur impact sur les territoires, notamment en termes de créations d'emplois spécialisés.

La présence des fonds dans le secteur du sport est *a priori* un symptôme important de l'assainissement de la structuration financière de ses acteurs. Longtemps, le financement du sport a reposé sur l'apport de mécènes qui le soutenaient afin de s'acheter une renommée locale et potentiellement une certaine présence politique. Cependant, le développement de la professionnalisation du sport et la génération de revenus associé aux activités des clubs a poussé les financeurs à aborder leur contribution sous un prisme qui relève davantage de l'investissement. Depuis les années 2010, les pouvoirs publics comme les entreprises attendent désormais un retour sur investissement. L'achat d'un partenariat avec un club ou un événement sportif a désormais l'ambition d'offrir des contreparties aux sponsors : prestations VIP, visibilité sur les maillots, possibilité d'avoir recours à l'image des joueurs du club pour sa communication... La plupart des grands partenariats tels que ceux des sponsors maillots d'équipes de renommée internationale s'évaluent en visibilité média. Certaines sociétés telles que Nielsen Sport ou Two Circles se sont spécialisées dans la valorisation de la visibilité de sponsors. Leur approche est d'évaluer le montant qu'aurait dû investir le sponsor s'il avait voulu toucher autant de personnes dans des médias similaires à ceux sur lesquels ils sont apparus en tant que sponsor du club (publications réseaux sociaux, publicités à la télévision, encarts dans la presse…). Acheter de la visibilité sur le maillot d'une équipe comme le Paris Saint-Germain peut s'avérer rentable pour certaines entreprises, offrant parfois une visibilité équivalente à cinq fois le montant investi. Un montant auquel s'ajoutent d'autres avantages impossibles à valoriser tels que la capacité à organiser des jeux concours en lien avec l'équipe ou des contenus de publicités engageants. Il existe par ailleurs un double rapport au sponsoring chez les annonceurs, entre développement de sa notoriété et engagement de sa communauté. L'exemple d'Accor, sponsor maillot du PSG de 2019 à 2022 à travers son programme de fidélité *All.com* est parlant. Une fois la notoriété de son programme développée grâce à l'exposition hors normes du maillot du PSG de Neymar et Mbappé, l'entreprise a décidé de rester partenaire de rang inférieur afin d'utiliser l'image du club non plus pour faire connaître son programme mais pour y intégrer des expériences uniques et engager davantage ses utilisateurs pour les pousser à consommer. Un exemple parlant qui montre comment le sponsoring peut permettre à des entreprises de répondre à divers enjeux marketing.

Les collectivités aussi adoptent désormais les mêmes approches rationnelles pour justifier le soutien financier qu'elles apportent aux clubs. Il n'est plus suffisant de représenter la ville sur la scène européenne ou nationale pour bénéficier de subventions. Les pouvoirs publics achètent des prestations telles que de la mise à disposition de places ou des engagements sociétaux de la part des athlètes de l'équipe. Les collectivités souhaitent par ailleurs entériner cette visibilité. La région Auvergne-Rhône-Alpes, partenaire du club de rugby de l'ASM Clermont Auvergne a ainsi obtenu que le logo de la région apparaisse au sein de celui du club. Cette rationalité dans l'approche commerciale des clubs s'est ainsi traduite par une réduction des subventions exceptionnelles qui leur sont attribuées par les collectivités ou les mécènes. Ces acteurs, qui d'une part font face à une austérité budgétaire permanente depuis la crise des *subprimes*, ont cessé de céder à l'incompétence des dirigeants de clubs qui profitaient de leur rôle clé dans la visibilité de la collectivité pour se permettre de ne pas réussir à atteindre l'équilibre en fin d'année, conscients que d'autres épongeraient les dettes derrière.

L'intensification et la multiplication des audits par les organismes de contrôle de gestion des ligues nationales a ajouté une pression supplémentaire pour les clubs qui ont dû se structurer par la force des choses. En France, cette législation a mené à la structuration sous forme de société de nombreux clubs professionnels encore organisés sous forme d'association. Ces derniers ont alors procédé à un étoffement de leurs effectifs administratifs à l'aide de professionnels du secteur et non plus de connaissances des dirigeants ou des familles de joueurs. La professionnalisation de leur gestion leur a ainsi permis de proposer de nouveaux produits ainsi que de développer la formation pour optimiser leur masse salariale joueurs, étoffant leurs staffs par la même occasion, le tout dans une optique de rationalisation des coûts et de rigueur. Cette évolution a peu à peu suscité l'intérêt d'investisseurs qui ont vu dans les clubs des actifs tangibles dont la valeur était en mesure d'augmenter de manière conséquente en apportant une expertise externe. Acheté 70 millions d'euros en 2011, les investissements du fonds QSI dans les actifs du Paris-Saint-Germain lui ont permis de se développer jusqu'à atteindre une valeur supérieure à 4 milliards d'euros en 2024 alors qu'a été revendue une part du club.

La multipropriété comme un moyen de réduire le risque

Les clubs sont pourtant un actif assez risqué aux yeux des investisseurs. En Europe, l'aléa sportif est rédhibitoire pour assurer l'investissement de certains financeurs potentiels. En effet, la possibilité d'une relégation est synonyme de pertes financières importantes, même si elle reste souvent peu probable pour des actifs bénéficiant d'une manne financière suffisamment conséquente pour assurer leur domination dans des championnats régulièrement déséquilibrés. Par ailleurs, malgré leurs meilleurs efforts de structuration, les clubs européens connaissent un déficit structurel croissant, si bien qu'il a dépassé les 400 millions d'euros pour les clubs de Ligue 1 à l'issue de la saison 2022-2023. La pandémie de Covid-19, qui a forcé de nombreux clubs à jouer à huis-clos et qui, en France, a été couplée à la faillite du diffuseur Médiapro responsable du versement des droits TV de la Ligue 1, ont entraîné les clubs dans une situation financière délicate, nécessitant un apport en capital complémentaire important de la part de leurs propriétaires. Cette situation a mené au rachat de nombreux clubs par des fonds depuis 2020, convaincus de leur capacité à maximiser. Avec des prix bas et une perspective de plus-value importante, les clubs européens apparaissent ainsi comme des actifs intéressants pour les investisseurs. Mais à plus-value importante, risque important.

Afin de limiter les risques inhérents à l'aléa sportif, différents investisseurs ont procédé au rachat de plusieurs clubs dans différents championnats. Afin de créer des synergies et de lisser les pertes potentielles, ces derniers ont pu être rassemblés au sein d'un même groupement. La mise en commun de ressources leur permet alors d'améliorer les résultats de l'ensemble des clubs mais aussi de limiter les coûts aussi bien sportifs qu'administratifs et d'avoir un impact direct sur leur rentabilité. Le Abu Dhabi United Group, fonds souverain Émirati, a ainsi créé le City Football Group, une holding détenant treize clubs de football à travers le monde dont l'ambition principale est de servir son club phare : Manchester City, générateur de revenus conséquents mais aussi de la plus grande partie de la valeur du groupe. D'autres acteurs comme INEOS, 777 Partners ou le Pacific Media Group possèdent eux-aussi des clubs en France comme dans d'autres pays du monde. S'il est impossible de détenir plus d'un club dans une même ligue, la constitution d'une galaxie de clubs mondiale peut s'avérer être une bonne idée sur le plan économique. Parmi les nombreux avantages qu'offre la multipropriété, elle permet aussi de jouer avec les règles pour éviter des contraintes liées aux constitutions d'effectifs ou à leur rémunération en les éclatant dans plusieurs clubs d'une même galaxie. Un moyen de contourner plus facilement les contraintes liées au Fair-Play Financier imposées à l'échelle internationale dans le football et de prendre un avantage important sur ses concurrents.

À l'occasion de la saison 2024-2025, on note que la moitié des clubs de Ligue 1 sont concernés par la multipropriété. Un phénomène qui peut en réalité s'avérer problématique pour eux individuellement, surtout s'ils sont intégrés à un groupe duquel ils ne sont pas le club phare. Certes, la multipropriété permet de rationnaliser et de limiter le risque financier pour ces clubs mais elle les rend aussi dépendants, les plus petits clubs voyant des activités stratégiques telles que le recrutement ou le sponsoring leur échapper et être pilotées depuis la holding qui les détient, les mettant à risque en cas de revente et les plongeant dans une situation de dépendance. Ces clubs sont aussi susceptibles de perdre leur identité, changeant leur jeu pour correspondre à une identité unique dans le cadre de la formation de joueurs qui vont et viennent d'un club du groupe à un autre au fil des défis sportifs. La priorité est ainsi le plus souvent donnée au club qui génèrera le plus de revenus pour le groupe. Si l'ESTAC Troyes, club français de National et membre du City Football Group venait à former un joueur hors du commun, il serait impossible pour le club de le conserver et celui-ci serait rapidement transféré vers Manchester City où il pourrait contribuer à faire gagner la Champions League au club anglais plutôt qu'à aider son club formateur à remonter en Ligue 2, le condamnant sur le long terme à voir la valeur qu'il crée lui échapper. Par ailleurs, la valorisation dudit joueur serait sans doute sous-évaluée volontairement afin que Manchester City n'ait pas à dépenser trop pour pouvoir se permettre de garder une masse salariale importante, laissant Troyes comme le grand perdant de cette stratégie de multipropriété du fait d'un potentiel de rentabilité moins important. Par ailleurs, cette stratégie de multipropriété expose aussi les clubs à des phénomènes spéculatifs. Dans certains cas comme celui de 777 Partners, la stratégie d'achat de clubs peut être assimilée à une pyramide de Ponzi, cherchant à acquérir le plus d'actifs possibles pour pouvoir emprunter afin d'en acheter encore plus, espérant que la plus-value générée par l'un de ces clubs permette de couvrir le déficit des autres. De plus, la gestion d'un club local tel que Troyes par un groupe international appartenant à un fonds souverain émirati met en porte-à-faux la volonté des clubs d'avoir une identité et un ancrage territorial forts. Le risque de déracinement des clubs rachetés est alors important et se fait au prix d'une capacité à être compétitif dans un environnement particulièrement concurrentiel et au sein duquel les capacités financières des clubs jouent un rôle clé dans l'attraction et la formation des meilleurs talents d'un marché du travail on ne peut plus libéralisé.

Ce qui est le plus souvent reproché à ces investisseurs est de dénaturer les clubs, d'avoir un impact négatif sur leur culture et d'en instaurer une nouvelle, proche de celle de leurs actionnaires. Les clubs de Salzbourg et de Leipzig, passés sous le giron de la marque Red Bull, ont ainsi été transformés afin de correspondre à l'identité de cette dernière en proposant un jeu dynamique, en voyant leurs marques rajeunies mais aussi en observant une transformation complète de leur charte graphique et de leurs éléments de communication au profit du géant de la boisson énergisante. Les transferts de joueurs intempestifs entre les différents clubs du même propriétaire viennent par ailleurs limiter l'attachement de ces derniers au territoire mais en font davantage des actifs d'un groupe plus grand, sans racine géographique précise, au grand dam des supporters.

Une gouvernance du sport qui aspire à en maximiser l'impact économique

Au-delà des clubs, des fonds qui s'intéressent aussi aux ligues et fédérations

Au-delà des clubs, à la suite des besoins financiers accrus ces dernières années par la pandémie de Coronavirus, les ligues et fédérations ont, elles-aussi, eu besoin de faire appel à des investisseurs privés. S'il en allait de la survie des clubs de leurs championnats, les flux financiers qu'ils pouvaient représenter étaient aussi nécessaires pour pouvoir continuer à investir dans des missions de service public et éviter que les fédérations n'aient plus qu'un rôle mercantile. Depuis la pandémie, des fonds d'investissement ont ainsi pris des participations au sein des ligues et fédérations elles-mêmes ou de leurs sociétés commerciales ayant la gestion de l'image de leur marque ainsi que des droits télévisuels des compétitions qu'elles organisent. Ce phénomène a entraîné la restructuration de certains acteurs afin de pouvoir se permettre d'y associer des fonds. Des fédérations détenant des marques fortes telles que celle des Springboks en Afrique du Sud ont réfléchi à l'intérêt de créer une filiale commerciale destinée à la vente des droits marketing associés à leur image en vue d'y faire rentrer de potentiels investisseurs privés. Si dans ce cas la fédération a estimé qu'il n'était pas envisageable de privatiser une marque publique considérée comme la propriété de tous les Sud-africains, la fédération néo-zélandaise de rugby a pour sa part franchi le pas, permettant au fonds Silver Lake d'acquérir 8,5% de la société commerciale ayant la gestion de la marque *All Blacks* ainsi que la commercialisation des droits du championnat national. Souvent signés dans l'urgence, tous les deals n'ont pas été négociés avec la même rigueur. La Ligue de Football Professionnel, qui administre les championnats de football professionnel en France a ainsi vendu pour un milliard et demi d'euros 13,04% des revenus de la nouvelle filiale commerciale du football professionnel français... à vie. Une décision justifiée par l'urgence de faire rentrer des fonds dans les caisses des clubs pour éviter des faillites, mais qui s'est faite en échange d'une perte importante de souveraineté sur les revenus qu'ils génèrent. La WTA, le circuit mondial de tennis féminin, a elle-aussi permis à CVC d'acquérir 20% de sa nouvelle filiale commerciale. Le même fonds qui a investi dans Six Nations Rugby, organisateur du tournoi de rugby éponyme à hauteur de 14,3% des parts. *In fine*, l'ambition de ces investissements est de pouvoir compenser des pertes de revenus et bénéficier de financements permettant aux clubs et fédérations de continuer à se structurer alors qu'ils se confrontent à l'impératif de recentrer leurs efforts financiers sur leur outil de production, et notamment leur masse salariale. L'investissement de CVC dans La Liga en Espagne a ainsi impliqué un fléchage des financements au travers du fonds La Liga Impulso. Les clubs étaient contraints d'utiliser au minimum 70% des fonds qui leur sont parvenus à la suite de l'accord pour financer leur structuration (infrastructures, marketing, développement digital ou international…), 15% au maximum pouvaient être attribués à l'amélioration de la santé financière du club et les 15% maximum restants pouvaient être utilisés afin de répondre à leurs enjeux de masse salariale pour leur permettre de se montrer plus compétitifs. Ce faisant, la ligue a mis l'accent sur la priorité de tels investissements : la construction d'un championnat durable afin de ne pas devenir dépendants de ces investissements extérieurs, particulièrement coûteux.

C'est que ces investissements ne sont souvent pas indolores et ont des répercussions sur l'organisation de la compétition. En termes de partenaires déjà, ces fonds tentaculaires sont souvent présents dans de nombreux secteurs d'activités et offrir via des contrats sponsoring de la visibilité à un concurrent d'une entreprise dans laquelle le fonds détient des parts peut s'avérer problématique. L'horloger Breitling, détenu en partie par CVC, a ainsi remplacé Tissot comme partenaire des Six Nations après que le fonds en a acquis des parts. Une perte d'indépendance des organisateurs qui n'est pas anodine. Bien plus impactant, l'investissement de CVC dans le championnat professionnel de rugby de Pro 14 a pour sa part changé du tout au tout son organisation. Ce championnat, qui regroupe les équipes professionnelles d'Irlande, d'Écosse, du Pays de Galles et d'Italie a été complètement transformé par le fonds dans l'optique de le rendre plus attractif mais aussi plus rentable. Le Pro 14 a laissé sa place à une nouvelle marque rajeunie, le United Rugby Championship dans lequel ont été intégrées des équipes sud-africaines, générant un impact colossal sur les audiences télé qui ont connu une croissance de 169% lors de la première saison suivant leur intégration[47]. Au-delà de la croissance de cette visibilité à la télévision, les fonds investissent au sein de ces ligues avec l'ambition de leur permettre de générer davantage de revenus, notamment en opérant une remontée de la chaîne de valeur pour en tirer le maximum. À cet effet, l'URC a ainsi lancé URC TV, sa propre chaîne TV permettant de créer du contenu inédit générant du flux sur la plateforme et permettant, à terme, de diffuser l'ensemble des rencontres de la compétition via un abonnement. Cette stratégie, adoptée par de très nombreux acteurs, offre une alternative à la diffusion des rencontres dans les territoires où aucun diffuseur n'a été trouvé, permettant d'assurer une

---

[47] https://www.ft.com/content/a818f21c-10f3-444b-8f10-3b531e11352b

visibilité mais aussi des revenus publicitaires de ces événements. Dans le cas de situations telles que celle de la Ligue 1 française, dans l'incapacité de trouver un diffuseur pendant de nombreux mois, l'option de la création d'un abonnement afin de pouvoir regarder les matchs du championnat directement sur la plateforme de la ligue a été étudiée comme une piste sérieuse. Cependant, cette transition ne peut pas se faire instantanément et représente un risque pour les clubs qui sont dépendants des droits TV. En effet, en plus de nécessiter l'intervention d'une régie publicitaire pour assurer des revenus commerciaux, les revenus générés seront encaissés *a posteriori* et les clubs ne se verront attribuer leur budget qu'à la fin de la saison et non plus au début comme il en était coutume, générant un endettement important pour l'ensemble des acteurs du championnat, couplé à un risque financier porté par la ligue et non par un diffuseur externe.

Le développement de la multipropriété et les investissements multiples des fonds et autres investisseurs dans le sport, s'ils offrent des opportunités de développement de la filière, peuvent aussi représenter des risques en cas de concentration trop importante d'actifs stratégiques dans les mains d'un même acteur. À ce titre, les opérations réalisées par les fonds peuvent parfois être compromises par les règles imposées par les différentes autorités de la concurrence. En 2006, la Commission Européenne avait ainsi contraint le fonds CVC Capital Partners de céder sa participation dans la société détentrice des droits de la MotoGP en raison de son investissement en Formule 1. Les montants en jeu étant suffisamment importants et stratégiques pour être considérés comme allant à l'encontre du droit de la concurrence et représentant potentiellement un frein au développement du secteur. Le consommateur serait alors le premier concerné par une potentielle hausse importante des abonnements TV afin de pouvoir regarder ces deux événements sportifs parmi les plus populaires au sein de l'Union Européenne[48]. Ainsi, malgré son besoin de se développer et de continuer à se structurer, le secteur du sport est aussi soumis à une législation généraliste qui peut parfois s'avérer contraignante tout en lui offrant le cadre nécessaire à l'exploration de nouvelles opportunités.

---

[48] https://www.ecofoot.fr/liberty-acquisition-motogp-formulae-interview-mathias-kuhn-5832/

Des législations nationales qui restreignent le cadre de compétitivité offert aux acteurs du sport

Des championnats soumis à de nombreuses contraintes légales

Les ligues, grands événements et fédérations s'emploient à déployer des cadres de gouvernance aspirant à la maximisation des revenus et de leur impact économique pour les territoires concernés. Toutefois ces organisations, tout comme l'ensemble du secteur, restent soumises au droit national, voire international qui peut parfois se montrer contraignant et orienter leur cadre de gouvernance. Le premier exemple de règlementation qui vient à l'esprit de nombreux professionnels du secteur lorsque l'on évoque ce sujet est celui de l'arrêt Bosman, arrêt de la Cour de Justice de l'Union Européenne ayant profondément transformé le football professionnel.

Comme cela a pu être évoqué précédemment, les ligues professionnelles tentent de déployer des moyens réglementaires avec l'ambition de motiver les clubs à investir dans la formation des futurs joueurs professionnels mais aussi de conserver au sein des effectifs du championnat les joueurs les plus prometteurs. Dans les années 1990, le monde du football fait face à deux phénomènes : la constitution de l'Union Européenne qui change la donne en termes de préférence nationale et une mobilité des joueurs entre clubs du monde entier qui connaît une croissance exponentielle. Pour se protéger face à ces phénomènes, les clubs ont alors tendance à ne pas vouloir libérer leurs joueurs malgré afin de pouvoir les garder dans leur giron alors que la mondialisation du football le rend plus concurrentiel que jamais, et ce même si ces derniers arrivent en fin de contrat. En 1995, la cour de justice de l'Union Européenne a rendu un arrêt qui a joué un rôle fondamental dans la libéralisation du marché des transferts et la fin de la préférence nationale dans le recrutement des joueurs : l'arrêt Bosman. Le contentieux oppose le joueur de football Jean-Marc Bosman à son club du RFC Liège qui refusait de le transférer au club français de Dunkerque sans indemnités alors que l'intéressé était pourtant en fin de contrat. Le footballeur conteste aussi dans le même recours en justice le règlement de l'UEFA qui limite à trois le nombre de joueurs étrangers ressortissants de l'Union Européenne dans une équipe, principe qui selon lui s'oppose à la libre-circulation des travailleurs. La cour de justice de l'Union Européenne tranche en faveur du footballeur et vient révolutionner le sport professionnel européen en permettant le transfert de joueurs en fin de contrat sans indemnités et en abolissant les restrictions liées à l'origine nationale des joueurs pour les ressortissants de l'Union. Depuis lors, les ligues doivent redoubler d'inventivité pour favoriser les joueurs issus de la formation locale et s'assurer que les moyens générés par le sport professionnel continuent à financer la formation des joueurs de demain afin de créer un cercle vertueux toujours plus performant. La Ligue Nationale de Rugby, qui organise les championnats de rugby français de Top 14 et de Pro D2, a mis en place un système intitulé JIFF (pour Joueurs Issus des Filières de Formation) afin de s'assurer de la présence dans les équipes du championnat professionnel de joueurs formés en France. Afin de ne pas faire de discrimination sur la base de la nationalité, la ligue a créé un statut accordé à tout joueur ayant été formé plus de trois ans en France dans les catégories jeunes et a imposé aux clubs d'avoir dans leurs effectifs 16 joueurs JIFF en moyenne par feuille de match (composées de 23 joueurs). La réglementation intervient aussi dans la constitution des effectifs elle-même en autorisant seulement un nombre limité de joueurs non-JIFF dans les effectifs. Ce principe, à la limite de la légalité, a permis de redresser le rugby français en le rendant bien plus performant et en limitant le recrutement de joueurs étrangers aux meilleurs d'entre eux, contribuant à un transfert d'expertise et au développement de l'attractivité du championnat. À l'automne 2024, une nouvelle intervention de la Cour de Justice de l'Union Européenne est venue à nouveau perturber les règlementations en vigueur dans les ligues en rendant un verdict concernant l'affaire Lassana Diara. Le joueur français a contesté devant les tribunaux les règlements de la FIFA qui permettent un cadre contractuel interdisant aux joueurs de football de mettre un terme à leur contrat sans l'assentiment de leur club. S'ils viennent à le faire, ils sont tenus de payer les salaires de la fin de leur contrat au club en question et si un club cherchait à recruter le joueur, il serait alors considéré solidaire de ces paiements. Ce mécanisme, à l'œuvre afin de permettre la monétisation des transferts de joueurs en cours de contrat, pilier de l'économie du football professionnel, a été jugé contraire à la libre circulation des travailleurs, les empêchant de changer d'employeur s'ils le souhaitent. Cette décision de justice pourrait entraîner un séisme au sein de la gouvernance du sport professionnel, libéralisant davantage la mobilité des joueurs et mettant fin aux limites d'effectifs imposées.

À l'image du football professionnel, le secteur économique du sport est ainsi, comme tous les autres, soumis à des règlementations qui peuvent le contraindre et qui évoluent régulièrement. À l'échelle du sport français, la loi Évin est venue impacter durablement les sources de financement du sport. Cette loi de 1991 a pour ambition de restreindre les capacités des industries considérées comme dangereuses pour la santé à communiquer, en particulier celles du tabac et de l'alcool. Cette loi limite la communication à certains supports autorisés et particulièrement encadrés. Le sponsoring sportif ne faisant pas partie des supports autorisés, il devient interdit pour les marques d'alcool ou de tabac, originellement très présentes dans le sport, privant les ligues et clubs professionnels de ressources financières potentielles importantes tout en impactant leur compétitivité à l'échelle internationale. Cette loi n'impacte d'ailleurs pas uniquement l'industrie française mais bien tout acteur économique qui organise un événement sur le territoire français. Au rugby, les compétitions européennes sont souvent concernées par des *namings* de marques d'alcool (Heineken Cup, Guinness Six Nations…) et doivent ainsi être adaptées lors des rencontres sur le sol français. En 2022, l'équipe de France de rugby réalise le grand chelem devant un logo modifié en « Six Nations Greatness », respectant la charte graphique de la célèbre bière irlandaise mais n'en faisant pas la promotion, sinon celle de sa version sans alcool. Cette loi se confronte ainsi régulièrement à des problématiques liées à l'internationalisation du sport de haut niveau et la négociation de contrats de sponsoring à l'échelle globale. La marque de bière japonaise Asahi a acheté auprès de la fédération internationale World Rugby une visibilité particulièrement importante lors des différentes éditions de la Coupe du Monde de Rugby. Lors de l'accueil de l'événement en France en 2023, la marque a eu de réels problèmes à communiquer sur le territoire français. Elle en est venue à changer son logo et son positionnement à plusieurs reprises, aboutissant à un logo composé de deux caractères en écriture japonaise, laissant pantoise une grande partie du globe, incapable de comprendre la marque qui y était associée. La loi Evin a aussi entraîné en France une règlementation stricte sur la vente d'alcool dans les stades qui impacte de tels partenariats. Dans l'Hexagone, un même organisateur ne peut vendre de l'alcool qu'après en avoir reçu autorisation de la préfecture et pas plus de dix fois par an dans une même ville. À l'occasion de France 2023, disputée dans neuf stades où seul le Stade de France a accueilli dix confrontations, il a été possible de commercialiser de l'alcool. Ce qui n'a pas été le cas des Jeux Olympiques et Paralympiques de Paris 2024. Les clubs professionnels ont ainsi du mal à pouvoir commercialiser des boissons alcoolisées. Un enjeu non négligeable pour ces derniers car d'après un rapport du Sénat de 2017, le manque à gagner pour les clubs professionnels de football serait important, représentant entre 30 et 50 millions d'euros par saison[49].

Différents statuts pour une gouvernance plus variée des organisations sportives

Ainsi, la légifération générale dans les différents pays a eu un impact direct et conséquent sur le secteur du sport et ses résultats économiques. La création de statuts spécifiques pour les différents types d'organisations sportives en a été une des incidences les plus structurantes. En France, les structures sont multiples et créent de la confusion à tous les niveaux : associations loi de 1901 soumises ou non à la TVA, d'intérêt général ou non et donc en mesure de donner droit à des exonérations d'impôts, sociétés de format « classique » telles que SAS ou SARL ou sociétés sportives professionnelles (SASP, SAOS, EUSRL…) ou encore organismes publics (CREPS, GIP…). La multiplication des formes juridiques permet de nombreuses options de gouvernance aux organisations du sport français mais n'offre parfois que peu de flexibilité au moment de devoir les faire évoluer. Comme nous avons pu l'évoquer, certaines fédérations ou ligues, constituées sous forme d'associations et donc n'ayant *de facto* pas pour ambition de réaliser du profit, en viennent à créer des sociétés commerciales desquelles elles sont actionnaires afin de pouvoir s'offrir davantage de flexibilité commerciale et faire entrer des investisseurs à leur capital. À partir d'un certain montant de masse salariale, le code du sport contraint d'ailleurs les associations sportives à se transformer en sociétés, forçant de fait la main au secteur pour se professionnaliser.

Dans certains cas comme celui de Paris 2024, la constitution du comité d'organisation sous le format d'une association pourtant de droit privé a été contraint à la soumission au code de la commande publique, ouvrant à la mise en concurrence le choix de chaque prestataire de l'événement. Ce choix juridique, en opposition avec le choix de groupements d'intérêts publics qui avaient été réalisés pour les événements sportifs précédents (Coupes du Monde de Rugby 2007 et 2023, Grand Prix de France de Formule 1…), n'a toutefois pas permis de trouver le juste équilibre, en témoigne l'incapacité de rémunérer le président du comité d'organisation, Tony Estanguet, à la hauteur de son poste sous un tel statut. Aujourd'hui, de nombreuses réflexions sont menées en France afin de repenser les modèles juridiques de ces organisations, qui n'ont par

---

[49] https://www.senat.fr/rap/r16-437/r16-4372.html

ailleurs cessé d'évoluer depuis plusieurs décennies désormais, avec l'ambition de pouvoir permettre au secteur privé d'y jouer un rôle plus important, offrant l'opportunité de leur professionnalisation mais aussi d'une réorientation progressive des fonds publics vers une pratique du sport amateur représentant moins d'opportunités économiques pour le privé.

Ces dernières années, deux modèles juridiques se sont montrés particulièrement à la mode en France, offrant des opportunités de gouvernance uniques. Si le premier n'est pas spécifique au sport, il a contribué à le révolutionner en y rendant l'emploi plus accessible, il s'agit du statut de micro-entrepreneur, créé en 2008. Ce statut, qui facilite les démarches de création d'entreprise et permet de déclarer une activité parfois saisonnière sans impliquer de coûts trop importants, joue un rôle fondamental dans le développement de l'entrepreneuriat sportif en France. En 2023, l'observatoire du sport de BPCE y estime à plus de 41 000 le nombre de micro-entreprises actives dans le secteur. La plus grande majorité correspond à une activité de service avec à leur tête le coaching et les activités liées au tourisme sportif. La facilitation de l'accès à l'activité via ce statut permet d'avoir un impact double sur l'économie du sport : elle permet aux prestataires de services d'opérer dans un cadre légal plus sécurisé et de cotiser (réduisant par-là même l'économie souterraine saisonnière). Ce faisant, elle offre aussi plus de flexibilité aux structures employeuses qui peuvent facilement faire face à une variation d'activité sans engager de charges contraignantes en salariant des ressources humaines, la contrepartie étant la création d'une incertitude pour les indépendants concernant leurs revenus.

Le second statut qui vient faire évoluer la structuration des acteurs du secteur est inspiré du modèle de *socios* que l'on peut retrouver dans certains clubs comme le FC Barcelone : la Société Coopérative d'Intérêt Collectif, ou SCIC. Cette structure a pour ambition de permettre la répartition de l'actionnariat au sein de quorums, ayant la capacité d'impliquer les pouvoirs publics. Ainsi, les actionnaires d'un club pourraient se répartir les droits actionnariaux de manière indépendante du montant financier associé à leur quorum. Les supporters pourraient être rassemblés ensemble et investir de l'ordre de 10% du capital du club tout en détenant 40% des droits de vote. Les collectivités territoriales, qui malgré leur statut public ont le droit d'investir dans ces sociétés coopératives, pourraient pour leur part mettre 50% du capital contre 25% des droits de vote et ainsi de suite. Ce procédé, qui vise à favoriser l'actionnariat populaire, offre de belles perspectives, notamment dans le cadre du rachat d'un club en difficultés financières en permettant à ses supporters d'y investir. L'exemple le plus connu est celui du club de football du SC Bastia qui avait ouvert son capital à ses supporters grâce à ce modèle. Cependant, cette approche de gouvernance se heurte à des contraintes dans le cadre du développement des clubs, nécessitant souvent un apport financier de la part d'investisseurs en vue d'acquérir de nouveaux joueurs ou de racheter leur stade par exemple. Ce modèle a tendance à les désavantager en leur accordant parfois une minorité de votes alors qu'ils apportent la majorité du capital financier, plaidant pour un retour à un modèle actionnarial classique à moyen terme. La SCIC représente malgré tout une opportunité intéressante pour accompagner les clubs dans leur professionnalisation en permettant au secteur public de leur fournir un accompagnement initial avant d'opérer un retrait progressif. C'est aussi un moyen d'intéresser l'ensemble des parties prenantes à la réussite collective du projet tout en s'assurant de sa cohérence avec leurs enjeux respectifs, renforçant les passerelles entre ambition privée et prérogatives publiques. L'émergence de nouveaux modèles juridiques est ainsi un point clé de l'impulsion à donner au développement des organisations du secteur et la possibilité d'offrir des opportunités de structuration qui se veulent différentes.

Dans la même veine que celle de la SCIC, les acteurs ont eu tendance ces dernières années à repenser leur gouvernance sous un angle participatif en vue de répondre à leurs problématiques quotidiennes. En Allemagne, le club de football de Hambourg de Saint Pauli est connu pour son anticonformisme, se présentant même comme le pirate du football allemand. Bien ancré à gauche, le club est structuré comme une coopérative, en complète rupture avec le système capitaliste du football européen. Confronté à des problématiques de propriété de son stade, trop onéreuse et créant des problématiques de trésorerie, Saint Pauli a décidé de le vendre à ses supporters, structurés sous un format d'association où chacun d'entre eux possède le même poids dans la prise de décision. L'ambition d'une telle action est de pouvoir permettre au club de s'appuyer sur une manne financière immuable et de jouer sur l'attachement des propriétaires du stade au club qui l'exploite. Les années où le club performe moins, ce dernier peut ainsi bénéficier de davantage de flexibilité dans ses loyers tout en permettant une redistribution de la valeur qu'il génère les années où la performance sportive est de mise. Loin de la marchandisation, Sant Pauli pousse toujours plus loin la réflexion dans la mise en place d'un système collaboratif et participatif, au plus proche de l'identité du football.

Une légifération nécessaire pour cadrer l'implication des pouvoirs publics

Comme nous avons pu l'évoquer précédemment, les clubs et autres structures sportives locales se sont historiquement beaucoup reposé sur un soutien de la part des collectivités publiques locales afin de financer leur activité ainsi que les infrastructures nécessaires à la pratique. Ces dernières, intéressées avant tout par leur souhait de faire rayonner la localité tout en offrant à leurs habitants un accès à une pratique sportive de qualité, en tant que spectateurs ou comme participants, ont parfois perdu toute rationalité économique dans le soutien apporté au club local. À la suite de plusieurs fiascos financiers de clubs de football professionnels dans les années 1980-1990, l'État français a pris des mesures fortes en vue de réduire les risques générés par les acteurs sportifs sur les collectivités dont les tailles et moyens financiers varient sensiblement. Un financement public dont les implications sont aussi conséquentes en termes d'équité, tous les acteurs ne jouant pas à armes égales selon le soutien public qui leur était apporté. Il a ainsi été question de réglementer davantage les contributions des pouvoirs publics aux organisations sportives tout en ayant conscience de l'importance de leur permettre de soutenir le développement d'un sport professionnel territorial, fortement dépendant de ces financements publics.

Ces réflexions ont abouti aux légiférations suivantes :

- Le montant maximum de financements que peut verser une collectivité à un même club afin de mener à bien ses missions d'intérêt général a été limité à 2,3 millions d'euros par saison.

- Le montant maximum d'achat de prestations à un même club (achats de billetterie, d'espaces publicitaires…) ne peut excéder 30% des produits du compte de résultat dudit club, est plafonné à 1,6 millions d'euros et soumis aux règles de la commande publique comme toute autre dépense.

- L'octroi par les collectivités de garanties aux emprunts contractés par les clubs pour l'acquisition de matériel est aussi désormais limité (uniquement pour les associations sportives ne dépassant pas 75 000€ de budget). Toutefois, depuis 2017, cette garantie a été rendue possible pour l'acquisition, la rénovation et la réalisation d'équipements sportifs afin de pousser les clubs à investir dans leurs infrastructures, voire à en devenir propriétaires.

- Les collectivités doivent enfin demander le paiement d'une redevance aux clubs et associations en échange de la mise à disposition de leurs équipements sportifs au titre de l'occupation privative du domaine public. Ces redevances sont fixées de manière harmonisée à l'échelle nationale par un cadre juridique détaillant une structuration autour d'une part fixe et d'une part variable indexée sur le chiffre d'affaires généré par le club concerné au titre de l'exploitation de l'équipement. L'ambition de ce dernier point est d'éviter que les collectivités ne soient les seules porteuses des coûts inhérents à la mise à niveau récurrente des équipements afin d'être en accord avec les cahiers des charges imposés par les organisateurs d'événements, la plupart d'entre elles étant propriétaires des enceintes dans lesquelles évoluent les clubs professionnels de leur territoire.

Cette volonté de protéger les parties prenantes concernées par les risques inhérents au sport professionnel se retrouve aussi dans l'élaboration de réglementations destinées à protéger l'intégrité des compétitions ainsi que de leurs acteurs. Des sujets tels que la gestion des risques liés au dopage et aux paris sportifs ainsi que la sensibilisation aux violences dans le sport, notamment depuis le mouvement #metoo font l'objet de réglementations ayant beaucoup évolué ces dernières années. Une protection des acteurs qui passe aussi par un meilleur cadrage des activités telles que celle d'agent sportif. Les nombreux abus d'agents peu scrupuleux ont beaucoup coûté aussi bien aux clubs qu'aux athlètes et ont mené à un durcissement de la réglementation autour de l'activité. La création de contrats de travail spécifiques au sport ainsi que la régulation des rémunérations du droit à l'image sont autant de sujets importants pour assurer aux salariés du secteur une protection sociale suffisante ainsi que des conditions de travail peu enclines à la précarité. Toujours dans cette optique de protéger les acteurs économiques du sport et son équilibre, les pouvoirs publics se sont vu attribuer la responsabilité de lutter contre la diffusion illégale en direct des compétitions sur internet afin de s'assurer d'un monopole des diffuseurs dont l'apport financier lié à l'acquisition des droits TV est fondamental dans le modèle économique de certaines disciplines comme le football. Le rôle régalien de l'État dans le développement du secteur est ainsi crucial pour en assurer l'équilibre économique et un développement sain.

Une réglementation sociale et fiscale au cœur d'enjeux de compétitivité

Au-delà des enjeux liés à la législation générale, de nombreux pays qui considèrent le sport comme un secteur stratégique pour leur *soft power* ainsi que l'attractivité de leur économie n'hésitent pas à créer des lois à destination des acteurs de l'industrie afin de se rendre plus attractifs à leurs yeux. Les éphémères lois dites Beckham en Espagne ou encore Ronaldo en Italie en sont de parfaits exemples. Un sujet qui revient régulièrement sur le devant de la scène lorsque l'on évoque l'attractivité du sport français à l'international est celui des cotisations salariales et patronales particulièrement importantes sur les rémunérations des sportifs, généralement mieux payés que les membres du staff et de l'administration des clubs. À ce sujet, tous les États n'adoptent pas la même politique de contributions. Dans le cadre d'un marché comme celui de l'Union Européenne avec une forte concurrence pour l'attraction de joueurs de haut niveau entre les championnats et sans possibilité aucune de les retenir dans les entreprises nationales, les contributions sociales peuvent alors avoir une incidence importante sur l'économie globale du sport professionnel, contribuant à une fuite de talents générateurs de valeur vers l'étranger. Ce faisant, les législateurs n'hésitent pas à créer des dispositifs permettant de réduire les taux de cotisation sur les hautes rémunérations, régimes qui sont généralement très favorables aux footballeurs professionnels.

On distingue ainsi deux approches principales pour réduire l'impact des cotisations sur l'attractivité des économies : certains pays comme l'Espagne ou l'Allemagne plafonnent les taux de cotisations patronales, permettant aux plus gros salaires d'avoir un net plus élevé en proportion que les autres travailleurs. En Espagne, les taux avoisinent les 31% de cotisations patronales et 6,35% de charges salariales. Mais ces taux deviennent ensuite dégressifs au-delà de 50 000 € bruts annuels, permettant aux plus gros salaires de payer proportionnellement moins de cotisations. En Allemagne, un plafond variant en fonction des *Länders*, et appelé *Beitragsbemessungsgrenze*, est appliqué aux cotisations patronales. D'autres pays prennent pour leur part des mesures spécifiques liées au statut de sportif pour se rendre plus attractifs à l'image de la Belgique, de l'Italie ou du Portugal. En Italie, au-delà de 751 000€ de revenus bruts annuels, les joueurs de football ne sont pas davantage soumis à des cotisations patronales, avec un taux de cotisations de seulement 0,6% entre sur la tranche de revenus allant de 103 000 à 751 000 €.

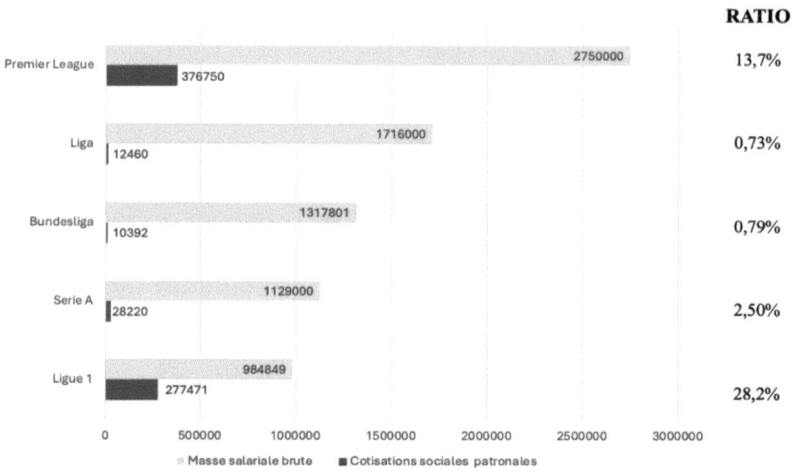

Annexe 11 : Ratio des charges patronales sur la masse salariale totale de tous les championnats d'élite de football (en milliers d'euros)[50]

En termes de cotisations salariales, les différents dispositifs mis en place par les États créent alors des distorsions dans les rémunérations nettes des joueurs. En moyenne, en France les salaires nets des joueurs sont 10% moins élevés qu'en Allemagne, en Italie ou au Royaume-Uni à salaire brut égal d'après une étude du cabinet AyacheSalama réalisée pour le compte du syndicat Première Ligue (devenu depuis Foot Unis) en 2019. Une différence qui peut atteindre jusqu'à 21% d'écart pour les joueurs avec les plus gros salaires (12 millions d'euros). En cumulé, un club comme le Paris Saint-Germain paie ainsi plus de cotisations sociales que l'ensemble des clubs de Bundesliga (Allemagne), de Serie A (Italie) et de Liga (Espagne) réunis, illustrant la difficulté des clubs professionnels français à être compétitifs vis-à-vis de leurs voisins.

---

[50] Source : Rapport Foot Unis « Le poids des charges sociales et de la fiscalité sur le football français »

Afin de réduire l'impact des cotisations sur les rémunérations des athlètes, les clubs français sont aussi autorisés à rémunérer la mise à disposition de leur droit à l'image, utilisée dans le cadre de prestations sponsoring. Cette approche, qui a vu plusieurs évolutions dans sa régulation à la suite nombreux abus fonctionne aujourd'hui autour du recours à un droit à l'image collectif, négocié dans le cadre des conventions collectives. En France, pour utiliser l'image de joueurs d'un club duquel ils sont partenaires, les sponsors doivent utiliser au moins trois joueurs sur toutes leurs campagnes marketing, un nombre qui monte à cinq pour le football. Ce dispositif vise à éviter que le club ne s'attribue la rémunération liée à l'utilisation de l'image d'un joueur en s'associant à son club mais qu'il s'agisse bien de l'association à un collectif. Rien n'empêche toutefois une entreprise de s'associer directement avec un joueur, indépendamment de son club, pour l'utiliser dans sa communication. Là encore, des degrés d'imposition différents sont à constater entre les différents pays sur les entreprises liées au droit à l'image.

Le taux d'imposition des sportifs a, lui aussi, un rôle clé à jouer dans l'attractivité des différents territoires au sein d'un marché du travail globalisé. Les sportifs professionnels négocient des salaires nets. Si le plus souvent ce sont les clubs qui s'occupent de payer leurs impôts via une retenue directe sur leur salaire, le passage au prélèvement à la source en France a eu un impact psychologique négatif sur les athlètes qui ont eu le sentiment de voir leur net se réduire encore un peu plus. En termes fiscaux encore, chaque pays déploie une stratégie différente afin de se rendre attractif tout en mettant à contribution les plus gros salaires. En Espagne, la loi Beckham permettait aux expatriés qualifiés de bénéficier d'un taux d'imposition fixe sur leur revenu de 24% pendant les cinq premières années de résidence, une opération qui s'avérait avantageuse dès lors que le salaire de l'impatrié dépassait 60 000€ bruts annuels. Ce dispositif a néanmoins été (partiellement) abrogé à partir de 2010 en ne s'appliquant plus aux footballeurs percevant plus de 600 000 € par an. La France a de son côté mis en place un régime d'impatriation, permettant aux nouveaux résidents fiscaux français de bénéficier d'une exonération d'impôt sur leur prime d'impatriation pouvant atteindre jusqu'à 30% des revenus et pour une durée allant jusqu'à 8 ans. D'autres mécanismes avantageux sont également prévus dont notamment une exonération d'impôt sur les rémunérations liées aux activités exercées à l'étranger ou encore sur certains revenus passifs étrangers. Alors que ce système s'adressait initialement aux cadres dirigeants des grands groupes, il profite aujourd'hui au football professionnel français. D'autres pays ont adopté un régime d'impatriation, appliqué au football, à l'image des Pays-Bas. Mais, pour y avoir droit, tout nouveau résident fiscal néerlandais venant évoluer en Eredivisie doit remplir des conditions additionnelles dont notamment celle d'avoir joué un certain nombre de matches internationaux avec sa sélection nationale ou encore de se voir offrir une rémunération entre 8 et 10 fois supérieure aux bénéficiaires ordinaires de ce régime.

On distingue dans ces différentes approches différentes conceptions politiques. Pour certains, si le sport génère des revenus conséquents, il est aussi nécessaire que ce dernier contribue à l'économie dans son ensemble. Récemment, certains eurodéputés ont lancé une réflexion sur la nécessité de taxer les transferts de joueurs de football, représentant parfois des sommes considérables dont une partie pourrait revenir logiquement aux États, que ce soit pour financer le sport ou non. Une telle réglementation existe déjà en Chine où tout transfert de joueur supérieur à une valeur de six millions d'euros est taxé à 100% et le montant récolté est fléché par l'État en vue de financer le développement du football amateur dans le pays.

Les dispositifs sociaux et fiscaux sont à prendre en considération lorsque l'on cherche à comprendre l'attractivité des différents championnats pour les meilleurs talents. Si la Ligue 1 n'est pas particulièrement pénalisée par le modèle fiscal français, elle souffre en revanche de la comparaison avec les autres grands championnats européens sur le plan social. Les joueurs français, susceptibles d'avoir une rémunération nette supérieure dans un autre championnat européen pour lequel ils n'ont aucune barrière à l'entrée du fait de la juridiction sur la libre-circulation des travailleurs au sein de l'espace Schengen, sont devenus le deuxième contingent de joueurs à s'exporter le plus au monde. Devant eux, seuls les Brésiliens s'exportent davantage, pour des raisons toutefois différentes. En 2018, 821 joueurs français évoluaient ainsi dans un autre championnat. Le régime social et fiscal n'est bien évidemment pas le seul facteur expliquant ce phénomène, mais à l'occasion de la Coupe du Monde de la FIFA 2018, le manque d'attractivité du football professionnel français a pu être remarqué de manière flagrante. L'équipe de France championne du monde, composée de 23 joueurs, en a vu 21 être formés en France. Parmi ces 21 joueurs, il n'en reste plus que huit à évoluer en Ligue 1 dont un seul était régulièrement titulaire avec les Bleus, Kylian Mbappé, désormais parti au Real Madrid.

Les clubs professionnels, malgré leur visibilité médiatique particulièrement importante, ne représentent toutefois qu'une faible proportion de l'économie du sport. À cet égard, les États tentent aussi d'attirer d'autres acteurs jouant un rôle clé dans les différents pans de l'économie du sport mondial. Le président Emmanuel Macron a ainsi souhaité attirer les fédérations sportives internationales, et notamment la FIFA, pour venir s'installer à Paris. En effet, si cette dernière y possède déjà un bureau, elle menace de le fermer face aux montants importants de cotisations qu'elle doit y verser ainsi qu'à l'imposition de ses salariés, désavantageuse dans un contexte de concurrence internationale. Pour rendre la France attractive aux yeux de ces fédérations, le gouvernement a proposé en octobre 2023 de les exempter d'impôts sur les sociétés, de cotisation foncière des entreprises ainsi que de cotisation sur la valeur ajoutée des entreprises. Par ailleurs, une mesure permettant aux employés de ces structures de bénéficier d'une exonération d'impôt sur les revenus pendant les cinq années suivant leur première prise de fonction était également prévue. Ce dispositif a néanmoins été censuré par le Conseil Constitutionnel, illustrant la difficulté en France de mettre en place des lois d'exception à destination du secteur du sport. Mais cette tentative démontre l'intérêt porté par les gouvernements vis-à-vis de ces acteurs au pouvoir économique fort, la FIFA pesant à elle seule 7,6 milliards d'euros sur la période 2019-2022.

La définition de stratégies de gouvernance du sport pertinentes est ainsi un enjeu fondamental de la génération de retombées économiques pour le secteur. Cette gouvernance est multi-scalaire, définie au niveau législatif – parfois même au niveau supranational comme l'illustre l'arrêt Bosman – elle se joue aussi à l'échelle des ligues ou même des clubs dont la structure permet d'orienter l'impact que l'on souhaite leur donner, toujours dans un contexte concurrentiel. Souvent, la gouvernance du sport va tenter de répondre à des enjeux multiples, bien au-delà de l'approche économique : diplomatie, développement d'une pratique sportive, politiques publiques... Des enjeux qui viennent démultiplier les attentes vis-à-vis des acteurs du secteur et en influencer la structuration. Ces derniers, quelle que soit leur taille, peuvent alors jouer un rôle pour contribuer à l'impact du secteur sur son écosystème. Il s'avère ainsi fondamental pour les pouvoirs publics de piloter ses ambitions en termes d'impact et de créer des mesures incitatives afin de le démultiplier, à l'image des exonérations fiscales offertes par le mécénat. L'ensemble des acteurs du sport ont conscience de son importance pour la société et de son rôle moteur des changements sociétaux permis par sa médiatisation. Il génère ainsi des externalités positives conséquentes, souvent liées aux enjeux de développement durable, que les structures de gouvernance peuvent aussi inciter. Le sport du XXIe siècle est donc bien plus qu'un secteur économique. Il connaît une véritable transformation motivée par sa capacité à générer des externalités positives pour la société, l'environnement et l'économie. Il est devenu un élément clé du développement durable, impliquant une évolution de sa structuration pour servir au mieux cette ambition.

LES EXTERNALITES POSITIVES DU SPORT AU SERVICE DES ECONOMIES

LE DEVELOPPEMENT DURABLE AU CŒUR DE LA TRANSFORMATION DE L'ECONOMIE DU SPORT

La prise de conscience des enjeux climatiques vient perturber les modèles économiques actuels

Le XXIe siècle voit le monde prendre conscience collectivement de l'enjeu majeur auquel il va être confronté dans les années à venir : celui du dérèglement climatique. Souvent ignoré, sous-estimé ou simplement nié, le dérèglement climatique est bel et bien une réalité dont l'impact sur l'économie du sport sera considérable aussi bien qu'inévitable. Axa Climate et l'agence Sport 1.5 ont tenté d'évaluer l'impact de ce phénomène sur l'économie du sport en France, et force est de constater que cette dernière, au-delà d'être fortement impactée, va devoir aussi se réinventer afin de pouvoir subsister.

En 2015, 200 États se sont réunis à Paris pour signer conjointement un accord aspirant à limiter le réchauffement climatique mondial entre +1,5°C et +2°C d'ici à 2100. À date, il est peu probable que ces objectifs ne soient atteints et les experts s'attendent plutôt à une augmentation minimale de la température globale sur terre à +2,7°C[51]. L'étude d'Axa Climate et Sport 1.5 prend l'hypothèse d'un monde à +4°C et ses conclusions sont alarmantes. Les Français perdraient en 2100 jusqu'à deux mois de pratique sportive supplémentaire, du fait de températures extrêmes supérieures à 32°C mais aussi de catastrophes climatiques empêchant la pratique (feux de forêts, inondations…). Déjà lors des championnats du monde de marathon 2019 au Qatar dont le départ avait été donné à minuit pour les limiter, les fortes chaleurs étaient venues à bout de nombreuses coureuses. 41% des participantes seulement étant parvenues à franchir la ligne d'arrivée. Plus il fait chaud, plus il devient difficile de pratiquer.

---

[51] https://www.wwf.fr/champs-daction/climat-energie/dereglement-climatique

L'impact du réchauffement climatique se fera aussi sentir sur la capacité à assurer un accès à des infrastructures adaptées à la pratique. Le stress hydrique et les fortes chaleurs viendront fortement dégrader la capacité à entretenir des pelouses de qualité suffisante pour assurer la sécurité des pratiquants, sans oublier l'érosion ou les inondations de ces infrastructures causées par le dérèglement climatiques. Avec la montée des eaux, on estime ainsi que dans un monde à +4°C, 25% des clubs présents sur les côtes françaises devront être relocalisés. L'impact sur les sports d'hiver sera lui aussi conséquent. Dans ce scénario de réchauffement climatique, plus aucune des stations de ski des Pyrénées ne serait en mesure d'ouvrir avec de la neige naturelle. L'ensemble de la filière des sports d'hiver serait ainsi durablement impactée et contrainte de se transformer. Le recours à la neige artificielle, s'il permet de prolonger pendant quelques années supplémentaires une économie vouée à disparaître, contribuera à son tour à l'émission de gaz à effet de serre, venant alimenter un cercle vicieux duquel tous les acteurs sont perdants. Si l'on perçoit aujourd'hui déjà un investissement des pouvoirs publics pour accompagner les acteurs de la montagne vers un positionnement quatre saisons, l'attractivité de ces territoires, souvent fortement dépendants de l'industrie touristique, pourrait être mise en danger. Le secteur ne peut donc pas se permettre de rester les bras croisés face à la crise environnementale, se mettant lui-même à risque le cas échéant.

Lorsque nous traitons de l'économie du sport, il semble toutefois impossible de la distinguer d'un impératif de consommation, qu'elle ait trait à des produits manufacturés ou à des déplacements dans le cadre d'activités de tourisme sportif. La surconsommation a longtemps porté à bras le corps toute cette économie mais n'est désormais plus viable dans une optique de limitation de son impact environnemental. Alors est-il possible de trouver un autre sous-jacent au développement de l'économie du sport que la consommation ? Par ailleurs, doit-on absolument cesser de consommer pour réduire son impact environnemental ? La réponse est non. En revanche, il devient impératif de mieux consommer afin de générer moins d'externalités négatives, qu'elles soient environnementales ou sociales.

Loin d'être une initiative particulièrement récente, le recours au matériel partagé gagne de plus en plus en intérêt ces dernières années. L'exemple des vélos en libre-service dans les grandes agglomérations urbaines illustre assez bien le phénomène. S'il ne s'agit pas de vélos de sport mais principalement de moyens de transport adaptés à l'aire urbaine qu'ils desservent, les pouvoirs publics investissent massivement dans ce nouveau moyen de transport décarboné et avec des externalités positives pour celui ou celle qui y a recours. La pratique du vélo en zone urbaine implique ainsi une évolution de l'espace avec deux ambitions : sécuriser la pratique des déplacements cyclistes et inciter les usagers des transports individuels carbonés tels que la voiture à franchir le pas. À Paris, les pistes cyclables se multiplient et certaines d'entre elles représentent des espaces clés de la circulation urbaine avec une fréquentation atteignant parfois 100 000 usagers chaque semaine[52]. Certaines prises de décisions fortes telles que celle de fermer définitivement les quais de Seine aux voitures ont eu un impact réellement positif sur le développement des mobilités douces, offrant des voies sécurisées à pratiquer aux cyclistes ainsi qu'en créant de nouveaux espaces de pratique sportive en pleine ville. Il suffit de se rendre un dimanche matin sur les quais de Seine pour se rendre compte à quel point ils ont permis de faciliter la pratique du running en espace urbain dans la capitale, et ce pour des coureurs de tous niveaux. L'agencement urbain au service des mobilités douces et de la pratique sportive contribuent ainsi fortement au développement de l'activité physique en milieu urbain, souvent contrainte par un manque d'infrastructure ou des coûts à l'entrée trop élevée. Les villes se transforment et le sport joue un rôle de plus en plus prégnant dans les stratégies d'urbanisme. L'effet contraignant de la fermeture des quais de Seine aux voitures a aussi eu un impact sur les automobilistes. Certes, rendre difficile la circulation en ville peut ne pas apparaître comme la meilleure manière d'assurer le développement du territoire, mais l'ensemble de ces mesures, couplé à un développement et une accessibilité de l'offre de vélos partagés, d'aides pour l'achat de vélos ou encore à la création de pistes cyclables sécurisées ont permis qu'en 2024, pour la première fois depuis de nombreuses années, les Parisiens ont davantage circulé à vélo qu'en voiture, contribuant à réduire la pollution atmosphérique et à améliorer la qualité de vie de nombreux citoyens.

Dans le contexte évoqué ci-dessus, l'influence de l'organisation des Jeux Olympiques et Paralympiques de Paris 2024 a été sans commune mesure. L'accueil d'un tel événement a nécessité une adaptation de l'aire urbaine et de ses transports, certes, mais a aussi été l'occasion d'engranger d'importants chantiers en faveur de la pratique sportive comme de l'environnement. La pratique de la natation a toujours été problématique dans l'aire urbaine

---

[52] https://www.paris.fr/pages/quatre-pistes-cyclables-equipees-de-compteurs-velos-7489

parisienne, fortement limitée à quelques espaces contraints, malgré la priorité donnée par le gouvernement au « savoir nager ». La qualité de l'eau de la Seine, trop polluée, en a longtemps été la principale responsable, empêchant toute baignade. L'accueil des Jeux et la nécessité de permettre aux nageurs et triathlètes de se baigner dans le fleuve a forcé la main aux pouvoirs publics pour investir dans son assainissement. Si au total l'ensemble du projet a coûté 1,4 milliards d'euros au contribuable et que la mobilisation d'un tel montant peut être questionnée, seuls les Jeux Olympiques ont pu permettre un projet environnemental aussi pharaonique dans une période d'austérité. Les professionnels de l'industrie sportive le savent. Il n'y a que les grands événements sportifs qui soient en mesure de mobiliser des montants financiers aussi significatifs pour amorcer des transformations aussi rapides. Et pour cause, ils parviennent à bénéficier de nombreuses sources de financement diversifiées, aussi bien publiques que privées, justifiées par des retombées médiatiques d'ampleur. Partout où ils passent, les Jeux laissent derrière eux des avancées significatives, à l'image de l'accélération de l'ouverture des nouvelles lignes de métro parisien aspirant à faciliter les déplacements des locaux sur le long terme. Les Jeux de Paris 2024 ont souhaité montrer qu'un tel événement pouvait aussi permettre d'améliorer les conditions d'organisation de l'ensemble des événements du territoire français, notamment en termes de sobriété énergétique.

Jusqu'à présent, les stades étaient principalement alimentés en électricité par des groupes électrogènes polluants car fonctionnant au diesel mais bien plus fiables que le réseau électrique. L'opérateur du réseau d'électricité Enedis, partenaire des Jeux de Paris, a alors entrepris de connecter les 42 sites des Jeux au réseau et de les alimenter à partir d'énergies renouvelables. Un défi de taille qui a nécessité plus de 8000 chantiers mais dont l'impact est considérable[53] alors qu'il est estimé que les Jeux de Londres avaient consommé 4,3 millions de litres de gasoil pour alimenter ces générateurs[54]. De plus, l'héritage est ainsi pérenne car le Stade de France, l'Accor Arena ou le Parc des Princes pourront désormais s'appuyer sur une alimentation réseau de manière systématique pour leurs événements, eux qui en accueillent parfois plus d'une centaine par an. Les groupes électrogènes redeviennent alors ce pour quoi ils ont été pensés, à savoir une alimentation de secours en cas de défaillance du

---

[53] https://www.enedis.fr/magazine/paris-2024-enedis-investit-aussi-pour-lavenir-des-territoires

[54] https://www.geo.fr/environnement/comme-a-paris-les-jeux-olympiques-de-los-angeles-pourront-ils-etre-organises-sans-groupe-electrogene-221665

réseau. Nouvelle preuve, s'il en faut, de l'impact du réchauffement climatique sur l'organisation d'événements, les très fortes chaleurs ont mené lors des Jeux de Paris à un incident d'alimentation au Stade Vélodrome de Marseille accueillant un match de football menant à la mise hors tension d'un transformateur en surchauffe. Les groupes électrogènes de secours ont pu prendre le relai sans difficultés mais à l'avenir ces problématiques pourraient être amenées à se multiplier face au dérèglement climatique.

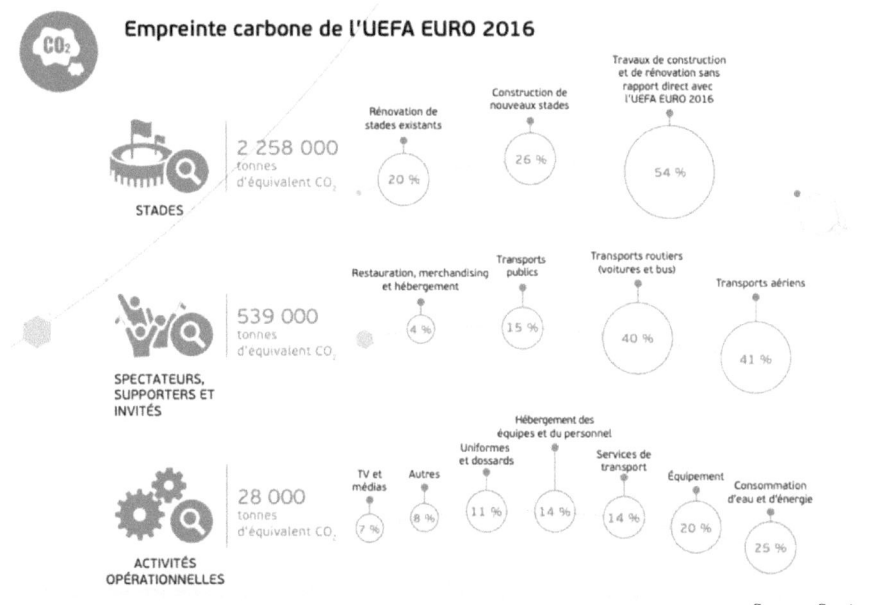

Source : Sami.eco

Annexe 12 : L'empreinte carbone d'un grand événement sportif, l'exemple de l'Euro 2016

L'ensemble des acteurs du secteur prend ainsi conscience de l'importance de s'impliquer dans le changement des comportements des consommateurs, qu'ils soient supporters ou pratiquants. Les fédérations mènent à leur échelle de nombreuses initiatives en ce sens : mise en place de plateformes de covoiturages spécifiques pour se rendre au match de leur équipe nationale, formation des licenciés aux gestes écoresponsables dans le cadre de leur pratique, accompagnement des clubs dans une meilleure gestion de leurs ressources telles que l'eau… Ces fédérations peuvent aussi compter sur l'aura des équipes nationales pour jouer un rôle dans cette prise de conscience collective. La Fédération Française de Football s'est ainsi engagée à faire voyager l'équipe de France en train, malgré les défis logistiques et sécuritaires que cela peut représenter. Une décision qui était par ailleurs intervenue après que la SNCF, partenaire de la Coupe du Monde de Rugby et principal opérateur ferroviaire en France, avait transporté en train l'ensemble des équipes prenant part à la compétition avec succès. Une fois encore, les grands événements sportifs avaient montré la voie et ouvert la porte à un changement des comportements sur le long terme. Ces fédérations, qui avaient autrefois le luxe de pouvoir imposer des critères drastiques à tous les organisateurs d'événement, en reviennent aujourd'hui à prioriser le bon sens environnemental à des spécifications techniques très précises. Dans le cadre de la candidature des Alpes Françaises à l'accueil des Jeux Olympiques et Paralympiques d'Hiver 2030, les fédérations internationales, qui ont le pouvoir d'imposer ce qu'elles souhaitent aux organisateurs d'événements, n'ont pas hésité à adapter leur cahier des charges dans l'optique de couper le moins d'arbres possible au moment de construire une nouvelle piste de ski mais aussi de positionner ou non une infrastructure telle qu'un halfpipe dans une station plutôt qu'une autre afin de s'assurer qu'il puisse avoir une utilisation durable sur le long terme sans être un éléphant blanc supplémentaire financé par les pouvoirs publics… Une rupture assez importante avec le positionnement des Jeux d'Hiver de Pékin 2022, premiers Jeux à se dérouler sur 100% de neige artificielle qui leur avait valu d'être largement critiqués malgré un héritage conséquent en termes d'infrastructures de pratique pour le plus grand nombre. Les enjeux environnementaux et d'optimisation de l'utilisation des ressources sont désormais réellement ancrés dans les états d'esprits de plus en plus de décideurs comme de pratiquants. Peut-être cela est-il davantage vérifié auprès des acteurs de sports d'hiver, premières victimes du dérèglement climatique en montagne mais force est de constater que les choses avancent et que les périodes d'opulence caractéristiques des Jeux Olympiques de la fin du XXe siècle ne sont désormais plus autant d'actualité qu'elles pouvaient l'être.

Le milieu du sport de pleine nature, et notamment de montagne, est en effet assez sensible à ces enjeux environnementaux et il n'hésite pas à se remettre en question en permanence. Les athlètes des sports outdoors lèvent de plus en plus la voix pour pousser à une prise en considération des enjeux environnementaux. Des acteurs tels que le marathon du Mont-Blanc ont pris des décisions radicales. Alors que 96% des émissions carbones de l'événement proviennent des transports, à partir de l'année 2025, 40% des dossards pour le marathon seront réservés à des détenteurs de billets de train, mode de transport aujourd'hui le moins carboné pour réaliser des longues distances. Une proportion qui aspire à grandir afin de limiter toujours un peu plus les externalités négatives de l'événement. Cela fait par ailleurs quelques années désormais que les organisateurs de courses ont banni le plastique à usage unique ou réduit les quantités de cadeaux distribués par les partenaires. Dans certains cas, comme à l'occasion du Tour de France où la caravane médiatique qui précède la course en distribuant de nombreux cadeaux est fortement appréciée des spectateurs, les réflexions sur le modèle sont fondamentales afin de trouver un moyen de ne pas perdre l'intérêt du public, tout en se rendant plus éco-responsable.

Le milieu de la montagne tend ainsi à connaître une fermeture sur lui-même. Espace géographique fragile, son avenir est fortement exposé aux risques d'une sur fréquentation et les professionnels des sports outdoors y opèrent une transition d'une pratique sportive de masse vers la commercialisation de services à une communauté plus restreinte et consciencieuse. La création de stations de ski dans les Alpes a contribué à artificialiser une partie de la montagne, la mettant en danger mais aussi la rendant accessible à toujours plus de personnes susceptibles de la mettre en danger. Si l'alpinisme s'est développé avec les avancées technologiques permettant désormais à des non-experts de monter l'Everest en en faisant une grande partie en hélicoptère puis avec assistance respiratoire, le secteur semble peu à peu opérer un retour vers ses fondamentaux, imposant des quotas pour monter les plus grandes montagnes chaque année ou limitant le développement de nouveaux espaces de pratique grand public. Le côté « vert » de la montagne devient ainsi une valeur ajoutée commercialisée à des consommateurs grand public qui y sont de plus en plus sensibles en occident. Des stations telles qu'Avoriaz sur le domaine des Portes du Soleil ont fait du tourisme durable leur valeur ajoutée, bannissant les voitures au sein de la station et cherchant à optimiser les ressources.

Au sein de l'industrie des équipements sportifs, on remarque aussi une tendance au développement d'un positionnement engagé pour l'environnement chez les industriels du secteur de la montagne. La marque Patagonia par exemple innove depuis plusieurs décennies désormais pour fabriquer et distribuer ses produits liés aux sports outdoors les moins polluants possibles. Et cela fonctionne tant la marque s'est imposée comme un leader sur le marché en utilisant des matériaux de qualité, en diminuant sa consommation énergétique et en optimisant sa logistique de livraison, tout en investissant ses profits dans la préservation de l'environnement. La qualité du produit a réussi à imposer son positionnement au consommateur qui n'est désormais plus dans l'expectative de recevoir un produit commandé chez lui en moins de quarante-huit heures mais accepte d'attendre plus longtemps, conscient qu'il fait le choix d'une livraison par des moyens de transport moins polluants et plus proches des valeurs de la marque. C'est dans une optique similaire que l'on a pu remarquer ces dernières années en Occident une tendance à la relocalisation de certaines industries du sport avec le parti-pris de la commercialisation de produits plus onéreux en échange d'une fabrication nationale ou de proximité. L'aspect patriotique lié au sport a sans aucun doute contribué à relancer des marques telles que Le Coq Sportif, garants d'un positionnement de fabrication nationale ou, *a minima*, de proximité, bien qu'aujourd'hui la marque soit en difficultés du fait d'une mauvaise gestion.

D'un point de vue marketing, le sport, comme tout secteur médiatique qu'il est, n'est d'ailleurs pas à l'abri de campagnes de greenwashing de différents annonceurs qui s'y intéressent. L'exemple de la multinationale Coca-Cola, partenaire des Jeux de Paris 2024, est assez frappant. Depuis plusieurs années désormais, l'usage d'ecocups consignées et réutilisables dans les stades s'est généralisé avec l'ambition de réduire les quantités de déchets produits lors des événements. À l'occasion des Jeux de Paris 2024, Coca-Cola, partenaire mondial des Jeux Olympiques, a fait la promesse des premiers Jeux sans plastique à usage unique en fournissant des gobelets consignés aux consommateurs afin de réduire leur impact environnemental. Si l'ambition est louable, Coca-Cola n'a pas pour autant été en capacité d'équiper l'ensemble des buvettes des sites des Jeux en fontaines à sodas. La solution trouvée consistait alors à remplir les verres consignés de 50 centilitres avec... des bouteilles en plastique d'une contenance similaire. Au lieu de ne produire qu'une bouteille plastique, la firme est parvenue à faire produire une bouteille et un gobelet et à essayer de faire passer cela pour une avancée environnementale considérable pour les Jeux Olympiques et Paralympiques. Les organisateurs d'événements font ainsi eux-mêmes parfois preuve de malhonnêteté vis-à-vis des consommateurs. Moteurs hybrides électriques, développement de carburants de synthèse... la Formule 1 souhaite montrer patte blanche et atteindre la neutralité carbone d'ici 2030. La neutralité carbone des courses... et non pas de son organisation. Avec 24 grand-prix sur tous les continents en 2024, l'événement est un désastre environnemental en termes de transports. Lors de la saison 2024, les monoplaces ainsi que les pilotes sont allées concourir à Shanghai avant de se rendre à Miami puis en Italie, où ils ont enchaîné avec le Grand Prix de Monaco avant de se rendre à Montréal puis... revenir à Barcelone. Organiser sa saison pour maximiser les revenus de la compétition est une évidence mais au XXIe siècle, cela ne peut plus se faire au détriment de l'environnement et malheureusement, la route est encore longue pour de nombreux organisateurs avant d'être rationnels sur ce sujet.

Au-delà de l'événementiel, l'impact environnemental du sport amateur est aussi un sujet considérable à traiter pour les acteurs économiques liés à sa pratique. En France, et en Europe en général, les subventions attribuées par les pouvoirs publics aux clubs amateurs ainsi qu'aux organisateurs de compétitions locales sont de plus en plus souvent conditionnées aux respects d'engagements sociaux et environnementaux. À l'échelle locale, le sport est par ailleurs considéré comme un moyen efficace de sensibiliser les populations aux enjeux du développement durable, devenant ainsi un pilier fondamental des politiques publiques. Les équipements sportifs représentent de plus un enjeu clé de sobriété énergétique des collectivités. Hautement énergivores pour certains, plus de 80% d'entre eux sont la propriété de collectivités en France et si elles attendent un engagement écologique des clubs qui les utilisent, elles se doivent de montrer l'exemple en termes de réduction de leur empreinte carbone alors que plus de la moitié des équipements sportifs de l'hexagone ont été construits avant 1975 et constituent pour certains de véritables passoires thermiques. Toutefois, cette gestion des infrastructures se heurte parfois à une nécessité de mettre à disposition des lieux de pratique énergivores pour répondre à des enjeux de politiques publiques. Piscine, patinoire ou golf sont autant d'équipements qui utilisent beaucoup de ressources naturelles pour fonctionner mais qui s'avèrent nécessaires pour l'apprentissage de la nage par exemple. Dans ce cadre, l'ambition des collectivités devient alors de rentabiliser les équipements en s'assurant de leur utilisation à plein potentiel afin que les externalités négatives qu'ils émettent soient minimisées une fois rapportées au nombre d'usagers.

Preuve de l'intérêt porté par les financeurs et partenaires commerciaux à ces enjeux, les labels se multiplient en vue d'attester de l'engagement environnemental des différents acteurs. La norme ISO 20121 est ainsi attribuée pour certifier les « systèmes de management responsable appliqués à l'activité événementielle ». Cette certification, attribuée à l'échelle mondiale, possède bien évidemment des limites, notamment en termes de greenwashing, en témoigne la certification de la Coupe du Monde de la FIFA au Qatar, parfois qualifiée d'aberration écologique. Climatisation dans les stades, 160 vols quotidiens supplémentaires depuis les pays voisins... il est estimé que l'événement a généré 3,6 millions de tonnes de CO2, de quoi remettre en question ces labels et les critères environnementaux des fédérations internationales. Un scepticisme envers la FIFA qui se retrouve accentué par l'organisation de la Coupe du Monde 2026 entre seize villes de trois pays (Canada, États-Unis, Mexique) qui accueilleront quatre-vingts matchs au total, générant des émissions carbone liées au transport que l'on pourra qualifier d'excessives. Toutefois, des initiatives locales tendent aussi à se développer, afin d'être plus proches de la réalité du terrain et aussi plus adaptées aux différentes thématiques à certifier. Le label Fair Play For Planet vient récompenser les acteurs du sport engagés pour l'environnement avec trois niveaux de certification. Valide pour une durée de deux ans uniquement, il aspire à pousser les acteurs à une amélioration continue. Ce label certifie de nombreux clubs et événements français en les accompagnant dans la compréhension et la prise en considération des travaux à réaliser afin d'atteindre une sobriété énergétique suffisante. Force est de constater que de nombreux acteurs se montrent volontaires pour améliorer leurs performances environnementales et de le valoriser aux yeux du grand public grâce à de telles certifications, notamment car de plus en plus régulièrement les subventions qui leur sont accordées en dépendent.

L'écosystème du sport a tendance à placer les acteurs du sport dans une impasse. S'ils souhaitent optimiser leur impact carbone et réduire leur consommation énergétique, ils sont parfois malgré tout contraints à une surconsommation par les organes de gouvernance imposant des normes de sécurité ou logistiques énergivores. Dans le cadre du sport professionnel, cette surconsommation est souvent imposée par les cahiers des charges des ligues professionnelles, principalement rédigés pour assurer une retransmission télévisée efficace, nécessaire à leur modèle économique mais poussant les clubs à allumer l'éclairage lors des matchs du samedi à 15 heures sous grand soleil. Les normes de sécurité d'exploitation des équipements imposent aussi des dépenses d'énergie supplémentaires pour s'assurer qu'une piscine ne vire pas en la faisant tourner plus qu'il n'en faut par exemple ou en changeant l'eau régulièrement. En ce qui concerne le grand public, la consommation d'équipements sportifs suit pour sa part deux tendances. D'une part, il existe une volonté de se rendre accessibles financièrement au plus grand nombre, poussant les fabricants à couper des coûts et donc en réduire la qualité, nécessitant de les changer plus régulièrement et consommant donc plus de ressources mais aussi en recourant à la délocalisation de la production dans des pays émergents, générant des externalités négatives lors de leur transport. D'autre part, les avancées technologiques permanentes se répercutent pas à pas sur les produits grand public et entraînent une obsolescence des produits, imposant d'en changer pour rester à la pointe de ce qu'offre la performance. Cette consommation n'est pas pérenne et a un impact écologique aussi bien que financier pour les ménages. L'économie du sport se soumet donc à divers principes économiques et obligations légales, lui imposant souvent une génération excessive d'externalités négatives. Alors comment sortir du cadre existant pour répondre aux attentes du consommateur tout en limitant l'impact environnemental de sa pratique ?

Repenser le modèle économique du secteur à l'heure de la crise environnementale

Le problème de l'industrie du sport est que son fonctionnement actuel ne lui permet pas de générer de revenus sans générer d'externalités négatives trop importantes. Ainsi, à date, les actions environnementales du secteur consistent principalement à en réduire au maximum l'impact environnemental de ses activités. Dans certains cas, la politique environnementale d'une organisation se limite à réinvestir une partie des profits générés par l'activité dans la plantation de mangroves, captatrices de CO_2 et contribuant à atteindre une neutralité carbone. Les actions entreprises sont alors correctrices : compenser plutôt que ne pas émettre. C'est pourtant bien le contraire qu'il est nécessaire de mettre en place. En réalité, la seule solution viable se trouve dans la nécessité de repenser le modèle économique du sport dans sa globalité.

Les entreprises du secteur doivent travailler à la définition de leur *Impact Business Model* afin de définir une réelle stratégie d'impact et la mettre au cœur de leur modèle économique. La réduction de l'impact environnemental doit générer par elle-même de la valeur pour le projet de l'entreprise. Pour mieux comprendre ce concept, il peut être plus facile de penser en termes d'optimisation de l'utilisation d'un équipement. Aujourd'hui, lors de la réflexion concernant la création d'un grand stade, ce dernier est pensé afin d'offrir une expérience spectateur optimale mais aussi de permettre la commercialisation de produits annexes tels que de la restauration ou du merchandising. Pourtant, réfléchir à la commercialisation dans un stade revient à attribuer une importance majeure à un comportement qui n'arrive approximativement que pendant quatre heures toutes les deux semaines. Le stade peut être pensé autrement. Pendant tout le temps restant, celui-ci peut devenir un autre outil au service de la société. Pour cela il faut penser le stade comme un équipement urbain qui doive répondre à différentes problématiques dont l'une d'elles est de permettre à une équipe sportive de jouer. Les cuisines centrales du stade pourraient être au service des établissements scolaires alentours, les salons être transformés en salles de cours… Se poser la question « Comment construire un équipement au service de mon territoire et qui permette à une équipe professionnelle de jouer ses matchs ? » change complètement la manière dont l'on approche un sujet qui est aujourd'hui « Quel modèle de stade dois-je construire pour maximiser mes revenus en jours de matchs ? ». Il est d'ailleurs important de noter que la génération de valeur d'un modèle d'affaire d'impact n'est pas forcément moindre, elle peut se valoriser par le fait de remplacer d'autres investissements publics nécessaires (dans le cadre des cuisines centrales par exemple) ou dans la génération de revenus encore inexploités (locations de bureaux…).

Certains acteurs ont déjà entrepris de repenser leur business model en prenant en considération ces impératifs environnementaux afin de générer une consommation plus responsable et avec une valeur extra financière qui soit plus importante. Le géant français de la distribution d'articles de sport Décathlon a ainsi redéfini son modèle économique pour offrir de nouveaux services à ses consommateurs qui souhaitent générer par leur consommation des externalités négatives moins importantes tout en y étant gagnants sur le plan financier. Le groupe a pris l'initiative de retravailler sur son offre autour de deux approches : améliorer l'éco-conception de ses produits et développer l'économie circulaire. Ainsi, les magasins Décathlon proposent désormais plusieurs offres telles que la réparation des équipements sportifs, le rachat et la revente de produits d'occasion mais aussi et surtout la location d'articles. Certains articles sont confrontés à des durées de vie moindres pour les usagers, c'est le cas des vélos pour enfants qui doivent être régulièrement changés alors que l'enfant grandit mois après mois. Décathlon propose désormais un abonnement permettant de louer un vélo pour enfant, échangeable à mesure que ce dernier grandit contre un vélo d'une taille supérieure. Ces produits connaissent plusieurs propriétaires avant d'entamer ensuite un second cycle de vie lorsqu'ils sont revendus en tant qu'occasions. Cette approche économique existe déjà dans d'autres industries. À l'aéroport d'Amsterdam, l'entreprise Phillips a cessé de vendre des ampoules mais assure désormais un service d'entretien de l'éclairage, poussant le fabriquant à fabriquer des produits plus durables sans pour autant dégrader ses revenus. Ces *business models* qui vont à l'encontre de celui prévalent de l'obsolescence programmée ont des retombées positives car les revenus générés par la location ne sont pas moins élevés que ceux liés à la vente, ils sont simplement davantage étalés dans le temps. De plus, l'utilisation des équipements produits est bien plus importante lorsqu'ils sont loués. La location d'une tente par exemple ne sera réalisée que pour une période spécifique où les usagers ont prévu d'aller camper. Nous avons tous dans nos placards des tentes qui ne sont utilisées que quelques jours par an, principalement en période estivale, et que nous n'hésitons pas à prêter faute d'utilisation. Grâce à la location, la tente est assurée d'être utilisée à une fréquence bien plus importante que si elle avait été achetée et ce faisant, plusieurs personnes peuvent bénéficier d'un produit ayant nécessité autant de ressources pour être produit que celui qu'elles auraient auparavant dû acheter et stocker pendant de longs mois. Ce principe de location peut aussi être assimilé à celui de vente avec option de reprise. Les ventes en gros à des entreprises telles que des loueurs de skis par exemple peuvent, dès la commercialisation des produits, prévoir des conditions de rachat des équipements d'occasion une fois que l'acheteur souhaite changer sa flotte de skis. Ce faisant, il devient possible de remettre sur le marché des équipements de qualité et d'occasion afin de leur offrir une seconde vie tout en développant les ventes primaires car le loueur ne porte plus le risque de ne pas parvenir à revendre ses stocks et ainsi renouveler son matériel. Ces modèles économiques n'ont rien d'innovant, et pour preuve, ils étaient la norme par le passé. Toutefois, la société de consommation a eu raison d'eux et a bouleversé le paradigme de la propriété. En sortant de ce prisme, les décideurs du sport peuvent exploiter de nombreuses opportunités de repenser leur modèle économique pour en tirer la plus grande valeur possible.

Les Grands Événements Sportifs, émetteurs d'externalités négatives, font eux-aussi partie des organisations qui vont devoir faire un travail de refonte de leur modèle. À l'occasion de la candidature des Alpes Françaises à l'accueil des Jeux Olympiques et Paralympiques d'Hiver 2030, un consortium d'ONGs a émis différentes recommandations concernant les modalités d'accueil des Jeux afin qu'ils aient un impact environnemental le plus faible possible. Parmi ces recommandations, les rédacteurs suggéraient de repenser le modèle d'événement physique générant des émissions carbones liées au transport de supporters du monde entier. Le consortium a alors suggéré le développement de fanzones dans les pays du monde où les fans sont les plus susceptibles de voyager pour venir assister aux épreuves. Ces réflexions, qui sont motivées par une approche plus écologique de l'événementiel, offrent en réalité de nouvelles perspectives financières avec la possibilité d'ouvrir l'organisation de l'événement à de nouveaux territoires, générant de nouveaux revenus tout en limitant l'impact carbone lié aux déplacements des populations. Un principe qui a déjà été mis en place dans le cadre de l'Euro 2024 en Allemagne où des fanzones ont été ouvertes dans d'autres villes européennes comme à Genève, en Suisse.

Au-delà des enjeux financiers, une autre approche de la stratégie carbone peut aussi être prise en considération afin de la réduire du mieux que possible. Dans son ambition d'organiser des Jeux sobres, le comité d'organisation des Jeux de Paris 2024 a initié une approche novatrice et disruptive afin de limiter au maximum son impact carbone. Le comité d'organisation s'est doté d'un « budget » carbone fixe qu'il « dépensait » au long de l'organisation. Comme un budget, l'ambition était de ne pas dépasser le montant qui avait été fixé pour « financer » l'ensemble des Jeux. Ce faisant, les organisateurs ont pu tenter de limiter au maximum leur impact environnemental en réalisant des projections puis en tentant d'optimiser dès que cela était possible. Intimement liés aux politiques publiques, les grands événements sportifs tentent aussi de maximiser leur impact positif en laissant un héritage, notamment en réutilisant du mieux que possible les ressources dont ils ont eu besoin : infrastructures, matériel, financements… Ils deviennent ainsi partie intégrante de ces stratégies gouvernementales au service de la population, les poussant une fois de plus à se réinventer pour maximiser leur impact.

Focus sur : Le sport comme outil de développement en Afrique subsaharienne

Le continent africain, et plus spécifiquement l'Afrique subsaharienne, est un territoire clé des enjeux économiques de demain. D'ici à 2050, il est attendu que la population africaine dépassé les deux milliards d'habitants, rassemblant ainsi plus du tiers des jeunes dans le monde, un critère démographique qui justifie que les principales puissances mondiales tentent d'y développer leur influence. Les États les plus riches investissent ainsi massivement en Afrique avec l'ambition d'y trouver de nouveaux relais de croissance économique à l'avenir mais aussi de réels partenaires commerciaux lorsque les classes moyennes y exploseront, à l'image de ce qu'a connu la Chine depuis les années 1990. L'Occident ainsi que la puissance chinoise tentent de se partager le gâteau des opportunités sur le continent en y menant une guerre d'influence à cheval entre soutien économique et mécénat, motivée par des ambitions diplomatiques et économiques de long terme.

Parmi ces stratégies d'influence, on distingue deux principales tendances. En Occident, ce sont principalement les politiques de solidarité internationale qui justifient un afflux de capitaux destinés au financement d'initiatives en lien avec le développement durable, principalement injectés par le biais de fondations, d'organismes à but non lucratifs ou de fonds gouvernementaux destinés à la diplomatie internationale. En face, une autre approche est plébiscitée par des pays tels que la Chine qui réalisent des investissements massifs dans la construction d'infrastructures nécessaires au développement des pays bénéficiaires par le biais de l'intervention d'entreprises nationales. Au cœur de ces stratégies, le sport possède une place toute particulière, s'imposant depuis l'établissement des objectifs de développement durable de l'ONU en 2015 comme un acteur clé du développement du continent, mais aussi grâce à son statut aussi bien médiatique que symbolique dans des sociétés où le sport est particulièrement présent.

Le sport africain, un secteur en retard

Le sport africain possède un potentiel énorme. C'est que la majorité des revenus du sport à l'échelle mondiale provient de la pratique sportive de masse et de toute l'industrie qui en découle. Une aubaine donc pour un continent où l'activité physique se trouve au cœur des cultures qui le composent et au sein desquelles le sport joue un rôle identitaire fort, notamment le football. Pourtant, aujourd'hui, l'état de développement du secteur est bien loin de ce qu'il pourrait être au regard des ressources à sa disposition, notamment car le continent se confronte à divers enjeux qu'il peine à résoudre.

En effet, l'Afrique peine à structurer la pratique sportive de ses habitants. Le manque d'infrastructures, l'absence de structuration des systèmes fédéraux et la généralisation d'une pratique sportive hors cadre font du sport en Afrique un électron libre, particulièrement difficile à organiser, contrôler, et donc développer. Ce faisant, le sport africain peine aussi à générer la valeur nécessaire à former des professionnels du secteur, leur employabilité étant rendue compliquée par l'absence de structures disposées à employer entraîneurs et dirigeants sportifs. Par ailleurs, si cette pratique sportive particulièrement développée crée des opportunités pour le marché des équipements sportifs, celui-ci se confronte à deux freins principaux : une économie informelle surdéveloppée rendant sa distribution difficile et le fort intérêt porté au marché de seconde main, en accord avec un pouvoir d'achat faible justifié par la jeunesse de la population et des classes moyennes encore restreintes. Il n'est ainsi pas étonnant que la stratégie d'implantation de distributeurs tels que le français Décathlon s'effectue principalement dans des pays avec des classes moyennes déjà importantes (Afrique du Sud, Maroc…) ou dans des territoires où elles sont en plein essor (Côte d'Ivoire, Kenya, Ghana...), faisant fi de nombreux pays tels que le Nigéria, pourtant puissance économique clé du continent étant donné sa situation démographique.

Pour sa part, la pratique sportive professionnelle est quasiment inexistante en Afrique subsaharienne, à l'exception de l'Afrique du Sud, pays qui joue un rôle d'ovni sur le continent avec des ligues professionnelles de football, de rugby, de basketball ou encore de cricket. Il est donc compliqué sur le territoire de pouvoir s'appuyer de locomotives telles que les clubs professionnels pour impliquer au sein de l'écosystème des acteurs multiples qui y sont liés de près ou de loin tels que des entreprises sponsors, des fournisseurs, des cadres techniques sportifs ou encore tout un pan de l'industrie lié à la construction d'infrastructures. Malgré son absence de ligues structurées avec une véritable influence internationale, le continent parvient toutefois à accueillir de plus en plus de grands événements sportifs dans certains pays qui jouent un rôle de locomotive pour son attractivité sportive. L'accueil de la Coupe du Monde de Rugby 1995 en Afrique du Sud, suivi de la Coupe du Monde de la FIFA en 2010 ont été des jalons importants pour le continent, ouvrant la voie à l'accueil des Jeux Olympiques de la Jeunesse de 2026 au Sénégal et de certains matchs de la Coupe du Monde de la FIFA 2030 au Maroc, nation hôte aux côtés de l'Espagne et du Portugal. Mais ces événements ne sont que trop rares pour permettre de tirer l'économie du sport vers le haut à l'échelle continentale, notamment dans l'optique de former de véritables professionnels locaux spécialistes de ces sujets. Cependant, en parallèle, certaines compétitions continentales rencontrent un succès important, telle la Coupe d'Afrique des Nations de football mais sont souvent confrontées à des problématiques sécuritaires et d'organisation, à l'image de de l'attaque terroriste subie par l'équipe du Togo en Angola alors que le pays accueillait la compétition en 2010.

Qu'il s'agisse de pratique sportive amatrice ou de sport professionnel, l'un des principaux freins au développement du secteur sur le continent semble être celui de la difficulté à se financer pour les acteurs. Les subventions au sport sont insuffisantes dans la plupart des pays et les coûts de l'emprunt obligataire sont importants. Le secteur privé, lui, peine à s'impliquer dans le financement des projets sportifs, peu rassuré par leur capacité à générer des retombées économiques fiables, notamment du fait d'un manque de documentation économique sur le sujet. Cette situation implique une dépendance du secteur au soutien d'acteurs étrangers qui, tel qu'évoqué précédemment, attendent un retour extra-financier de leur investissement, principalement diplomatique et de plus en plus souvent économique. Pour certains, cette approche se montre contre-productive. Si son impact immédiat est non-négligeable, elle ne permet pas au secteur de se structurer sur le long terme et le laisse dans une situation de dépendance de capitaux occidentaux. « Plus d'investissements, moins d'aumône, voilà ce que souhaite l'Afrique », c'est en ces mots que Masai Ujri, président Nigérian de la franchise NBA des Toronto Raptors adressait le sujet. Toutefois, les acteurs concernés semblent pourtant pointer du doigt un autre frein à cette approche financière, celle de l'absence de cadre législatif permettant de s'assurer de la rentabilité des investissements. Un problème à traiter par les deux bouts donc.

Le sport pour le développement, un relais de croissance par la base

La pratique sportive possède de nombreux atouts pour contribuer au développement économique des territoires. Meilleure santé, cohésion des peuples, autonomisation de la jeunesse, sensibilisation à l'égalité et lutte contre les discriminations, émancipation féminine... le sport ne manque pas d'arguments pour contribuer aux objectifs de développement durable, soulignant son rôle aussi bien social qu'économique. Il est ainsi considéré que le sport permet de contribuer à la santé et au bien-être des populations (ODD3), à l'égalité des genres (ODD5), à l'éducation (ODD4) mais aussi à la croissance économique (ODD8) et donc indirectement à la lutte contre la pauvreté (ODD1) et la réduction des inégalités (ODD10). Cependant, le développement de la pratique sportive se confronte à certaines problématiques de taille. D'une part, l'inégalité d'accès au système scolaire, notamment à l'adolescence où se jouent les habitudes d'activité physique pour le reste de sa vie, ainsi que le peu de moyens dont il est souvent doté, rend l'éducation physique et sportive compliquée. De nombreux établissements n'ont pas les infrastructures nécessaires à une pratique sportive en toute sécurité, rendue compliquée par des conditions climatiques parfois peu clémentes (températures extrêmes, fort taux d'humidité, difficulté d'accès à l'eau…). L'école, qui en Occident joue un rôle clé dans le développement de l'activité physique au sein de la société, s'en montre ainsi un soutien fragile sur le continent. Les disparités socio-démographiques des territoires et des populations viennent par ailleurs le fragiliser. Régulièrement, la capacité à utiliser des équipements sportifs de base, tels que des chaussures de sport à la bonne taille pour les enfants, dépendent uniquement de la solidarité occidentale, limitant les perspectives d'une pratique sportive en toute sécurité. Un enjeu de sécurité qui est aussi accentué par les problématiques de nutrition qui touchent le continent. De nombreux acteurs locaux s'accordent pour souligner que le premier enjeu de la pratique sportive en Afrique est celui de la nutrition, de nombreux jeunes africains sautant régulièrement des repas par manque de moyens et se mettant ainsi en danger sur les terrains de sport. Un danger d'autant plus accentué par une difficulté d'accès chronique aux infrastructures médicales de proximité.

Le potentiel de développement de la pratique est par ailleurs limité par un manque de compétences liées à son enseignement. Souvent informelle, la pratique est peu organisée et peine ainsi à se montrer impactante, notamment du fait de l'absence d'une politique éducative commune concernant l'éducation physique et sportive. Pour cette raison, de nombreuses organisations à but non lucratif ciblent la jeunesse africaine afin de la sensibiliser au sport ainsi qu'à ce qu'il peut apporter à la société et son économie, notamment en termes d'employabilité. Ces organisations, souvent des ONG, sont financées par trois principaux types d'acteurs : des acteurs privés, motivés par les causes qu'elles soutiennent - mais aussi les avantages fiscaux offerts par les États occidentaux en échange de leur soutien -, des organisations gouvernementales ou intergouvernementales, motivées par des enjeux diplomatiques et économiques, tels que le gouvernement français via l'Agence Française de Développement ou encore des organisations supra étatiques telles que l'Union Européenne voire l'ONU via du financement et parfois des actions directes (UNICEF). Enfin, les derniers grands investisseurs du sport pour le développement sont les fédérations internationales elles-mêmes, au-devant desquelles on retrouve le Comité International Olympique et la FIFA. Pour ces dernières, le sport pour le développement est au cœur de leur raison d'être mais aussi un moyen de s'assurer de la diffusion de leur discipline auprès de la jeunesse africaine, porteuse pour leur développement de long terme. Les Jeux Olympiques de Paris 2024 ont eux-aussi contribué au financement d'organisations impliquées dans le développement par le sport en Afrique au travers de l'appel à projets Impact 2024, démontrant l'importance qu'y attribuent l'ensemble des acteurs du sport occidental. Pour certains détracteurs, ces organisations peuvent être assimilées à du néo-colonialisme, notamment car leur impact est parfois discutable sur le long terme. Mais depuis 2015 et le cadre de développement durable désormais proposé par l'ONU, elles abordent souvent le sujet du sport pour le développement en souhaitant en maximiser l'impact local. L'association Terres en Mêlées qui traite ce sujet par l'intermédiaire du rugby a ainsi été fondée en France où elle a développé une véritable approche pédagogique qu'elle a enseignée aux encadrants des projets qu'elle mène dans quatre pays africains. Elle a ensuite progressivement transféré l'ensemble des compétences administratives nécessaires à piloter les antennes locales qu'elle a contribué à faire grandir avant de décentraliser sa gestion depuis l'Afrique. Ces projets permettent ainsi de faire monter en compétence des éducateurs sportifs dans les pays concernés et de créer de l'emploi, souvent dans un cadre entrepreneurial, tout en continuant à maximiser l'impact du sport afin de donner aux enfants les clés pour réussir dans la vie. Le véritable enjeu du sport africain à date est ainsi de parvenir à transformer cet afflux de capitaux occidentaux désintéressés de tout résultat financier en réelle structuration d'un secteur par la racine. Une nécessité qui se fait d'autant plus pressante que la tendance est à la réduction de ces fonds en occident et que ceux des pouvoirs publics locaux peinent à réellement se développer.

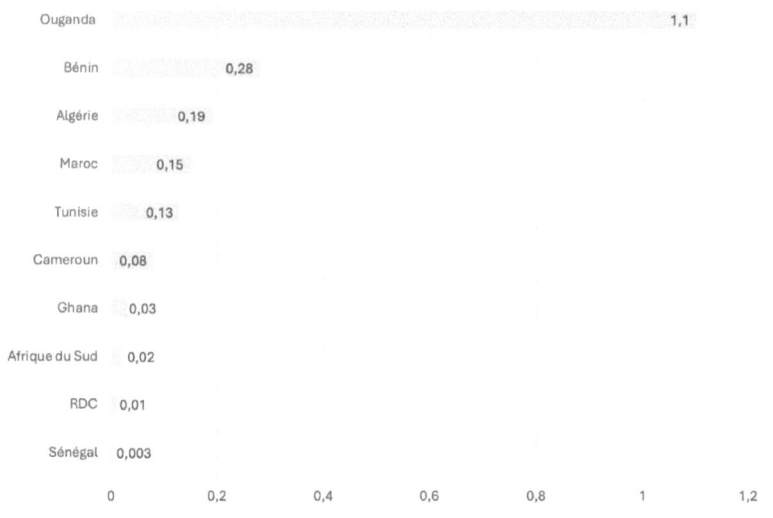

Source : Jeune Afrique

Annexe 13 : Les budgets dédiés au sport en 2023 dans une sélection de pays africains (en pourcentage du PIB par pays)

Ces investissements ne vont toutefois pas sans leurs lots de contraintes. Confronté à la pauvreté endémique, le continent est aussi malheureusement en proie aux détournements des fonds fléchés vers ces aides au développement. Quelques 165 000 dollars versés par la FIFA afin d'accompagner le développement du football féminin aux Comores en 2018 n'ont jamais vu le compte en banque desdits clubs. Cet exemple n'en est qu'un parmi tant d'autres à l'échelle d'un continent miné par la corruption et le népotisme. Des malversations qui viennent discréditer les projets et surtout priver leurs bénéficiaires finaux de fonds nécessaires à leurs actions. Aujourd'hui, les enjeux de financement du développement du sport africain sont ainsi mis en danger par sa pauvreté : une approche court-termiste qui l'empêche de se structurer dans la durée mais qui le pousse à consommer les fonds tant qu'ils sont là, conscients que la manne ne sera pas éternelle.

Le sport professionnel, un outil pour rattraper les économies occidentales

Aux côtés de la pratique sportive de masse, le sport professionnel joue un rôle fondamental dans la création d'emplois à l'échelle locale. En France, on estime que chaque joueur professionnel de football contribue à la création de 23 emplois non délocalisables, un chiffre qui illustre bien le potentiel d'impact économique du secteur. Sa structuration permet ainsi d'alimenter tout un pan de l'économie mais aussi de créer tout simplement de l'emploi pour des athlètes, leur offrant notamment l'opportunité de s'exporter ensuite en leur offrant de meilleures conditions de vie tout en contribuant à la balance des paiements de leurs pays. Il s'agit donc d'un véritable relais à fort potentiel pour contribuer à la croissance économique de ces pays, notamment en leur offrant une médiatisation internationale importante. Cependant, il manque aujourd'hui à l'Afrique subsaharienne les ressources de base nécessaires à la création d'une telle économie : des clubs professionnels, des infrastructures sportives de qualité et un cadre légal permettant la protection de droits marketing, qu'il s'agisse de droits TV ou de protection des marques, notamment pour les équipementiers dont les ventes sont particulièrement faibles sur le continent à cause d'une tendance à la contrefaçon particulièrement importante et d'une économie souterraine massive. Cela étant, le mal semble plus profond. Une étude de Mazars et de l'*African Sports and Creative Institute* met en exergue que les acteurs de l'économie africaine voient encore le sport comme un loisir et non comme un secteur économique potentiellement porteur, expliquant un accès difficile au financement, faute de perception rentabiliste.

Le sport de haut niveau africain, et notamment le football, est aujourd'hui dépendant d'investissements étrangers. De nombreux clubs occidentaux y construisent ou financent des académies de haute performance avec l'ambition d'y voir éclore les talents du football de demain. Mais de fait, la plus grosse partie de la valeur liée à ces investissements est captée par ces acteurs étrangers et extraite des pays où elle a été générée, leur impact se limitant à quelques emplois locaux, les postes décisionnels étant régulièrement pourvus par des cadres importés. L'économie du sport professionnel se confronte ainsi à une difficulté à développer des clubs locaux avec une médiatisation sinon internationale, au moins nationale, extrayant leur valeur dès lors qu'ils en génèrent. L'exemple de l'Ajax Cape Town, club de première division de football sud-africain est assez marquant. Pendant plus de 20 ans, l'Ajax d'Amsterdam a été propriétaire d'un club en Afrique du Sud afin d'y développer des talents locaux avant de leur faire rejoindre les Pays-Bas. Faute de stade dans lequel jouer au quotidien, le club est condamné à jouer en rotation dans différentes enceintes souvent disproportionnées, engendrant des coûts opérationnels très importants tout en empêchant la création d'une véritable fanbase. Une situation qui se traduit par une absence de modèle économique pour le club, dépendant presque exclusivement des investissements du club néerlandais. En 2020, le club néerlandais se retire et plonge le club dans une crise financière massive, vivotant en deuxième division. Malgré tout, ces investissements ont contribué au développement de l'économie du football local pendant deux décennies, créant de l'emploi pour de nombreux talents mais ne permettant pas pour autant d'inscrire dans la durée le modèle économique de ceux qui se font désormais appeler Cape Town Spurs.

Pourtant, le cas de l'Afrique du Sud est le mieux loti du continent. Il y existe une véritable culture du sport professionnel justifiant une propension à consommer du grand public mais aussi un véritable intérêt pour le sponsoring, permis par un contrôle des droits marketing qui y sont associés. Mais là où le pays tire véritablement son épingle du jeu réside dans ses nombreuses infrastructures sportives de qualité, malgré parfois un manque de diversité dans les jauges. Si cette situation n'est pas le cas de nombreux pays africains, un de leurs partenaires commerciaux a fait de la construction d'infrastructures sportives un élément clé de sa diplomatie sur le continent : la Chine. Dans le cadre de sa stratégie d'influence « people-to-people », la Chine souhaite séduire les individus à travers le continent en s'attaquant à leurs domaines de passion pour générer de l'attachement. Un système qui semble se montrer plus efficace que de tenter d'influencer l'opinion publique dans des pays où les débats politiques sont régulièrement à sens unique. En ce sens, les installations sportives, et en particulier les stades de football, jouent un rôle dans la démonstration de la bonne volonté de la Chine et de sa politique axée sur l'être humain à l'égard des sociétés africaines. La construction de stades gigantesques fait désormais partie des réalités quotidiennes de nombreuses grandes villes africaines et s'inscrit dans le cadre d'un phénomène nouveau dans la complexité des relations entre l'Afrique et la Chine. Nairobi, capitale du Kenya, pourra s'appuyer sur un stade neuf pour accueillir la Coupe d'Afrique des Nations 2027, construit par la China Road and Bridge Corporation. Le stade a été financé au travers d'un partenariat public-privé, un modèle qui, s'il tend à disparaître en France, permet à la Chine de s'ancrer localement et de bénéficier de retombées économiques de ses investissements dans des infrastructures tout au long de son projet de nouvelles routes de la soie. Un système qui permet notamment de palier à la complexité de prêts internationaux sur le long terme, notamment dans les économies en développement où les devises sont particulièrement volatiles et les cadres politiques parfois incertains[55]. À Ebimpé en Côte d'Ivoire, le stade Alassane Ouattara est quant à lui un don fait par la Chine au gouvernement ivoirien. Le stade devient un outil diplomatique alors que des entreprises chinoises se sont vu attribuer les contrats de construction de deux autres stades dans le pays en amont de la réception de la CAN[56]. Rwanda, Kenya, Tanzanie, Ouganda, Djibouti… en cinquante ans, la Chine a construit et rénové une centaine de stades à travers le continent. Malgré cela, les contestations montent. C'est que ces cadeaux sont rarement gratuits, entraînant notamment pour les pouvoirs publics des coûts d'entretien sur le long terme et venant souvent illustrer le clientélisme à l'œuvre au plus haut niveau des États.

Cependant, aucune des dernières CAN n'aurait pu se tenir sans le don de stades chinois, ce qui démontre au travers de l'exemple de la plus grande compétition continentale comment, une fois de plus, le développement économique par le sport en Afrique passe par l'influence de puissances étrangères, l'y rendant vulnérable, comme quand, en 1994, après avoir soutenu le gouvernement Taïwanais, le Burkina Faso a vu les Chinois se retirer avec les plans du stade national qu'ils avaient construit. Incapables d'en exploiter le réseau électrique, le stade est resté dans le noir pendant des mois jusqu'à sa rénovation. Mais ces stades ont malgré tout permis au continent de se faire remarquer sur la scène internationale grâce au football et de générer des retombées économiques clés pour son développement. Aujourd'hui, les flux venant de la diffusion des compétitions continentales sont valorisés à plusieurs dizaines de millions de dollars chaque année et sont redistribués aux clubs participant à la Ligue des Champions africaine ou à la fédération qui remportera la Coupe d'Afrique des Nations. Ils jouent ainsi un rôle fondamental, devenant l'une des première sources de financement du football sur le continent et ruisselant sur l'ensemble de ses parties prenantes. Toutefois, ces montants restent malgré tout captés pour la plupart par un nombre restreint d'acteurs capables de remporter la compétition. Avant de gagner et de pouvoir bénéficier

---

[55] https://thediplomat.com/2025/01/chinas-stadium-diplomacy-in-africa-pt-1-the-talanta-sports-stadium-in-nairobi/

[56] https://www.lemonde.fr/sport/article/2021/04/26/comment-la-chine-etend-son-influence-en-afrique-grace-a-la-diplomatie-des-stades_6078112_3242.html

de cette manne financière, il s'agit de trouver les moyens de financer un véritable projet, ce qui ne semble pas être à la portée de tous.

Les influences étrangères dans le sport professionnel persistent ainsi au-delà de la question de la propriété des clubs ou de la construction des infrastructures. Au football, les droits TV sont le nerf de la guerre. Si une société chinoise s'est arrogé les droits de diffusion du Championnat d'Afrique des Nations, le français Canal + et le qatarien Bein Sport se sont partagé les droits de l'ensemble des compétitions de football continentales entre 2017 et 2023, une valeur générée à l'échelle locale qui a encore échappé à des acteurs africains pendant de longues années. On note toutefois depuis peu une évolution de ce paradigme, les droits de la CAN ayant depuis été acquis par New World TV, un groupe de médias togolais tandis que le Sud-Africain Supersport continue de jouer un rôle majeur dans la diffusion des événements sportifs en Afrique anglophone depuis le milieu des années 1990.

Cela étant, au-delà de leur diffusion, ce sont aussi des investisseurs occidentaux qui contribuent au développement de compétitions phares sur le continent. Depuis 2020, la NBA américaine a lancé une ligue panafricaine, la Basketball Africa League dont elle est propriétaire au travers de sa succursale NBA Africa. En Afrique du Sud, les franchises de rugby ont été intégrées au championnat européen United Rugby Championship, leur permettant d'ailleurs de disputer des matchs de Coupe d'Europe. Ces championnats sont parmi les plus structurés financièrement à l'échelle du continent et sont tous sous influence occidentale. Dans de nombreux pays, les championnats vivotent et lorsqu'ils viennent à générer de la valeur, notamment au travers de la vente d'un joueur à un grand club occidental, il n'est pas rare que l'argent qui soit destiné aux clubs formateurs soit détourné ou utilisé dans une optique qui ne permet pas une structuration de long terme.

L'ensemble de ces éléments font que le sport Africain possède encore une réelle marge de développement. Les investissements sponsoring à l'échelle continentale ne représentent que 1% des montants investis à l'échelle mondiale[57]. Les experts du sport évoquent un manque de compréhension de la plus-value du secteur pour ses parties prenantes. Les entreprises ne sont pas sensibles aux retombées permises par le sponsoring ni les prestations d'hospitalités, appelant à une nécessité de former des professionnels du sport et

---

[57] Source : Statista

de travailler au développement de l'implication de ces entreprises, à l'image du soutien des opérateurs télécom qui investissent massivement dans le sport pour leur communication. Le faible pouvoir d'achat des classes moyennes d'Afrique subsaharienne réduit toutefois le potentiel d'investissement d'entreprises étrangères dans du sponsoring en Afrique, sans parler de la génération de revenus des opérations de billetterie ou de merchandising. La faiblesse du marché intérieur pèse ainsi sur un secteur difficilement exportable et confronté à une concurrence de très haut niveau à l'international, nécessitant des efforts particulièrement importants pour y conquérir des parts de marché malgré l'engouement communautaire des émigrés occidentaux.

Le sport professionnel possède toutefois une véritable valeur ajoutée pour le continent : il lui offre de la visibilité, ce qui peut avoir un impact économique conséquent sur le long terme. Si nous avons évoqué ce sujet pour la CAN, c'est aussi le cas des autres grands événements sportifs que le continent accueille. Certains acteurs comme le Rwanda entreprennent d'ailleurs d'en faire un outil d'attractivité clé pour leur développement, à l'image de ce que peuvent faire certains États du Golfe. Alors qu'il accueille les finales de la Basketball Africa League dans sa moderne Kigali Arena, le pays organise aussi depuis 1988 le Tour du Rwanda, course cycliste de référence, si bien qu'il s'est vu attribuer les championnats du monde de cyclisme 2025. Le pays ambitionne même d'accueillir un Grand Prix de Formule 1 et a développé à cet effet un dossier considéré comme solide par les organisateurs, preuve de sa compétence et de son investissement dans cette stratégie. Le pays croit en la capacité des Grands Événements Sportifs à lui conférer une crédibilité et une visibilité sur la scène internationale, un véritable enjeu pour l'un des plus petits pays d'Afrique, en proie à de nombreuses divisions internes mais à l'économie particulièrement dynamique lorsque l'on la compare à ses voisins. Afin de développer sa notoriété, le Rwanda a aussi entrepris de se rendre visible en Occident grâce à des relais sportifs, devenant notamment le sponsor maillot de clubs de football tels que le Paris-Saint-Germain, Arsenal ou encore le Bayern Munich. Les grands événements sportifs traduisent toutefois une réalité à deux vitesses sur le continent. Ils différencient des pays possédant des infrastructures modernes et adaptées à leur accueil des autres, souvent les plus pauvres. Maroc, Afrique du Sud, Sénégal ou Rwanda se distinguent ainsi de pays en situation d'extrême urgence humanitaire où les priorités sont toutes autres, ce qui leur permet de bénéficier d'un supplément de crédibilité à l'échelle continentale, en faisant un véritable atout concurrentiel dans leur quête d'attirer des investissements.

Le continent africain est donc un territoire porteur pour l'économie du sport. S'il veut en faire un outil clé de son développement à l'avenir, il faudra toutefois qu'il parvienne à résoudre de nombreuses problématiques qui le minent, aussi bien politiques qu'économiques, notamment d'un point de vue infrastructurel et d'un manque crucial de capital humain. L'Afrique peut toutefois compter sur un avantage énorme dans son développement, un flux de capitaux venus d'Occident et destinés à des opérations de développement économique. Des flux que certains pays tentent d'attirer en se construisant une crédibilité grâce au sport, lui donnant une dimension économique supplémentaire au sein des enjeux de développement durable.

LE SPORT, PILIER DU DEVELOPPEMENT DURABLE, JOUE UN ROLE CLE DANS LES ECONOMIES

Quel recours au sport au sein des politiques publiques ?

Le sport, contributeur économique des États

Le sport est un enjeu clé des politiques publiques car il représente un outil transverse utile à la réalisation de nombreuses d'entre elles : santé, cohésion, économie... Dans l'ensemble, il est assez largement considéré que les politiques publiques du sport ont trait à l'atteinte de trois objectifs principaux : rendre le sport accessible à tous et dans un cadre protecteur, garantir un sport spectacle intègre et compétitif et participer à l'attractivité internationale du pays. Pour cela, de nombreux ministères et organismes publics s'y intéressent et le financent mais en réalité, le cadre de recours au sport est bien plus large.

D'après une étude du Centre de Droit et d'Économie du Sport de Limoges, la pratique sportive en France permettrait d'économiser entre 194 et 254 milliards d'euros de dépenses publiques, ce qui signifierait qu'un euro d'argent public investi permettrait d'éviter l'investissement d'au moins treize euros supplémentaires. En effet, l'étude nous apprend que la pratique sportive permet d'éviter autour de 140 milliards d'euros de dépenses de santé chaque année, un montant conséquent équivalent à plus de 5% du PIB de la France. Mais la santé n'est pas la seule source de dépenses publiques qui est impactée par cette pratique. On estime par exemple l'impact du sport sur les dépenses liées à la prévention et à la répression de la délinquance entre 10 et 31 milliards d'euros chaque année. Des investissements qui sont aussi évités dans de nombreux domaines : échec scolaire, discriminations, chômage, mal-être au travail, absentéisme, sous-productivité... Le sport possède donc une véritable valeur ajoutée pour les pouvoirs publics car il permet d'avoir un impact sur de nombreux postes de dépenses conséquents, ce qui justifie une présence importante des pouvoirs publics dans son financement, et qui crée des dissensions lorsqu'il s'agit de sacrifier son budget sur l'autel de l'austérité...

	Coût évité pour l'État (en milliards d'euros)	En proportion du PIB
Santé	140	5,3%
Délinquance	Entre 10,4 et 31,1	0,39% - 1,17%
Échec scolaire	Entre 1,5 et 3,1	0,06% - 0,12%
Discriminations	Entre 8,9 et 17,9	0,34% - 0,67%
Chômage	Entre 5,8 et 8,7	0,23% - 0,35%
Mal-être au travail	Entre 18 et 36	0,68% - 1,36%
Absentéisme	Entre 3,8 et 9,5	0,14% - 0,36%
Sous-productivité	Entre 5,4 et 8,1	0,20% - 0,31%

Source : Pluricité, CDES, OMS

Annexe 14 : Le coût évité aux pouvoirs publics par la pratique sportive en France

L'un des enjeux principaux liés à la pratique sportive est donc celui de la santé publique. Malgré le développement du secteur et de l'accessibilité de la pratique, force est tout de même de constater que certains publics en sont encore éloignés, que ce soit pour des raisons physiologiques, culturelles ou économiques. En effet, d'après l'eurobaromètre sur le sport et l'activité physique de 2022, 45% des citoyens de l'Union Européenne n'ont aucune pratique sportive à l'année. Pourtant, il est considéré par l'organisation mondiale de la santé qu'une activité physique régulière permettrait de réduire les risques de maladies chroniques de 20 à 30%. Il n'est donc pas étonnant qu'en France, la première motivation liée à la pratique sportive soit la santé, devant les notions de détente et de plaisir ou d'amélioration de ses apparences[58]. L'impact de l'activité physique sur la santé est d'ailleurs double, jouant un rôle aussi bien préventif que curatif. L'impératif de santé publique étant fondamental au sein des sociétés, ayant un impact direct sur son bien-être, donc sur sa cohésion, mais aussi sur sa productivité et donc son économie, le sport y a un

---

[58] Source : INJEP, ministère des sports, baromètre national des pratiques sportives, 2018

rôle clé à jouer. En France, les mécanismes de santé publique s'articulent autour de trois principes : anticiper, comprendre et agir. Le sport, s'il est bien utilisé, peut contribuer à chacun d'entre eux.

De nombreux pays qui font face à des problématiques de sédentarité ou d'obésité tentent ainsi de rendre l'activité physique plus séduisante afin de pousser un nombre toujours plus élevé de citoyens à y prendre part. Pour ce faire, un savant mélange entre investissement dans les grands événements sportifs, visibilité des exploits nationaux et politiques aspirant au développement de la pratique est régulièrement utilisé. La principale problématique reste toutefois toujours la même : être en mesure d'apporter aux pratiquants des conditions de pratique de qualité, notamment en leur donnant accès à des infrastructures de proximité. L'enjeu est aussi de parvenir à faire perdurer dans le temps les structures de pratique en leur permettant d'obtenir les ressources nécessaires à leur fonctionnement, qu'elles soient financières, humaines ou matérielles. Les États proposent alors diverses approches afin d'inciter l'ensemble des acteurs économiques à financer les associations sportives. En France, ces dernières sont considérées d'intérêt général et offrent aux mécènes des exonérations d'impôt (66% pour les particuliers, 60% pour les entreprises), un mécanisme de financement public indirect, incitant les mécènes à contribuer en échange du choix du fléchage de leur imposition. Les montants de mécénat investis dans les associations sportives seraient équivalents à ceux du sponsoring du sport professionnel, tout en bénéficiant à un nombre bien plus important d'acteurs associatifs[59].

Les pays les plus pauvres bénéficient pour leur part de fonds issus des mécanismes de solidarité des fédérations internationales ainsi que du CIO pour la construction et la rénovation d'équipements sportifs afin d'ouvrir la pratique au plus grand nombre. D'autres fonds complémentaires, accordés par les agences de développement des puissances occidentales (AFD, USAID...) viennent étoffer le développement économique du sport, sur fond d'enjeux géopolitiques. À l'occasion des Jeux du Pacifique de 2023 dans les Iles Salomon, le fonds de solidarité olympique du CIO a contribué à l'organisation en procédant à la formation du personnel médical présent sur l'événement et en finançant la création d'une application mobile permettant de collecter et partager des données relatives aux incidents médicaux. En outre, 14 défibrillateurs et 20 kits de premiers secours ont été achetés pour les Jeux. De

---

[59] Source : L'observatoire BPCE

quoi se targuer d'avoir, par le biais du sport, contribué au développement du système de premiers secours dans l'archipel de manière pérenne.

Des stratégies de développement de l'activité physique adaptées aux différents publics

Au cœur des stratégies de politiques publiques, la jeunesse est une cible particulièrement privilégiée. Les jeunes sont susceptibles de prendre grâce au sport des habitudes d'activité physique qui les suivront toute leur vie. Contrairement à la pratique sportive générale, c'est le ministère de l'éducation nationale qui a la charge du sport en milieu scolaire. En France, cette pratique passe en premier lieu par un enseignement obligatoire oscillant entre deux et quatre heures hebdomadaires selon le niveau dans lequel évolue l'élève. Le développement de la pratique en milieu scolaire passe aussi par une volonté d'offrir un cadre de pratique en dehors du temps scolaire, notamment en recourant à des associations sportives scolaires (UNSS, USEP...) qui comptabilisent près de 2,7 millions de licenciés chaque année. Mais en parallèle d'une pratique régulière, l'école souhaite aussi contribuer à l'enseignement de savoirs sportifs fondamentaux, concernant notamment deux notions clés : savoir nager et savoir rouler à vélo. L'apprentissage de la nage en milieu scolaire est toutefois freiné par la difficulté de certains établissements à accéder à des créneaux de piscine dans certains territoires qui en sont dépourvus ou insuffisamment dotés. Le système éducatif français aspire aussi à accompagner ceux qui en ont les capacités vers la haute performance en permettant une flexibilité importante dans la constitution du double projet des élèves athlètes, que ce soit au travers de classes à horaires aménagés ou de sections sportives scolaires. Pour cela, les établissements n'hésitent pas à se rapprocher du mouvement sportif tels que les clubs sportifs professionnels ou les fédérations. Une collaboration qui s'étend aussi à d'autres projets de plus grande ampleur qui ne sont pas uniquement tournés vers la haute performance mais aussi vers une pratique pour tous comme la semaine olympique et paralympique au mois d'avril de chaque année. La pratique scolaire est financée quasiment exclusivement par des fonds publics afin de faire preuve d'indépendance vis-à-vis d'intérêts que pourraient y avoir des acteurs privés. L'enveloppe budgétaire qui y est attribuée par l'État français chaque année s'élève à 5,7 milliards d'euros, constituée principalement de la prise en charge des salaires des professeurs d'EPS.

Pour autant, la sensibilisation des jeunes à une pratique sportive régulière et en toute sécurité n'est pas uniquement liée au sport scolaire. Elle bénéficie aussi du soutien accordé aux clubs du territoire par les collectivités au travers d'un financement direct des associations sportives ainsi que par la construction d'infrastructures. La stratégie d'accessibilité de ces dernières est d'ailleurs un enjeu clé pour les collectivités. Si elles sont ouvertes à tous, une partie de la population est susceptible de se les arroger et d'en exclure d'autres comme l'illustre la fréquentation des terrains de football à cinq urbains où sont omniprésents de jeunes garçons. À l'inverse, les terrains à accès restreints permettent d'assurer une accessibilité aux publics les plus marginalisés de la pratique sportive mais en contraignant aussi le cadre en imposant horaires et modalités. Il s'agit alors pour les collectivités de trouver le juste milieu pour assurer la pratique de tous. Dans certains territoires où le parc d'équipements sportifs est en tension, l'enjeu est aussi d'être en mesure d'exploiter efficacement les infrastructures sportives disponibles au sein des établissements scolaires, notamment en soirée. Dans des villes comme Paris où l'accès aux infrastructures est saturé, les équipements scolaires représentent une opportunité énorme de délestage. Par ailleurs, ces territoires mènent aussi des réflexions en termes d'urbanisme avec la volonté potentielle d'imposer la construction d'équipements sportifs lors de la construction de nouveaux logements afin d'éviter d'aggraver la surcharge des infrastructures existantes.

En 2021, afin de faciliter l'accès au sport aux adolescents, un pass'sport a été créé à destination des jeunes français. Consistant en une aide financière de cinquante euros par enfant ou étudiant sous condition de ressources, il avait pour ambition de permettre aux foyers de prendre en charge une partie des frais d'inscription dans un club ou une salle de sport. Le dispositif a permis à plus de 3,2 millions de jeunes d'avoir accès à une pratique sportive moins onéreuse tout en permettant aux clubs locaux de capter l'attention de ces publics en vue de les fidéliser et de leur transmettre les valeurs du sport, les adolescents étant fortement exposés à un décrochage sportif. Un moyen aussi de contribuer à leur sociabilisation, qui se veut de plus en plus cruciale à une époque où les nouvelles technologies ont tendance à marginaliser un nombre croissant de jeunes.

Aux côtés du développement de la pratique sportive chez les jeunes, la pratique féminine représente elle-aussi un réel enjeu de politique publique. Les chiffres démontrent qu'à tous âges les femmes pratiquent en moyenne moins que les hommes. En France aujourd'hui, 63% d'entre elles déclarent encore n'avoir aucune activité sportive. Ces dernières années, une prise de conscience a été opérée en termes d'adaptation des infrastructures à une pratique sportive féminine. Des vestiaires et sanitaires réservés aux femmes ont progressivement été aménagés dans l'ensemble des équipements, même ceux dédiés principalement à des sports dits masculins. De nombreuses salles de sport possèdent désormais un espace réservé exclusivement aux femmes afin de leur permettre de s'entraîner sans s'exposer au regard des autres. Afin de lutter contre les préjugés d'un sport masculin et de démocratiser la pratique sportive féminine, de nombreux outils ont aussi été déployés afin de lui offrir davantage d'exposition médiatique – notamment à la télévision – mais aussi de permettre une meilleure représentation des femmes au sein des fédérations sportives, une nécessité pour briser au plus vite les barrières liées à la pratique féminine.

Les difficultés de féminisation du sport sont assez similaires à celles rencontrées par une autre population : celle des personnes en situation de handicap. En France, cette population concerne 12 millions de personnes et 52% d'entre elles ont déclaré n'avoir eu aucune activité physique en 2020. Infrastructures inadaptées, préjugés, difficultés à enseigner le parasport, besoins de soins plus importants… les freins à la pratique ne manquent pas. Pourtant, l'activité physique des personnes en situation de handicap est d'autant plus nécessaire qu'elle permet de lutter contre l'isolement de ces publics et de favoriser leur insertion dans la société. Le dispositif hors du commun déployé par France Télévisions pour la diffusion des Jeux Paralympiques de Paris 2024 a permis à 49 millions de français d'assister devant leur poste à au moins une épreuve handisport. Toutefois, si la conscience de la légitimité de ces pratiques augmente considérablement, l'accompagnement des organisations sportives reste un enjeu fondamental afin de les aider à s'approprier les compétences et codes nécessaires pour assurer une pratique féminine ou handisport en toute sécurité mais aussi tout simplement donner conscience aux bénévoles qu'ils ont la capacité d'accueillir ces publics, au-delà des préjugés qu'ils pourraient avoir.

Le sport au service de la santé et de l'insertion des populations

Le déploiement de cellules de pratiques sport santé au sein de clubs où elle est habituellement orientée vers la compétition s'est aussi montré être un outil efficace au service de l'inclusion par le sport. Une stratégie sport santé a été déployée entre 2019 et 2024 par le ministère des sports. Elle s'appuie sur trois principaux axes : la formalisation d'offres sportives adaptées et accessibles ainsi que l'élaboration par les fédérations de stratégies sport-santé à destination des clubs et des éducateurs ; le développement d'outils et de formations au bénéfice des professionnels de santé afin de leur donner conscience des opportunités offertes par le mouvement sportif en termes de sport santé ; enfin, la poursuite d'efforts de recherche sur les liens entre le sport et le traitement des maladies ainsi que la démocratisation de leurs résultats auprès des patients et du grand public. Un réseau de 500 maisons sport-santé réparties dans l'Hexagone permet aujourd'hui de déployer ces initiatives et notamment d'accompagner tout individu qui souhaiterait débuter ou reprendre une activité physique sportive pour sa santé ou son bien-être. Le principal frein aux politiques de développement du sport santé réside aujourd'hui dans l'incapacité de la sécurité sociale à rembourser une pratique médicale du sport, jugée trop onéreuse. Certaines collectivités, avec l'appui des agences régionales de santé, proposent tout de même des aides financières, tout comme les complémentaires santé de certaines mutuelles mais la généralisation dans les esprits d'une pratique sportive à des fins médicales permettrait d'inscrire son impact sur la santé dans les mentalités. L'autorisation de l'expérimentation du remboursement du sport prescrit aux malades du cancer en 2023 et pour une durée de deux ans est toutefois de bon augure pour la généralisation du dispositif si ce dernier venait à se montrer efficace. Le sport est un outil fondamental pour la santé d'une population et gouvernements comme collectivités aspirent à le développer à l'aide de deniers publics car un tel investissement semble rentable au vu des dépenses de sécurité sociale induites par la sédentarité. Par ailleurs, convaincus des bienfaits du sport sur la santé, dans certains pays des compagnies d'assurances proposent des tarifs dégressifs pour les cotisations santé de personnes ayant une activité physique régulière, perçue comme un investissement par leurs agents.

Au-delà de la santé, la pratique sportive est un outil d'insertion et de cohésion sociale qui n'est pas négligé par les gouvernements. Le sport rassemble, qu'il se pratique ou se regarde. Il représente à cet effet un outil particulièrement pertinent afin de contribuer à l'inclusion des personnes en situation de handicap et de lutter contre les discriminations. Mais plus encore que de rassembler, il est un miroir de la société où toutes les catégories sociales se côtoient et partagent une passion commune. À cet effet, le sport peut jouer un rôle fondamental dans la réinsertion de certains publics isolés et en vue de favoriser les échanges au sein de la Cité. Ces dernières années, notamment en lien avec la dynamique impulsée par Paris 2024, différents dispositifs ont vu le jour en France avec l'ambition de recourir au sport pour permettre à des demandeurs d'emploi d'opérer une réinsertion professionnelle. Le dispositif « du stade vers l'emploi » porté par France Travail a impliqué diverses fédérations dans des événements rassemblant des demandeurs d'emploi et des recruteurs afin de pratiquer un sport ensemble sans savoir qui était dans quelle catégorie. La pratique du sport permettait aux recruteurs de découvrir les *soft skills* des demandeurs d'emploi (prise d'initiative, capacité à collaborer…), permettant de passer outre la barrière du CV pour repérer les talents potentiels. Lors de la Coupe du Monde de Rugby France 2023, l'agence d'intérim Proman, sponsor de l'événement, a organisé des *job datings* rugby avec des réfugiés statutaires afin de les aider à s'insérer dans la société par l'emploi, un dispositif qui a été prolongé une fois l'événement terminé. Au-delà de l'emploi, le sport est aussi un moyen de jeter de la visibilité sur les besoins de certains publics. Depuis quelques années désormais, la Ligue Nationale de Rugby met en avant l'association Petits Frères des Pauvres lors d'une journée de championnat pour sensibiliser à l'exclusion des séniors les plus démunis.

Le sport, outil diplomatique

S'il est un enjeu des politiques publiques pour lequel le sport joue un rôle de plus en plus conséquent, c'est la diplomatie. En 1971, alors que le dialogue était rompu entre les deux puissances depuis plus de vingt ans, le rapprochement entre la Chine et les États-Unis d'Amérique est passé par l'envoi d'une équipe de tennis de table américaine en Chine. La « diplomatie du ping-pong » est alors devenue un cas d'école pour prendre conscience du rôle politique que peut jouer le sport, notamment à l'échelle internationale. Les athlètes sont des représentants de leur nation, au même titre que les hommes politiques. Dans les années 1980, alors que la guerre froide battait son plein, les Jeux Olympiques devinrent un lieu d'opposition entre les pays du bloc de l'est et de l'ouest. Les boycotts ont fait prendre conscience au monde qu'envoyer des athlètes dans un pays étranger avait une signification. C'est aussi à cette période que la course aux médailles olympiques est devenue un véritable enjeu de politique internationale et de crédibilité pour les États. Remporter des médailles d'or, c'est l'assurance d'être vu comme un pays puissant et performant. Dans le cadre de la guerre froide, c'était aussi un moyen de montrer que son modèle – capitalisme ou communisme – était le plus performant. Dans certains cas comme celui de la France, le sport est un élément complémentaire de diplomatie. Il contribue à entretenir des liens créés par le passé, notamment avec des pays par le passé colonisés ou historiquement proches aussi bien culturellement qu'économiquement. Pour d'autres, le sport est un moyen de se placer sur la carte dans les esprits du grand public. En remportant la première médaille du pays lors du triple saut féminin des Jeux de Paris 2024, Thea LaFond a contribué à la notoriété de son pays de 75 000 habitants, la Dominique. La championne ne manqua d'ailleurs pas en conférence de presse de présenter son pays aux médias. Le sport offre une visibilité à certains acteurs qui n'ont pas d'autres outils aussi médiatiques à disposition pour se faire connaître. L'organisation des grands événements est aussi l'occasion de collaborer pour différents pays, souvent dans le respect de la trêve olympique. Lors des Jeux de Paris 2024, il n'était pas rare de croiser dans la rue des policiers Qatariens, Espagnols ou Brésiliens, chargés de la sécurité des spectateurs du monde entier.

Au-delà d'un simple aspect diplomatique, l'aspect économique associé au sport joue parfois un rôle important dans les relations entre pays. Depuis 2019, l'Agence Française de Développement fait de l'activité physique un axe majeur de sa stratégie diplomatique en finançant de nombreux projets de développement par le sport à travers le monde. Ces projets aspirent le plus souvent à utiliser le sport à des fins éducatives tout en créant localement des emplois pour des encadrants et administratifs locaux, contribuant à la structuration du secteur dans des pays où il est le plus souvent inexistant. Le lien entre les pays peut par ailleurs être entretenu par des entreprises spécialisées venant mettre à disposition leurs compétences dans l'accueil et l'organisation d'un grand événement. En vue des Jeux de la Jeunesse de Dakar 2026, l'écosystème sportif français tente de se structurer pour pouvoir soutenir de manière commune un pays qui est historiquement proche de la France et qui fait face à un besoin d'expertises. Inversement, les investissements de certains pays dans les assets sportifs d'autres pays leur permettent d'opérer un rapprochement diplomatique. L'investissement du fonds souverain Qatarien propriétaire du club de football du Paris-Saint-Germain n'a pas manqué de créer du lien entre le Qatar et la France ou encore, comme nous l'avons vu précédemment, avec le

Rwanda, lui aussi partenaire du club. Au sein des stratégies diplomatiques, les relations économiques ne sont pas à négliger, que ce soit dans le sport ou d'autres secteurs, elles permettent des relations de long terme avec une valeur ajoutée pour les deux parties.

Santé publique, insertion et cohésion sociale, diplomatie et développement économique... le sport est ainsi le couteau suisse des politiques publiques pour les États. L'accueil des Grands Événements Sportifs permet de souligner un peu plus ce rôle prépondérant du sport et de donner naissance à de nouveaux dispositifs au service de la société, de son économie et de l'environnement tout en jetant de la lumière sur des projets déjà existants, optimisant par ce biais leur impact.

S'appuyer sur les grands événements sportifs pour maximiser l'impact des politiques publiques

L'accueil de GESI est un outil de politique publique en lui-même car il attire et pousse de nombreuses personnes à s'intéresser à la pratique sportive du simple fait de leur portée médiatique. Entre l'attribution des Jeux de Paris 2024 en 2017 et leur cérémonie d'ouverture, les organisations sportives françaises ont recensé 3,5 millions de pratiquants supplémentaires, avant même que les festivités ne commencent et poussent de nouveaux curieux à enfiler leurs baskets. Mais le plus souvent, les pouvoirs publics ne se reposent pas uniquement sur la médiatisation des événements pour générer de l'intérêt pour le sport, ils profitent aussi de leur visibilité pour entreprendre des projets de modernisation du sport national afin d'en faire un pilier des politiques publiques liées à la santé, l'éducation ou encore la solidarité.

À l'occasion de l'accueil des Jeux de Paris 2024, l'État français a décidé que la grande cause nationale de l'année 2024 consisterait en la promotion de l'activité physique et sportive, mobilisant de nombreux services de l'État autour de ce sujet. Habituellement associée aux travaux d'une association, la grande cause nationale est cette fois-ci orientée vers un objectif de santé publique avec l'ambition de pouvoir exploiter les Jeux Olympiques et Paralympiques, notamment afin de motiver les Français à réaliser 30 minutes d'activité physique par jour. L'ambition affichée pour cette grande cause nationale et de porter l'héritage immatériel des Jeux une fois la cérémonie de clôture terminée. Cette cause se structure autour de trois ambitions :

- Mettre le sport au cœur des politiques publiques et du pacte républicain
- Mobiliser les acteurs du sport et toutes les forces vives du pays pour valoriser la place du sport en France
- Inciter les Français à faire davantage d'activité physique et sportive.

A cet effet, l'ensemble des acteurs des politiques publiques sportives a été mobilisé. Les enseignants de tous niveaux ont par exemple été incités à redoubler d'inventivité afin de permettre à leurs élèves de bouger 30 minutes chaque jour.

L'approche des grands événements sportifs a été l'occasion pour les différents acteurs de la gouvernance du sport français de mener des réflexions concernant son organisation et l'efficacité des politiques publiques qui y sont associées. L'ensemble du modèle a été repensé avec l'ambition que les événements à venir permettent d'avoir le plus grand impact possible sur le secteur et la pratique du grand public. Parmi les mesures phares prises par le gouvernement afin d'améliorer l'organisation du sport en France, la création de l'Agence Nationale du Sport en 2019 est venue complètement remodeler l'ordre établi. Dotée d'un budget de 437M€ sur l'année 2024 elle a pour ambition de déployer des actions afin de développer la pratique sportive sur l'ensemble du territoire mais aussi de contribuer à la construction d'équipements sportifs et à la structuration de la haute performance, principalement en lien direct avec les fédérations sportives et les athlètes. L'agence s'est imposée comme le porteur opérationnel des politiques publiques en France, dont la priorité a été d'augmenter de trois millions le nombre de pratiquants en France entre 2017, date de l'attribution des Jeux, et 2024, objectif atteint. L'agence déploie principalement trois types de dispositifs à l'échelle nationale :

- Elle accompagne les fédérations dans leurs stratégies de développement en leur permettant de bénéficier d'un financement national dans le cadre des contrats de développement et des financements territoriaux pour leurs organes déconcentrés et leurs clubs, en application des orientations prioritaires de développement issues de leur projet sportif fédéral.
- Elle apporte un soutien aux associations sportives locales et aux collectivités à travers le financement déconcentré de projets ou d'emplois (18 000 structures sont accompagnées chaque année ainsi

que 4000 à 5000 emplois). À cet effet, l'agence a contribué au financement de l'emploi dans les structures du sport amateur de jeunes ayant été formés au sein du CFA Campus 2023 créé à l'occasion de la Coupe du Monde de Rugby.

- Elle contribue au financement de la construction et de la rénovation d'équipements sportifs. En 2022, le plan 5000 équipements a été déployé afin de financer des infrastructures de proximité avec l'ambition de créer de nouveaux lieux de pratique, combinant un accès à une pratique libre comme associative. Certains financements ont aussi été dédiés à la création d'équipements spécifiques (notamment des piscines et des bassins d'apprentissages) pour certains territoires y ayant un accès limité. L'ambition est de parvenir à rajeunir un parc d'infrastructures français dont plus de la moitié datent d'avant 1975.

L'Agence Nationale du Sport a joué un rôle fondamental dans la constitution d'un héritage aux événements sportifs accueillis sur le territoire. Elle a permis de mobiliser des acteurs de différents horizons avec aisance tout en jouant une double partition entre performance de haut niveau et développement de la pratique sportive pour le plus grand nombre.

À l'occasion des Jeux de Paris 2024, l'Agence, aux côtés d'autres acteurs institutionnels, a lancé un label *Impact 2024* destiné à valoriser les projets d'intérêt général qui utilisent le sport et l'activité physique comme outil d'impact social[60]. Lors de l'année 2023, ce dispositif a permis d'engager plus de 300 acteurs du mouvement sportif autour de 311 projets lauréats se répartissant une enveloppe de près de cinq millions d'euros. L'édition 2024 proposait d'accompagner les porteurs de projets autour de cinq thématiques répondant toutes à des enjeux de politiques publiques : le sport pour la santé et le bien-être – le sport pour l'éducation et la citoyenneté – le sport pour l'inclusion, l'égalité et la solidarité – le sport pour l'environnement et le climat – le sport au service de l'emploi et de l'insertion professionnelle. La visibilité de Paris 2024 a ainsi permis aux pouvoir publics de mobiliser de nombreux porteurs de projets engagés autour d'une cause utilisant le sport et permettant de faire sortir les politiques publiques du giron étatique afin de les faire porter par des acteurs privés souvent novateurs et plus agiles avec l'ambition d'avoir un impact plus important.

---

[60] https://www.agencedusport.fr/impact-2024

Si l'initiative de la création de l'Agence est gouvernementale, les Grands Événements accueillis en France ont aussi pris à cœur de développer leurs propres projets sociaux auxquels ils ont su associer les porteurs des politiques publiques afin d'en maximiser l'impact et de les inscrire dans un cadre cohérent d'héritage à l'échelle nationale. Lors de la Coupe du Monde de Rugby France 2023, ce ne sont pas moins de huit ministères qui ont été associés aux projets sociaux portés par le comité d'organisation, couvrant de nombreux enjeux de politique publique : Ministères des Sports, de la Culture, de l'Éducation Nationale, de l'Agriculture, des personnes handicapées, de l'égalité entre les femmes et les hommes, de l'environnement et enfin du Travail. Parmi les projets phares contribuant aux enjeux de politiques publiques, on retrouve par exemple le centre de formation Campus 2023 qui a contribué à la formation de 1300 jeunes aux métiers du sport, du tourisme et de la sécurité et leur a offert une première expérience en alternance dans des structures du sport amateur avant de jouer un rôle dans la livraison de la compétition afin de leur permettre de pénétrer plus facilement le marché du travail et contribuer à l'économie du sport sur le long terme. Le programme Rugby is My Pride, pour sa part, a utilisé l'aura de la Coupe du Monde de Rugby pour rassembler les acteurs du sport autour de réflexions à mener afin d'intégrer au mieux les personnes LGBTQIA+ au sein des structures du sport français. Un film de sensibilisation aux LGBTphobies a été diffusé tandis qu'un symposium a rassemblé de nombreux décideurs du sport français (Fédération Française de Rugby, Ligue Nationale de Rugby, Ville de Paris…) afin de traiter le sujet et proposer des actions concrètes à entreprendre pour lutter contre l'exclusion de certains publics de la pratique sportive sur la base de leur orientation sexuelle.

Au-delà de l'enjeu d'impact, les événements sportifs représentent aussi une opportunité pour les pouvoirs publics de capter une partie de la valeur qu'ils génèrent afin qu'ils contribuent au développement de la pratique sportive selon un mécanisme de solidarité qui permette le financement de politiques publiques en ce sens. En France, depuis 2000, la taxe Buffet permet de mettre à contribution le sport professionnel afin de financer le sport amateur. Cette loi impose que 5% du montant hors taxe des droits télévisés négociés pour la diffusion de compétitions sportives soient perçus par l'État pour venir alimenter le budget de l'Agence Nationale du Sport avec l'objectif de faciliter l'accès au sport pour tous. Si cette taxe ne concerne toutefois que les montants perçus par les organisateurs d'événements domiciliés en France et parmi lesquels le football professionnel est sur-représenté, contribuant en moyenne à 85%[61] des revenus perçus, elle illustre bien le mécanisme de solidarité selon lequel « le sport finance le sport ». Autre principale source de financement selon ce principe, la taxe sur les paris sportifs, qui rapporterait en 2024 près de 150 millions d'euros à l'État français et parmi lesquels une enveloppe de 72 millions d'euros serait directement fléchée vers l'Agence Nationale du Sport. La Française des Jeux reverse dans ce cadre 1,8% des mises enregistrées à l'État. Des dispositifs similaires existent dans de nombreux pays. Au Japon, les revenus de la Japan Sport Agency sont composés à hauteur de 63% par des financements issus des revenus de la loterie nationale[62]. Mais comme toute règlementation, ces dispositifs connaissent aussi des limites. La taxe Buffet ne s'applique qu'aux fonds effectivement perçus par les organisateurs de compétitions, ainsi, après l'affaire Mediapro qui a vu le principal diffuseur de la Ligue 1 française faire faillite et ne pas honorer ses paiements, l'Agence Nationale du Sport s'est retrouvée avec un déficit d'exploitation de 15 millions d'euros lié au manque à gagner entre ce qui avait été négocié par la ligue – et donc budgétisé par l'Agence - et ce qui a été effectivement versé par le diffuseur. L'État a dû venir à la rescousse de l'Agence à quelques mois seulement des Jeux de Paris 2024 avec une subvention exceptionnelle mettant en exergue la dépendance de cet acteur public à des négociations privées sur lesquelles il n'a absolument pas la main.

Ce principe de solidarité a aussi été appréhendé par les ligues professionnelles avec l'ambition de financer la pratique du sport amateur. Les conventionnements entre ligues professionnelles et fédérations ont permis d'assurer une redistribution d'une partie des revenus du sport professionnel vers le sport amateur. Chaque saison, la Ligue de Football Professionnel reverse à la Fédération Française de Football 2,5% des montants de droits TV acquis, avec un transfert minimum de 14,2 millions d'euros. En plus de cela, 20% des montants versés par l'UEFA à la ligue en vertu du plan de solidarité à destination des joueurs juniors au sein des clubs sont réorientés vers la fédération[63]. La proximité entre mondes amateur et professionnel est au cœur du modèle de professionnalisation du sport. Au sein des clubs professionnels, c'est une association support, en charge de la formation des catégories jeunes, qui donne à la société dédiée à l'équipe professionnelle l'agrément nécessaire pour prendre

---

[61] https://www.vie-publique.fr/eclairage/274760-qui-finance-le-sport-en-france

[62] Voir livre de Ludovic Mauchien : *JO 2024 : Participer ou Gagner ?*, 4 Trainer, 2018.

[63] https://media.fff.fr/uploads/documents/protocole-d-accord-financier-fff-lfp.pdf

part au championnat de France. Si les flux financiers de la société professionnelle vers le sport amateur sont interdits sauf pour certaines prestations telles que le droit à utilisation de la marque, le travail conjoint entre les deux structures permet de mettre en commun les sponsors, équipementiers ou infrastructures, contribuant au développement du sport amateur, notamment chez les plus jeunes où la plupart des grands clubs n'imposent pas de sélection.

Au-delà de leur contribution aux politiques publiques liées au sport, les Grands Événements Sportifs représentent aussi l'opportunité d'initier de nombreuses actions diplomatiques des États concernés bénéficiant, *in fine*, aux acteurs du secteur. Lors des Jeux de Paris 2024, un sommet intitulé « le sport pour le développement durable » a été organisé, menant à l'engagement de 10 milliards de dollars au service de la place du sport et de son impact sur les objectifs de développement durable, illustrant la manière dont la diplomatie sportive française a pu s'appuyer sur les Jeux pour se montrer proactive en faveur du développement durable par le sport. À travers le monde, ce sont 150 ambassades françaises qui se sont mobilisées avant, pendant et après les Jeux pour partager cet événement hors du commun avec les 2,5 millions de Français établis à l'étranger mais aussi les ressortissants de nombreux pays curieux d'en apprendre davantage sur la culture française, notamment sportive. Les Jeux ont par ailleurs permis d'attirer plus de cent chefs d'État à l'occasion de la cérémonie d'ouverture pour un total de cinq-cents missions de dignitaires internationaux. Ces résultats ont permis à des acteurs nationaux de s'ouvrir des opportunités à l'international. La fédération française de judo a ainsi pu passer des accords de développement avec des acteurs émiratis ou encore l'Égypte et l'Inde ont sollicité le gouvernement français pour les accompagner dans leurs ambitions olympiques à l'avenir. Si les Jeux représentent un outil diplomatique global avec un impact important, ils permettent aussi de contribuer au développement international du secteur par ce biais. L'investissement croissant de fonds étrangers dans les entreprises du sport français laisse ainsi entendre que cette internationalisation est en bonne voie alors que la concurrence internationale sur l'expertise du sport est forte, notamment face à des concurrents américains, britanniques ou allemands bien mieux armés.

Focus sur : Le système étatique d'incitation à la pratique sportive de la Russie de Vladimir Poutine

Au cœur du concert des nations, un pays a historiquement pu s'appuyer sur le sport pour contribuer à des enjeux de politiques publiques forts : cohésion nationale, santé publique, visibilité internationale... Héritière du modèle sportif de l'Union Soviétique, la Fédération de Russie naît dans les années 1990 avec un rapport à la pratique sportive particulièrement paradoxal. Si les athlètes sont érigés en héros de la nation, lui permettant de briller et de défendre le modèle communiste sur la scène internationale, il n'y a en réalité que très peu de Russes qui exercent une pratique sportive régulière. Dans les esprits des Soviétiques, le sport est avant tout une composante de l'*Homo Sovieticus*, l'homme idéal de la conception nationale, grand sportif et grand travailleur. Cette vision, développée au sein d'une population majoritairement rurale et illettrée aboutit principalement à une conception du sport comme d'un outil de mutation sociale, le privant du statut de loisir dont il peut jouir dans les sociétés occidentales. L'approche de la pratique sportive par la population est alors utilitariste et non hygiéniste ni de divertissement. Une vision qui se veut en accord avec les priorités gouvernementales. Deux tiers du budget dédié au sport de l'Union Soviétique est attribué au sport de haut niveau qui lui permet de briller et de défendre son modèle face au capitalisme lors des compétitions internationales, les sportifs amateurs, pourtant bien plus nombreux, se partageant le dernier tiers.

La chute de l'URSS et l'entrée dans l'économie de marché au début des années 1990 vont transformer le sport russe. Le retrait de l'État du financement des clubs de sport et des infrastructures laisse derrière lui un secteur amorphe alors qu'une fuite des cerveaux et des muscles s'opère rapidement, justifiée par de nombreuses opportunités professionnelles à l'étranger. Entre 1991 et 2007, 3500 entraîneurs de Haut-Niveau et 7000 athlètes quittent l'ex-URSS pour des destinations occidentales. La nécessité pour les clubs de s'auto-financer en pousse de nombreux à mettre la clé sous la porte. Ceux qui continuent de fonctionner doivent trouver des ressources pour perdurer. La conception soviétique d'un sport gratuit disparaît peu à peu de l'écosystème russe et avec elle celle du sport pour tous. Avec la fin des programmes sportifs portés par l'URSS, le sport scolaire entre lui aussi dans une période particulièrement délicate. Au milieu des années 1990, 60% des écoliers ne pratiquent plus aucun sport et 75% des écoles russes ne disposent pas de gymnase ni de terrain de sport.

Les dirigeants d'une Russie en reconstruction lors de la décennie des années 1990 vont tenter en vain de restructurer une économie autour de la pratique sportive en utilisant les outils de financement du sport rendus disponibles par le capitalisme. Un Fonds National des Sports est ainsi créé, chargé de collecter des fonds pour financer pratique et infrastructures. Exempté de diverses taxes et droits de douanes pour lui permettre d'opérer facilement, le fonds devient rapidement une plateforme de contrebande de tabac et d'alcool et tombe aux prises d'un système mafieux qui s'empare d'un sport qu'il vient gangréner, au point d'investir à l'étranger pour augmenter sa visibilité, aux antipodes de ce pour quoi il a été créé. En parallèle, lors de ces années charnières, les ressources du pays se retrouvent accumulées par des oligarques peu scrupuleux et ayant profité de la privatisation des entreprises publiques tandis que le peuple Russe peine à sortir de la pauvreté, accentuée par la crise économique de 1998 qui entraînera une inflation de 82% sur l'année. À la fin du millénaire, la situation sportive du pays est catastrophique, presque inexistante et totalement déstructurée. Avec l'élection de Vladimir Poutine au pouvoir en 2000, le sport Russe va trouver son salut.

Au tournant du nouveau millénaire, le pays ne compte que 198 000 équipements sportifs. Leur capacité d'accueil maximale est de 5 millions de personnes pour 147 millions d'habitants soit 3,4% de ce que représente la population russe. Le marasme économique auquel s'est confronté le pays dans les années 1990 a inhibé l'investissement des différents acteurs – et notamment des pouvoirs publics - dans les infrastructures de pratique sportive, les laissant à l'abandon ou dans des états de dégradation avancés. Les Russes ne disposent plus des moyens pour pratiquer un sport si bien qu'au tournant du millénaire, 8 à 10% des Russes seulement pratiquent une activité physique et sportive, majoritairement des hommes. La part du budget sportif alloué au sport par les ménages est alors de 0,3% soit douze fois moins que le budget alloué à l'alcool et au tabac, une catastrophe en termes de santé publique. En 2000, lorsqu'il arrive au pouvoir, Vladimir Poutine trouve face à lui un secteur économique amorphe, sans aucune capacité financière, reposant sur des clubs qui vivotent avec des stratégies de survie de court terme et une absence générale d'intérêt pour la pratique sportive au sein du pays. Ancien judoka et grand sportif, le nouveau dirigeant de la fédération va faire du développement de la pratique au sein du pays une priorité, l'érigeant en 2002 au titre de cause nationale.

Pour Vladimir Poutine, le développement de l'activité physique est une tâche politique qui incombe à l'État. Selon lui, le sport est un levier clé d'hygiénisation de la population mais aussi un outil exceptionnel pour servir sa politique. Le sport lui offre en effet l'opportunité de faire briller sa nation à l'international, de développer le sentiment patriotique au sein d'une fédération constituée de vingt-deux républiques réparties sur deux continents mais aussi un moyen de contrôler la population. Le développement de la pratique sportive va ainsi s'avérer être un outil conséquent dans l'exercice du pouvoir du président Russe qui va en faire un axe clé de sa communication. Dès ses premières années d'exercice, Vladimir Poutine va alors procéder à un double mouvement de politisation du sport Russe et de sportivisation de la politique.

Qu'à cela ne tienne, la stratégie de développement de la pratique va s'appuyer sur trois axes principaux :

- Médiatiser la pratique sportive
- Accueillir de grands événements sportifs
- Mettre en place des politique fédérales faisant la promotion de la pratique sportive

L'enjeu est double : d'une part, il s'agit de sportiviser l'ensemble de la population Russe - et l'objectif annoncé est que 55% des Russes pratiquent une activité physique d'ici à 2024 - mais aussi de sportiviser les territoires de la fédération afin de mieux les contrôler.

Une stratégie de communication bien rodée

Arrivé à la tête de la Fédération de Russie, Vladimir Poutine prend rapidement à cœur le sujet sportif certes, mais le sport vient aussi s'inscrire naturellement au cœur de sa manière d'exercer le pouvoir. Le nouveau président se plaît à se faire représenter régulièrement en train de faire du sport, construisant l'image d'un chef d'État dynamique et en bonne santé, à l'exacte inverse de ses prédécesseurs, responsables de la dégradation de l'image de la grande Russie, souvent en surpoids et avec un penchant prononcé pour la boisson et le cigare. L'image du nouvel homme fort de la Russie passe ainsi par son apparence, accentuée par des mises en scène régulières mais aussi un storytelling bien rôdé, celui d'un enfant des quartiers populaires de Leningrad qui a réussi à sortir de la rue le jour où il a découvert le judo. Le sport lui a permis de devenir l'homme le plus puissant du pays, lui enseignant rigueur et goût de l'effort.

Au pouvoir, Vladimir Poutine n'hésite pas à faire du sport un vecteur de réussite sociale. En nommant à des postes clés du pouvoir ses anciens partenaires d'entraînement, il montre aux yeux de ses concitoyens que le sport offre l'opportunité de rencontrer des gens, les rapproche et peut devenir un véritable ascenseur social. Cette conception va dicter l'ensemble de la communication de ses partisans au sein du parti Russie Unie. En 2003, Vladimir Poutine annonce que « le mode de vie sportif doit être à la mode » et va ainsi mobiliser l'ensemble des ressources médiatiques permettant d'atteindre cet objectif. Les hommes politiques doivent désormais montrer l'exemple. Leur image doit être travaillée et être en adéquation avec celle du président s'ils souhaitent pouvoir s'inscrire dans une stratégie politique qui pourrait leur permettre de voir leur carrière évoluer. En donnant l'image d'un parti en bonne santé, actif et en mesure de diriger un pays au travers de la médiatisation de leur activité physique régulière, les politiciens servent avant tout leur stratégie de maintien au pouvoir mais ont aussi un impact indéniable sur les citoyens Russes. En 2020, sur les 85 gouverneurs que compte le pays, 40 déclarent publiquement avoir une activité sportive régulière et n'hésitent pas à se mettre en scène en train de pratiquer. En parallèle, le président mobilise aussi les plus grands athlètes de Russie afin de les ériger en modèles, inspirateurs et porte-étendards de la nation à l'intérieur comme à l'extérieur de ses frontières. Les athlètes qui utilisent leur image afin de sensibiliser la population aux enjeux de société tels que la pratique sportive et s'inscrivent dans la ligne de communication du gouvernement s'ouvrent aussi des portes vers une carrière politique où le népotisme est omniprésent. Un premier diptyque communicationnel voit ainsi le jour au sein de l'élite Russe, s'appuyant sur des politiciens percevant le sport comme un outil au service de leur carrière et des athlètes qui s'appuient sur leur aura sportive pour se faire les ambassadeurs de la politique de Russie Unie. Les nouvelles personnalités du pouvoir russe sont sportives et actives et leur communication à ce sujet, bien rôdée, contribue à transformer un mode de vie sain et actif en nouvelle tendance, en rupture avec celle de la consommation de tabac et d'alcool jusqu'à présent bien ancrée dans les consciences des jeunes Russes.

Concomitamment, le gouvernement déploie des plans fédéraux, complétés de plans régionaux et municipaux, qui ont l'ambition de sensibiliser la population aux bienfaits du sport mais qui en réalité s'inscrivent aussi dans la volonté du pouvoir en place d'utiliser le sport pour faire passer des messages politiques à la faveur du gouvernement. À partir de 2019, un programme d'information est déployé au sein des territoires de Russie afin de sensibiliser 70% de la population aux bienfaits de la pratique sportive, notamment au travers d'événements sportifs participatifs. Sans surprise, ces événements deviennent l'occasion pour les membres locaux de Russie Unie de recourir au sport pour faire passer les principaux messages liés à leur politique et à la grandeur de leur président. C'est dans cette optique que sept millions d'élèves Russes se sont vu remettre le livre de Vladimir Poutine intitulé « L'art du judo, du jeu à la maîtrise », contribuant à améliorer l'image du président « maître de sport » tout en poussant les jeunes russes à pratiquer une activité physique.

Développer une pratique sportive généralisée... et encadrée

La stratégie de communication du pouvoir a donc pour ambition d'inciter les Russes à avoir une pratique sportive régulière. Toutefois, l'enjeu du pouvoir en place est aussi de parvenir à développer la pratique dans un giron fédéral existant afin de s'assurer de son contrôle. Vladimir Poutine place à la tête des principales fédérations russes des proches convaincus de son approche hygiéniste et politique du sport. Ce faisant, plus les Russes pratiquent du sport, plus ils se retrouvent orientés vers un loisir contrôlé par le pouvoir en place, lui offrant un canal de communication engageant supplémentaire.

Sur les antennes de la télévision d'État, le sport prend aussi une place de plus en plus importante, et pas uniquement en termes de diffusion des compétitions de haut niveau à la tonalité hautement patriotique. Des programmes entiers sont dédiés à la pratique sportive. Représentant 2% du temps d'antenne en 2013, ils en atteignent 10% en 2020. Adaptés aux spécificités des différents territoires, les programmes invitent l'auditeur à faire de l'exercice en direct devant la télévision, entraîné par un athlète russe partisan du pouvoir. Certains contenus sont dédiés à la jeunesse, l'invitant à découvrir différents sports en vue de les pousser à pratiquer celui qui leur plaira le plus. En 2020, lorsque la Russie se retrouve frappée par la pandémie de Covid-19, le ministère des sports fait alors appel à la mobilisation des athlètes afin d'instruire leurs concitoyens au sujet de la manière de pratiquer une activité physique pendant leur isolement. La pratique individuelle et autonome est ainsi contrôlée par le pouvoir en place grâce à des outils de communication (athlètes) mais aussi des canaux (télévision d'État) maîtrisés.

Au travers de plans fédéraux, l'État va investir massivement dans le développement d'infrastructures et la structuration du système d'encadrement de la pratique sportive. Ce faisant, il tente de créer les conditions nécessaires à rassembler les pratiquants au sein d'organisations sur lesquelles il peut avoir une emprise. En finançant des infrastructures collectives, et notamment de nombreux terrains de football et centres de fitness, le pouvoir essaie de générer une pratique sportive encadrée, essayant d'éloigner les citoyens de la pratique autonome, afin de les amener dans son giron. Entre 2006 et 2015, ce sont plus de six mille infrastructures sportives qui sortent de terre, financées par l'État, les régions mais aussi des acteurs privés qui jouent un rôle majeur dans le développement du sport Russe et, *de facto*, dans la politique du gouvernement.

L'implication des oligarques pour contribuer au développement du sport Russe

Lorsque Vladimir Poutine arrive au pouvoir en 2000, le pays fait face à une crise économique d'ampleur et l'immense majorité des richesses est regroupée dans les mains d'oligarques qui ont profité de la privatisation des entreprises d'État lors de la chute de l'URSS pour devenir milliardaires. Proches du pouvoir sous Boris Eltsine, les oligarques ont progressivement influencé la politique russe au point de jouer avec son économie pour la tourner à leur avantage. Vladimir Poutine est alors élu avec la promesse de remettre de la verticalité dans le fonctionnement de l'État et d'y soumettre les oligarques. Dès son arrivée au Kremlin, il s'impose sur ces derniers en faisant planer au-dessus de leur tête des menaces judiciaires s'ils venaient à ne pas le suivre. Il fait de l'oligarque Mikhaïl Khodorkovski un exemple. Après avoir critiqué le président et dénoncé la corruption à la tête de l'État, Khodorkovski est condamné pour escroquerie à grande échelle et évasion fiscale en 2003. Le PDG du pétrolier Ioukos passe dix ans emprisonné en Sibérie avant d'être gracié par le président. Poutine dépolitise les oligarques en leur faisant prêter allégeance au Kremlin et donc à son approche de la politique du pays. Afin de montrer patte blanche, ils se doivent de financer le sport russe sous peine d'exclusion du jeu politique et économique voire d'emprisonnement. Les oligarques partent ainsi pêle-mêle à la conquête du sport russe, rachetant et finançant des clubs, opérant la construction d'infrastructures pharaoniques ou participant à l'organisation de grands événements sportifs via leurs entreprises.

À partir de 2004 (bien que cela avait déjà commencé quand Poutine n'était encore que vice-maire de Saint-Pétersbourg), les investissements des oligarques dans les infrastructures se généralisent. À la demande du président, Roman Abramovitch crée l'académie nationale de football, une fondation destinée à redresser le football russe. Bénéficiant d'un financement de 1,1 milliard de roubles (44 millions d'euros), elle permet la construction de 140 terrains à travers le pays. Les investissements des oligarques, toujours plus importants, permettent à chaque région de Russie de disposer de stades gigantesques, de piscines ultra-modernes et de gymnases flambant neufs. Leur contribution est telle qu'en 2020, les infrastructures sportives du pays affichent une capacité d'accueil de 55,5% de la population totale. Les oligarques sont désormais à la solde du président et entrent aussi dans le giron de ces personnalités qui se doivent de représenter la vision sportive du pouvoir en place aux côtés des politiciens et des athlètes. En s'investissant dans le sport, ils viennent lui donner une légitimité et une importance dans le projet de construction nationale. Sur les 90 milliardaires que compte la Russie en 2018, 51 sont activement investis dans le sport Russe. Chaque année, un forum panrusse des entreprises sur le thème des programmes d'État pour le développement du sport rassemble les oligarques avec l'ambition de les inciter à financer toujours un peu plus le sport russe et à leur partager les directives gouvernementales afin que leurs investissements répondent aux enjeux politiques identifiés par ce dernier.

Les oligarques issus de républiques plus éloignées de Moscou et avec des différences culturelles et religieuses importantes jouent par le biais du sport un rôle clé dans la consolidation du pouvoir du président sur ces territoires en finançant un réseau d'infrastructures sportives développé et adapté à certaines pratiques locales. Le développement du sport dans ces territoires permet de créer un sentiment d'appartenance et de patriotisme eu égard à la nation russe mais aussi de contenir les citoyens de ces territoires dont certains ont parfois des velléités autonomistes. Pour autant, le financement privé d'infrastructures, davantage lié au bon vouloir des financeurs qu'à des plans fédéraux entraîne des situations où certains oblasts possèdent un nombre d'infrastructures si important que toute la population pourrait y pratiquer en même temps sans qu'ils ne soient saturés. Cela étant, malgré leur nombre conséquent, les infrastructures sportives, de plus en plus régulièrement privées, peinent toujours à attirer les Russes qui continuent de privilégier des sports plus accessibles financièrement.

L'ambition d'un sport Russe qui contribue au développement économique du pays

Parmi les piliers de la stratégie sportive du pays évoqués précédemment, les grands événements sportifs ont bien évidemment un rôle important. Le pouvoir en place s'applique à contribuer au développement de ligues intérieures et continentales telles que la KHL de Hockey entre clubs des pays de l'ancien bloc soviétique afin de permettre à la Russie de rayonner à l'international grâce au sport, et notamment dans son environnement de proximité. Dans cette optique, le pays s'est aussi positionné comme un acteur clé de l'accueil de compétitions internationales. En 2005, afin de matérialiser cette ambition, Moscou dépose une candidature infructueuse à l'accueil des Jeux Olympiques de 2012. Ce dossier déposé ouvre la voie à une multiplication des candidatures si bien que de 2008 à 2018, la Russie est l'État du monde qui accueille le plus grand nombre d'événements sportifs avec en point d'orgue les Jeux Olympiques d'Hiver de Sotchi 2014 et la Coupe du Monde de la FIFA 2018. Engageant les différentes parties prenantes souhaitant se faire remarquer auprès du pouvoir, ces événements transforment complètement le paysage urbain des villes où ils se déroulent et contribuent à leur attractivité sur la scène internationale. Les villes de Sotchi - qui a accueilli les Jeux Olympiques d'Hiver 2014 - et de Kazan - hôte des Universiades 2013 puis de matchs de la Coupe du Monde de la FIFA 2018 - ont été totalement transformées à l'occasion des événements qu'elles ont accueilli et en ont bénéficié pour augmenter considérablement leur notoriété internationale grâce au sport, s'appuyant sur une stratégie de *city branding* réussie. Ces villes ont bénéficié de l'engagement des oligarques afin d'assurer la construction d'infrastructures conséquentes en mobilisant des moyens financiers hors du commun. En guise d'illustration, le cas de Vladimir Potanine et Scrgucï Batchine, respectivement propriétaire et directeur général d'Interros est assez parlant. Au travers de leur société et de leurs deniers personnels, ils ont investi 2,6 milliards de dollars dans les Jeux de Sotchi en finançant la création d'une station de ski, du village olympique et d'une université olympique. Des investissements considérables qui leur ont valu une reconnaissance à la même hauteur par le pouvoir en place. Sotchi est devenue la destination de référence des sports d'hiver en Russie grâce à ces nouveaux équipements de tourisme sportif. Kazan, qui se positionne pour sa part comme la ville des sports d'été a continué de se transformer chaque année en accueillant de nouveaux événements sportifs laissant derrière eux des équipements à la pointe de la technologie, permettant à ses habitants de bénéficier de conditions de pratique exceptionnelles et d'en faire une destination clé pour une candidature potentielle à l'accueil de Jeux Olympiques.

Cela étant, si le pouvoir en place s'appuie fortement sur les ressources des oligarques en ayant recours à une pression politique permanente, il est conscient de l'importance pour le secteur du sport de ne pas en être dépendant et cherche aujourd'hui à développer une nouvelle approche visant à créer une économie du sport qui se repose sur ses propres ressources. Aujourd'hui, les clubs peinent à générer des retombées économiques suffisantes pour exister et les oligarques qui les possèdent n'ont aucun intérêt à investir du temps dans leur développement car les pertes associées à leur exploitation sont indolores au regard des revenus de leurs sociétés. En 2018, c'est dans cette optique que Vladimir Poutine déclare que les entreprises gouvernementales de type Gazprom devaient cesser d'alimenter financièrement les clubs sportifs et que ces derniers allaient être obligés de chercher des sponsors par eux-mêmes et de rentrer dans l'économie de marché. La création de l'université olympique à Sotchi (RIOU) joue ainsi un rôle clé dans l'ambition du pouvoir de former des dirigeants du sport « à l'occidentale » en vue de permettre la création d'une économie du sport qui ne repose pas uniquement sur du mécénat et une pression politique. Avec la guerre en Ukraine qui a entraîné la confiscation d'une grande partie de la richesse détenue par les oligarques dans les pays occidentaux, le soutien de ces derniers à Vladimir Poutine se réduit et l'étau se resserre sur le président qui ne peut désormais plus s'appuyer aussi facilement sur leurs ressources pour financer ses politiques, imposant au sport russe de réussir à se structurer et se financer par lui-même.

Le pays a d'ailleurs pris conscience de la nécessité de se montrer flexible lors de l'accueil de grands événements s'il veut pouvoir en tirer un maximum sur le plan économique. Alors qu'en 2014, il était nécessaire de faire une demande à l'ambassade de Russie après avoir acheté ses billets pour pouvoir obtenir un visa permettant la visite de la ville de Sotchi pendant les deux semaines des Jeux Olympiques – sans pouvoir en sortir – en 2018, le gouvernement a souhaité approcher l'accueil de la Coupe du Monde de la FIFA différemment. L'État Russe a changé sa politique de visas et l'a simplifiée pour permettre aux spectateurs de la compétition de venir plus facilement dans le pays le visiter. Finis les visas, la fan ID ou le passeport du supporter obtenu après l'achat d'un billet pour un match suffisent à entrer dans le pays et permettent même aux fans de relier deux villes de compétition grâce à des trains gratuits mis à leur disposition. L'ambition est désormais de capter un maximum de valeur possible chez les supporters et de leur donner envie de revenir en Russie une fois l'événement terminé. Une approche qui rompt complètement avec la fermeture au monde caractéristique de l'époque soviétique. Pour cette raison, au lendemain de la finale, il est décidé d'allonger la durée de séjour autorisée par la Fan ID jusqu'au 31 décembre 2018, étendant ce visa à six mois et permettant d'inciter plus facilement les supporters à revenir dans le pays s'y adonner à une activité touristique.

Un bilan positif mais entaché d'entrave à la démocratie

Au premier regard, le bilan de la stratégie du pouvoir Russe laisse entendre que le succès est sans appel. Entre 2000 et 2020, la pratique sportive au sein de la société russe est passée de 20% à plus de 40%. Sur cette période, l'OMS estime que la consommation d'alcool a pour sa part diminuée de plus de 40% à travers le pays. L'objectif d'hygiéniser la population Russe semble donc en bonne voie pour atteindre les chiffres que l'on constate dans les pays les plus sportifs. En France, près de 60% des habitants ont une pratique sportive régulière[64]. Par ailleurs, la population Russe bénéficie désormais des infrastructures nécessaires à la pratique et son pouvoir d'achat, qui est remonté depuis les années 1990, lui permet de consommer davantage de sport tout au long de l'année. Une réelle économie autour de la pratique sportive s'est développée au sein de la fédération et le sport y joue un rôle clé dans la société. Toutefois, cela ne s'est pas fait sans contreparties moins éthiques. La volonté de pousser les citoyens russes à pratiquer davantage a avant tout été motivée par l'ambition de mieux les contrôler et de les influencer de la part de Russie Unie, le parti au pouvoir. Vladimir Poutine a aussi utilisé de pressions politiques et de népotisme pour verrouiller l'ensemble des organisations sportives et les faire financer par les plus fortunés, menacés de se retrouver exclus du jeu politique et économique s'ils venaient à ne pas suivre le pouvoir en place. L'économie du sport Russe ne tient ainsi que grâce à l'autoritarisme de ses dirigeants et politiciens, athlètes et oligarques à la solde du pouvoir en viennent à créer ce que Lukas Aubin qualifie de *Sportokratura*, une bureaucratie Poutinienne qui s'appuie sur le sport pour exister. La capacité du secteur à créer une véritable

---

[64] https://www.vie-publique.fr/en-bref/292575-quelles-sont-les-pratiques-sportives-des-francais-en-2023#:~:text=Les%20jeunes%20et%20les%20cat%C3%A9gories,ans%20ou%20plus%20(55%25).

valeur et s'autofinancer est alors questionnable mais la stratégie déployée depuis désormais vingt-cinq ans a eu le mérite de permettre au pays de redévelopper une véritable culture de la pratique sportive ainsi que tout un pan d'une économie disparue avec le passage au capitalisme.

QUEL AVENIR POUR L'ECONOMIE DU SPORT DANS UN CONTEXTE ECONOMIQUE EN MUTATION ?

Comme nous avons pu l'évoquer tout au long de cet ouvrage, l'économie du sport est soumise à de nombreuses évolutions permanentes liées au contexte économique contemporain. Des bouleversements qui se sont multipliés à la suite de la pandémie de Covid-19 qui a imposé une évolution des modèles d'affaires au sein du secteur en raison de son impact conséquent sur la pratique et la consommation de sport. Cette pandémie a ouvert la porte à de nouveaux acteurs pour venir transformer l'écosystème sportif, contribuant à le rendre moins dépendant des pouvoirs publics sur le long terme. Le sport en est sorti fragilisé mais grandi. En pointant la fébrilité de son modèle économique, la crise lui a permis de devenir un secteur de plus en plus mature, se confrontant à la nécessité de fournir un retour sur investissement à la hauteur des montants qui y sont investis. Les pages suivantes s'attachent à explorer de manière non-exhaustive certains défis auxquels va se confronter le secteur dans les années à venir, ouvrant une réflexion sur la manière dont les différents organismes de gouvernance vont devoir prendre en considération de nouveaux enjeux pour ne pas entraver son développement économique.

Nouvelles technologies, digital et intelligence artificielle

La digitalisation que connaît le monde depuis désormais une vingtaine d'années a transformé l'industrie de manière conséquente. L'émergence des réseaux sociaux a permis aux athlètes de devenir de véritables marques, s'entourant de communautés parfois gigantesques consommant leur contenu au quotidien, offrant de fait un nouveau rapport avec les personnalités sportives mais aussi une nouvelle approche du métier de sportif professionnel, désormais intimement lié à la création de contenu. Les opportunités se sont alors développées pour les marques qui souhaitaient associer leur image à celle de sportifs ou d'événements auxquelles un nouveau territoire d'expression s'ouvre avec les réseaux sociaux. Le sport, rassemblant les communautés, est aussi une source de contact engageant avec aisance des consommateurs potentiels. C'est ainsi que l'industrie du sport s'est transformée en industrie de contenu. Les réseaux sociaux ont poussé les clubs à produire toujours plus de médias afin de nourrir leur communauté et de l'engager de manière quotidienne, offrant de nouvelles perspectives de commercialisation au point que désormais la production de contenu rapporte autant voire plus que les activités sportives pures des clubs professionnels. L'intelligence artificielle offre désormais des solutions peu coûteuses afin de produire ce contenu de manière efficace, en accord avec ce qu'attend la communauté, tout en en automatisant la diffusion, une véritable opportunité pour les ayants-droits. Pour les ligues et les organisateurs d'événements, le digital, bien plus accessible que les moyens de diffusion traditionnels, a aussi ouvert une nouvelle porte pour la gestion du contenu inhérent à la diffusion des rencontres. Le développement des plateformes OTT[65], qui viennent se substituer à la diffusion TV traditionnelle, est un moyen pour les ayants-droits d'opérer une remontée de filière et de capter davantage de la valeur qu'ils génèrent, même si cela implique une transformation des modèles économiques qui pour certaines ligues et fédérations reposent aujourd'hui principalement sur la commercialisation de droits TV. À l'été 2024, la Ligue 1 a ainsi lancé sa plateforme de diffusion propriétaire sur le marché britannique qui devrait lui permettre de collecter davantage de la valeur qu'elle génère et de s'affranchir de renégociations régulières d'achat de droits TV avec des diffuseurs dont l'issue est incertaine et peut parfois s'avérer critique pour leurs championnats si elles venaient à échouer.

Ces dernières années, l'économie du sport s'est aussi montrée de plus en plus attractive pour les marques grâce au développement de la data, permettant de connaître avec davantage de précision les fans ou les pratiquants qui le consomment. Cette donnée qualifiée a permis d'orienter les annonceurs vers les actifs les plus pertinents dans le cadre de leur stratégie de communication et ce faisant de générer davantage de valeur pour l'ensemble des acteurs de l'écosystème. L'arrivée de l'intelligence artificielle va offrir de nouvelles perspectives pour le sponsoring afin de répondre avec encore plus de précision aux attentes des marques comme du consommateur. La gestion de la

---

[65] Les plateformes OTT, à l'image de Netflix, sont des plateformes de diffusion vidéo par internet, venant se substituer à un diffuseur classique et permettant de produire du contenu en différé.

donnée, notamment à l'aide du Big Data va aussi permettre d'améliorer les performances commerciales dans leur ensemble en personnalisant et individualisant toujours plus les expériences liées au sport. Une étude Medallia révèle que 61% des consommateurs se déclarent prêts à dépenser plus avec des marques qui leur offrent une expérience personnalisée, un sentiment qui peut être plus facilement atteint en s'associant à un territoire de passion. La data devient ainsi un outil fondamental de développement commercial des ayants-droits comme des annonceurs. Être capable de s'approprier ses enjeux et de la maîtriser est ainsi un réel défi pour le secteur, principalement composé de PME encore trop peu matures sur le sujet. Un véritable accompagnement de ces acteurs s'est montré nécessaire ces dernières années pour les aider à sécuriser leur donnée, devenu le nerf de la guerre et ressource ô combien délicate.

Fruit des nouveaux outils digitaux, le marché de l'esport se développe considérablement à travers le monde à mesure que l'accès aux jeux vidéo augmente. En France, le marché de l'esport représente 121 millions d'euros de chiffre d'affaires, un marché faible mais loin d'être inexistant. En 2027, l'Arabie Saoudite accueillera une première édition des *Olympic Esport Games* un événement qui ne manquera pas de jeter encore un peu plus de lumière sur une industrie qui se développe de manière dynamique dans de nombreux territoires, à mi-chemin entre sport et culture. Ce marché est aujourd'hui amplement dominé par l'est asiatique face auquel les économies occidentales accusent un retard considérable qu'il s'agit de ne pas accroître. Nul doute cependant que son statut olympique offrira de nouvelles opportunités de professionnalisation des joueurs ainsi que des perspectives de développement pour les acteurs du secteur. On remarque dans certains territoires la construction d'arènes dédiés à l'esport, illustrant le fait que la discipline suit la même approche de structuration que le sport dans son ensemble bien qu'elle conserve ses propres spécificités en termes de diffusion, de merchandising et de stratégies sponsoring.

Enfin, au-delà de l'aspect expérientiel, non-négligeable, si l'IA va profondément bouleverser le sport professionnel, elle va aussi avoir un impact considérable sur la pratique sportive dans son ensemble en rendant accessible au plus grand nombre une quantité démesurée d'information. Déjà des entreprises travaillent à rendre accessibles des programmes sportifs adaptés à des objectifs que se fixent les individus. En cas de blessure, l'IA permettra aux sportifs de bien s'autodiagnostiquer et d'être en mesure de se soigner du mieux possible, favorisant l'exercice physique à une charge adaptée. Les nouvelles technologies vont ainsi permettre d'améliorer la pratique sportive en la rendant plus accessible et plus sûre, un moyen efficace d'en assurer les bienfaits pour la population.

Le développement incessant des nouvelles technologies, qui ont déjà profondément bouleversé le sport ces dernières décennies, continue à s'imposer comme un élément clé de son évolution à venir et tout laisse à penser que de nouveaux outils structurants verront le jour sous peu. En conséquence, le secteur va se confronter à la nécessité de se sécuriser toujours davantage alors qu'il se digitalise et que le risque cyber devient de plus en plus important. Un risque accru par les faibles capacités financières du secteur, lui offrant par ailleurs peu de marge de manœuvre pour se positionner comme un acteur avant-gardiste pour proposer de nouvelles manières de consommer le sport. L'éclatement de la bulle de la blockchain et des NFT en a été un exemple assez marquant. Le sport a été assez hermétique à ces nouvelles solutions et a mis longtemps avant de considérer leur adoption. Suffisamment longtemps pour laisser éclater une bulle spéculative avec une valeur ajoutée semble-t-il restreinte. Toutefois, le positionnement médiatique du secteur du sport lui permet de bénéficier d'un intérêt qui lui est porté par les acteurs des nouvelles technologies qui n'hésitent pas à développer de nouvelles solutions spécifiques à la gestion du secteur avant de se diversifier vers d'autres industries où la propension à payer est souvent plus importante.

Mondialisation et émergence de nouveaux acteurs

L'impact de la mondialisation du secteur du sport se fait ressentir à plusieurs niveaux dans sa transformation. D'une part, elle implique que ses acteurs traditionnels font aujourd'hui face à l'augmentation de la consommation de produits sportifs sur de nouveaux territoires et par de nouvelles communautés. Cela représente une opportunité de développement importante que les clubs, organisateurs d'événements ou ligues tentent de saisir. Pour cela, ils doivent réaliser un véritable travail d'adaptation aussi bien de leur contenu que des canaux qu'ils utilisent pour communiquer sur leur image. Les grands clubs de football ou les franchises de sport américain ont aujourd'hui des équipes de communication qui travaillent à créer du contenu spécifique aux différents marchés et dans des langues différentes. Être en mesure de générer de la valeur au-delà du marché local devient un avantage concurrentiel considérable pour les clubs professionnels, les ligues ou les médias. Et pour cela, il ne s'agit pas seulement de traduire ses contenus mais bien d'être en mesure d'en créer en lien avec les tendances humoristiques, politiques ou culturelles locales, permettant de réellement engager et capter une communauté. Les ayants-droits devront toutefois rester vigilants afin de ne pas s'éloigner de leur communauté locale au profit d'autres communautés internationales génératrices de valeur au risque de perdre le socle de leur identité et de leur modèle économique.

Cette opportunité ne vient donc pas sans le risque qui y est associé. À mesure que de nouvelles communautés de fans de sport se développent dans le monde, ce sont de nouveaux acteurs qui émergent et viennent faire concurrence aux acteurs nationaux pour capter de la valeur sur leurs territoires. L'exemple des clubs d'Arabie Saoudite tels que Al-Itihad, encore inconnus en Europe il y a de cela quelques années est assez frappant. Leur développement rapide a permis d'assurer une diffusion de leurs matchs dans de nombreux territoires, en faisant des concurrents sérieux aux clubs nationaux dans la captation de valeur sur le marché européen s'ils venaient à continuer à se développer. On peut aussi identifier l'émergence de nouvelles ligues professionnelles telles que la ligue de golf LIV ou l'apparition de nouveaux hôtes pour accueillir les grands événements tels que les grands prix de Formule 1, les Jeux Olympiques ou les Coupes du Monde de football. Depuis 2010, les Coupes du Monde de la FIFA ont été disputées en Afrique du Sud, au Brésil, en Russie puis au Qatar avant d'être attribuées à des groupements de pays impliquant le Mexique en 2026 et le Maroc en 2030. Les pays occidentaux n'ont plus le monopole de l'accueil des grands événements ni de la captation de la valeur qu'ils génèrent. Ils vont ainsi devoir redoubler d'inventivité afin de proposer de nouveaux modèles d'organisation pour pouvoir affronter la concurrence des nouveaux entrants prêts à tout pour s'imposer sur le marché.

Ce processus de mondialisation implique aussi que les acteurs étrangers vont investir davantage dans les différents territoires nationaux à mesure qu'émergent de nouvelles puissances du sport. Encore inexistants au sein du secteur il y a de cela vingt ans, les investissements des pays du Golfe dans des actifs sportifs ont explosé ces dernières années dans le monde occidental, contribuant à l'appropriation d'une valeur nationale et d'actifs qui pourraient être considérés comme stratégiques. Ces investissements sont des sources d'opportunités afin de développer les économies du sport locales en les finançant, ce qui explique que les gouvernements s'affairent à attirer ces investissements étrangers, mais peuvent se faire au prix d'une perte d'indépendance et de souveraineté. Depuis 2022, seule la moitié des clubs de Ligue 1 de football sont encore aux mains d'actionnaires français, les autres étant passés sous pavillon étranger : qatarien, chinois, américain, britannique, suisse, luxembourgeois, russe ou encore émirati. Certaines ligues comme la Bundesliga allemande ou la NFL aux États-Unis, voient d'un œil négatif ce phénomène et tentent d'y résister, limitant la capacité d'investisseurs privés à prendre en main des clubs. L'un des enjeux va être pour ces dernières d'être en mesure de rester compétitives dans un marché mondialisé sans s'appuyer sur la manne financière représentée par des investissements étrangers. Un risque dont elles ont conscience, en témoignent les évolutions récentes de leur règlementation à cet effet.

La mondialisation va enfin générer de nouvelles opportunités pour exporter les entreprises spécialistes du sport business issues des différents marchés nationaux avec les plus grandes expertises. Si les perspectives sont plurielles, le développement de nouveaux modèles économiques et de nouveaux produits va aussi les forcer à devoir s'adapter rapidement afin de garder leur statut de leader et leur expertise face à une concurrence grandissante. Aujourd'hui déjà, une partie de la valeur générée par les acteurs du sport fuit vers d'autres horizons faute d'expertise nationale. Les Phryges, mascottes stars des Jeux de Paris 2024 ont été fabriquées pour 80% d'entre elles en Chine, loin de l'idée de Jeux neutres en carbone que l'on était censés se faire mais aussi de Jeux qui bénéficieraient avant tout à l'industrie française. Les 20% restants ont pour leur part été fabriquées en France mais la désindustrialisation du pays depuis les années 1980 au profit d'acteurs émergents implique que le pays n'est plus en mesure de capter toute la valeur qu'il génère grâce aux événements qu'il organise. Un phénomène qu'il est par ailleurs de plus en plus difficile à contrôler à mesure que se développent les accords bilatéraux ou les législations supranationales telles qu'on peut les observer au sein de l'Union Européenne.

Dérèglement climatique et prise de conscience environnementale

Les prises de conscience environnementales ainsi que l'impact du sport sur la santé font aussi évoluer l'économie de manière accélérée ces dernières années bien qu'à des échelles différentes. Si des puissances mondiales telles que la Chine investissent massivement dans le développement de la pratique, la prise de conscience environnementale y est encore peu existante, à l'inverse des démocraties occidentales qui en font de plus en plus un sujet prioritaire, du moins au sein des jeunes élites. Pourtant, comme nous avons pu l'évoquer précédemment, si le monde continue de produire des quantités aussi importantes de gaz à effet de serre dans les années à venir, le secteur du sport n'aura d'autre choix que de se transformer en profondeur. La réduction des jours de pratique et l'augmentation des risques couplées à une disparition d'espaces naturels qui y sont propices ainsi qu'au déplacement forcé de certaines infrastructures va créer des besoins de transformation de son économie. L'anticipation va être clé pour anticiper au mieux les enjeux économiques générés par le dérèglement climatique dans les années à venir.

Les contestations environnementales liées à l'accueil de Grands Événements mettent aussi en exergue un besoin de transformer leurs modèles, se mettant eux-mêmes en danger face à l'opinion publique qui conteste leur légitimité. Aujourd'hui, un changement de paradigme opère pour les candidatures olympiques avec le développement de dialogues ciblés qui aspirent à davantage de sobriété. En choisissant un nombre restreint de candidats suffisamment en amont, les investissements nécessaires aux candidatures sont moins importants et la co-construction permet d'anticiper de nombreux sujets financiers, notamment en commercialisant des partenariats marketing plus en amont, offrant des mannes financières supplémentaires pour rentabiliser les Jeux. Peut-être un jour reviendrons-nous à un modèle où les Jeux Olympiques seront accueillis tous les quatre ans dans la même ville afin de limiter l'impact environnemental lié à la construction de nouvelles infrastructures mais au risque de priver de nombreux territoires des retombées qui y sont liées.

Si les acteurs économiques prennent aujourd'hui conscience de cette contrainte environnementale comme nous avons pu le démontrer dans les chapitres précédents, leur évolution reste malgré tout assez lente. L'enjeu de la gouvernance du sport va être de réguler les émissions du secteur tout autant que les risques que les nouvelles réglementations feront peser dessus. Aujourd'hui, dans les pays occidentaux, la transformation n'est pas contraignante mais incitative. Les acteurs engagés touchent plus de subventions que s'ils ne l'étaient pas. Mais combien de temps ce modèle restera-t-il durable ? Par ailleurs, les fédérations internationales, qui jouent aujourd'hui de réels rôles diplomatiques à l'échelle mondiale, vont devoir intégrer au sein de leurs prérogatives d'influencer les pays encore peu enclins à fournir des efforts pour lutter contre le dérèglement climatique afin d'assurer la pérennité de la pratique sportive mondiale sur le long terme.

L'industrie du sport va ainsi se confronter peu à peu une évolution des pratiques de consommation. De plus en plus sensibles à la qualité environnementale des produits qu'ils achètent, les consommateurs prennent aussi conscience des campagnes de *greenwashing* ou des mauvaises habitudes de certains acteurs du sport tels que le recours à l'esclavage moderne pour assurer une production d'équipements à bas prix. Dans un monde où l'information circule plus vite que jamais, il devient nécessaire pour les acteurs de faire preuve de transparence et d'engagement, au risque de perdre leur place sur le marché sur le long terme car il ne fait aucun doute que le monde va prendre conscience peu à peu de la nécessité de sobriété énergétique. Dans certains pays, la certification environnementale de ses activités est déjà devenue une condition pour la commercialisation de produits ou l'obtention de subventions, poussant l'écosystème à évoluer progressivement.

D'autres tendances spécifiques au secteur vont le pousser à évoluer

Enfin, le secteur connaît des transformations intrinsèques liées à de nouvelles sources de valeur que ses acteurs souhaitent capter. Ces nouvelles tendances vont avoir des conséquences sur son développement et sa structuration. La première d'entre elle a trait à la professionnalisation du sport féminin dans les pays occidentaux. De nouvelles ligues professionnelles voient le jour et le sport féminin offre de nouvelles perspectives avec un afflux de capitaux massif à venir dans l'industrie, en témoigne l'investissement record de 50 millions de dollars des Golden State Warriors pour la création d'une équipe de WNBA (ligue NBA féminine). Le gouvernement britannique, pour sa part, a annoncé le lancement d'un fonds d'investissement spécifiquement dédié au financement du sport féminin, le Women's Sport Accelerator. Ce développement ne se fera pas sans la création de nouveaux produits et de nouveaux outils de diffusion. Le secteur va ainsi se transformer afin de capter la plus grande partie possible de la valeur que ce segment représente. Le développement du sport professionnel féminin se fait de manière différente de celui du sport masculin car il bénéficie d'un écosystème professionnel préexistant sur lequel s'appuyer et qu'il a conscience que sa valeur ajoutée est différente. Les stratégies de développement sont ainsi différenciées en fonction des conceptions que l'on se fait des outils qui y seraient le plus adaptés. Le lancement à l'été 2024 de la Ligue Féminine de Football Professionnel (LFFP) en France démontre le choix du parti-pris d'accompagner le football féminin dans sa professionnalisation, que ce soit au niveau des joueuses ou des clubs qui les accueillent. En parallèle, des fédérations internationales font le choix de la création de nouveaux formats de championnats internationaux tels que le WXV entre équipes nationales féminines de rugby à XV, structurés autour de plusieurs divisions afin de faire évoluer collectivement la pratique tout en suscitant un intérêt plus fort chez le consommateur. Le modèle économique du sport féminin professionnel n'a pas encore été trouvé mais les nombreuses initiatives lancées par les acteurs institutionnels comme privés vont lui permettre de continuer à innover avant de trouver le bon modèle et de croître à une vitesse folle tant la demande semble aujourd'hui importante dans les pays Occidentaux.

On remarque aussi au sein du secteur une nouvelle tendance à l'investissement immobilier. Avec des stades ultramodernes qui se veulent devenir de véritables lieux de vie inscrits au cœur du paysage urbain, les clubs et acteurs privés font la part belle à la multimodalité en vue de générer des revenus importants de leurs actifs immobiliers aujourd'hui souvent sous-exploités. L'immobilier est un moyen efficace d'augmenter la valeur des actifs mais il est soumis à des coûts d'entrée importants devenant moins problématiques aujourd'hui alors que les fonds d'investissement s'y intéressent. L'arrivée d'investisseurs dans les clubs sportifs professionnels s'opère d'ailleurs principalement par le financement de projets immobiliers, bien connus des fonds et qui en apparence semblent bien moins risqués que la gestion d'un club. La tendance au financement des grands équipements sportifs va sans aucun doute aussi évoluer tant elle est aujourd'hui problématique pour l'ensemble des acteurs qui les exploitent ou les financent.

L'augmentation de la valeur proposée par les acteurs du secteur aux consommateurs représente aussi un danger auquel l'on peut penser que l'industrie devra se confronter à l'avenir. Avec une augmentation permanente de la valeur produite à destination des fans, il existe un risque croissant de voir les prix de consommation moyens augmenter considérablement. Une telle tendance aurait comme conséquences de marginaliser une partie de la population de l'accès au sport, venant faire peser sur les pouvoirs publics un besoin d'investir à nouveau dans des modèles économiques gratuits pour les pratiquants s'ils veulent s'assurer de leurs bienfaits pour la population. Le risque est d'autant plus important que ce seraient les jeunes générations qui seraient les premières à s'y confronter, ayant un impact sur leur santé à long terme mais aussi sur leur propension à consommer des produits sportifs. Créer une fracture avec ces derniers peut donc représenter un risque de long terme pour l'économie.

Ainsi, tout laisse à penser que le secteur du sport, vaste et complexe, va se confronter à de nombreuses mutations dans les années à venir, liées à l'évolution des contextes et des consommations. L'émergence de nouveaux acteurs et de nouveaux produits va créer de nombreuses opportunités mais va aussi nécessiter des acteurs leaders sur le marché qu'ils évoluent pour faire face à une concurrence plus importante. Il va être fondamental pour les pouvoirs publics de continuer à investir afin de s'assurer de la compétitivité du secteur sur le long terme comme de son accessibilité au plus grand nombre. Sa structuration en lui permettant de mettre en commun des expertises est un moyen particulièrement efficace de s'assurer d'une capacité à s'adapter et à faire front commun face à un marché en pleine évolution. La gouvernance du secteur, comme nous avons pu le voir au travers des nombreux exemples de cet ouvrage, va donc devoir continuer à évoluer et se réinventer en permanence pour mieux permettre aux acteurs du secteur d'appréhender ses nouveaux enjeux. Par ailleurs, la création de valeur, longtemps focalisée sur l'impact économique, tend à être de plus en plus valorisée en termes sociaux et environnementaux. Jamais autant dans le sport des chiffres n'avaient été utilisés pour quantifier l'impact de ses acteurs, encore une tendance à laquelle ce dernier va devoir s'habituer et qui risque de le transformer en profondeur.

CONCLUSION

L'ensemble de cet ouvrage a été pensé afin de montrer la manière dont les différentes stratégies de gouvernance du sport peuvent avoir un impact économique conséquent sur les territoires, les populations ainsi que les entreprises qui composent une industrie florissante et en plein développement depuis deux décennies désormais dans le monde occidental. L'économie du sport est une économie diversifiée et complexe qui se caractérise par l'implication de nombreux acteurs aux ambitions différentes, qu'ils soient publics ou privés. C'est aussi une économie à plusieurs vitesses avec des enjeux fortement variables entre ses différentes typologies d'acteurs. Il existe en effet une opposition flagrante entre des clubs de football achetant à perte des joueurs pour plusieurs centaines de millions d'euros et des associations sportives locales dont le budget moyen était de 30 000€ en 2012 en France[66] et dont l'économie repose principalement sur le recours à des bénévoles. Pourtant, ces deux typologies d'acteurs contribuent toutes deux à l'économie de leur territoire. Si le premier génère de nombreuses retombées économiques directes liées à sa médiatisation et contribue à la compétitivité de l'ensemble du secteur, les acteurs associatifs sont la pierre angulaire de politiques publiques aspirant à faire du sport un outil au service de la société, avec un impact économique conséquent principalement lié aux enjeux de développement durable.

Conscients de son potentiel, les acteurs de la gouvernance du sport tentent ainsi d'en maximiser l'impact, recourant pour cela à divers processus. Souvent, l'ambition affichée est de permettre aux acteurs publics de réduire leurs dépenses tout en maximisant les retombées financières pour la myriade d'acteurs privés qui y investissent. La gouvernance du sport est ainsi confrontée à son développement économique et se retrouve ces dernières années dans une situation nécessitant une adaptation de ses principes de gouvernance aux ambitions de nouveaux acteurs ainsi qu'à de nouveaux enjeux de politiques publiques. Les sources de financement sont constamment challengées tout comme les modèles économiques des parties prenantes du secteur. Pensée pour

---

[66] Enquête *Paysage associatif français*, 2013, V Tchernonog.

protéger l'industrie dans le cadre de son développement, la législation en vient parfois à devenir un frein pour le développement de cette dernière. Le football français peut-il encore être compétitif tout en se confrontant à des cotisations salariales aussi importantes, pourtant pensées pour protéger les salariés dans un premier lieu ? Cet exemple témoigne du fait qu'aujourd'hui, la gouvernance du sport peut parfois se retrouver en décalage avec ses objectifs et nécessite, sinon une adaptation, une réflexion sur sa refonte afin de maximiser son impact. Mais cette situation illustre aussi un fait que les acteurs ont tendance à oublier : le sport est un secteur parmi tant d'autres au sein des économies. Certes, il s'agit d'un secteur médiatisé et qui bénéficie de ce fait d'un traitement de faveur mais il se doit aussi de contribuer à l'économie au même titre que les autres et cela passe par un prélèvement de cotisations sociales et patronales sur les plus gros salaires du secteur tout comme l'imposition nécessaire des salariés comme des organisations qui le composent.

Pour repenser sa gouvernance il sera avant tout fondamental de savoir répondre à quelques questions structurantes pour le secteur. La première doit être la suivante : à qui doit profiter le sport ? Le modèle économique actuel du sport semble démontrer qu'il n'est plus possible, sinon très difficile, de concilier les intérêts du supporter de longue date et ceux de l'investisseur cherchant à maximiser la valeur d'un actif. Le modèle actuel met en opposition une volonté d'États occidentaux surendettés de réduire les investissements dans la pratique pour tous avec le besoin de permettre à l'ensemble de la population d'accéder à une pratique sportive en toute sécurité et à tout moment. Alors savoir à qui doit profiter le sport va remettre au cœur de la réflexion sur la gouvernance son essence, l'intérêt même de son développement. Un sport qui doit profiter à tous, indépendamment de leur origine ou de leur pouvoir d'achat ouvrira des réflexions sur la propriété des clubs, sur le financement public aux associations ou à la pratique scolaire… Pour certains États, l'enjeu principal du sport est celui de la santé, ils investissent alors dans le développement de la pratique pour assurer le bien-être de leur population. Pour d'autre, c'est un outil économique et diplomatique avant tout, les investissements sont alors davantage fléchés vers les grands événements sportifs et le sport professionnel pour briller à l'international. Il n'y a pas de bon ou de mauvais parti-pris, il y a seulement une nécessité d'assumer un positionnement pour pouvoir déployer une gouvernance cohérente et optimisée, aspirant à en maximiser l'impact et les divers focus réalisés sur certaines stratégies étatiques tout au long de cet ouvrage se veulent être une illustration de la multiplicité des approches possibles.

Conclusion

L'économie du sport possède aussi dans sa médiatisation un atout gigantesque par rapport à de nombreux autres secteurs. Ce faisant, un secteur sportif florissant dans un pays permet de porter à ses côtés d'autres acteurs qui y associent leur image. Le sponsoring et la publicité associés au sport dans son ensemble n'ont jamais autant eu le vent en poupe. Des entreprises de tous secteurs s'appuient désormais sur le sport comme un outil de communication et de performance différenciant. Cette visibilité explique aussi l'intérêt croissant de nombreux États et acteurs pour l'écosystème. Pourtant, cet atout médiatique, couplé à un phénomène de mondialisation, représente aussi un risque pour le secteur : celui de sa perte d'identité. Alors que les enjeux économiques et géopolitiques liés au sport sont de plus en plus importants, les acteurs du secteur semblent s'éloigner peu à peu de ce qui a été au cœur de leur développement : fédérer des communautés, faire vivre des émotions et permettre une compétition saine et pacificatrice.

L'une des spécificités du sport est aussi celle d'un secteur qui s'autorégule. Les ligues possèdent leurs propres règlements, influençant la gouvernance des clubs qui disputent leurs championnats. Il en va de même pour les fédérations mais aussi des pouvoirs publics qui vont créer divers acteurs ex-nihilo en vue de répondre à des objectifs de politiques publiques. Ce faisant, la gouvernance du sport est souvent l'apanage de ceux qui gouvernent. Doit-il en être ainsi ? À quel point l'État doit-il se montrer interventionniste dans une économie de laquelle il est un acteur majeur mais aussi le principal financeur ? Le public a fait du sport une économie sous perfusion. À l'exception des industriels, notamment équipementiers, la majorité des acteurs se nourrissent d'argent public directement ou indirectement. L'État a donc son mot à dire. En France, les Jeux Olympiques et Paralympiques de Paris 2024 ont donné à l'État un rôle de premier plan qu'il avait tendance à perdre, notamment au vu de ses moyens financiers répartis au sein des collectivités et particulièrement faibles à l'échelle étatique. En tentant d'assainir la gouvernance de tous ceux qui bénéficient de fonds publics au sein de cette économie, il a changé la donne, imposant une vision d'un sport qui doit servir la pratique avant tout et protéger le consommateur. L'État pourra-t-il légalement intervenir demain si les clubs les plus médiatiques du championnat de France décident de créer une ligue fermée pratiquant des tarifs discriminants ? La gouvernance du sport doit prendre en considération ces possibilités et ancrer dans les textes de loi ses priorités afin de pouvoir agir contre des mécanismes économiques qui iraient à leur encontre pour que le sport reste un bien commun, appartenant à tous, pratiquants comme supporters ou simples curieux.

Pour conclure, il semble désormais indéniable que les Jeux Olympiques et Paralympiques de Paris 2024 auront un impact sans précédent sur l'économie du sport en France. Comme d'autres olympiades avant eux, ils ont montré de quoi était capable le sport, aussi bien en tant qu'acteur fédérateur au sein de la société, qu'acteur économique ou encore qu'acteur diplomatique et géopolitique. Il sera important de suivre l'évolution du secteur au lendemain de ces Jeux. Tout laisse à penser que l'État sera susceptible de s'appuyer encore davantage sur le sport pour servir ses différentes politiques publiques, ce qui peut donner l'opportunité de nouveaux financements mais aussi de l'apparition de nouveaux acteurs. Pourtant, à première vue, il souhaite couper les vannes et réduire les financements qui y sont directement fléchés, une approche qui se veut toutefois cohérente avec la rigueur budgétaire générale. En parallèle, les différentes problématiques auxquelles se sont confrontés les acteurs privés du secteur en termes d'enjeux de gouvernance (création de la Super League, incohérence des montants de droits TV du football français, déficit du CNOSF...) vont aussi donner lieu à de nouvelles réflexions sur la structuration du secteur et générer de nouvelles opportunités économiques. Tout en étant attentifs à cela, il sera fondamental que le secteur intègre pleinement les problématiques environnementales et sociétales au sein de son fonctionnement afin d'agir comme un modèle pour les autres secteurs grâce à sa médiatisation mais aussi et surtout de s'imposer comme un pionnier dans la volonté d'atteindre les objectifs climatiques mondiaux qui pourraient causer une forte dégradation de son économie s'ils venaient à ne pas être respectés. La crise environnementale représente le principal enjeu de notre siècle, elle n'épargnera pas le sport.

SIX SPORTS MANAGEMENT

Six Sports Management est un cabinet de conseil en stratégie qui accompagne les acteurs du sport dans leur développement stratégique ainsi que dans leur structuration afin de faire face aux enjeux contemporains d'innovation et de transformation auxquels se confronte le secteur. Fondé en 2022 par Antoine Duval, diplômé d'HEC Paris, le cabinet a pu bénéficier de la dynamique insufflée par les Grands Événements Sportifs de ces dernières années pour se développer et faire gagner en compétences ses équipes, contribuant notamment à la résolution de problématiques stratégiques pour la Coupe du Monde de Rugby 2023, les Jeux Olympiques et Paralympiques d'Hiver 2030 ou encore les Championnats du Monde de Hockey 2028.

Forts d'une expertise au sein de différents acteurs du sport tels que des salles ou des agences, les consultants de Six Sports Management accompagnent ces derniers dans la résolution de problématiques globales, contribuant notamment à la définition de plans stratégiques de clubs professionnels ou réalisant par exemple des études d'opportunités pour le développement et l'implémentation de nouvelles infrastructures sportives pour des collectivités territoriales. L'agence se démarque notamment par la polyvalence de ses consultants, jouissant d'une connaissance précise du secteur et contribuant à son analyse au travers de la production de contenu régulier aspirant à questionner les modèles économiques à l'œuvre.

Pour en savoir plus : www.sixsportsmanagement.fr

BIBLIOGRAPHIE

Livres

Aubin Lukas, *Sport Power*, Paris, Autrement, 2024.

Aubin Lukas, *La Sportokratura sous Vladimir Poutine Une géopolitique du sport russe 2ᵉ édition,* Paris, Bréal, 2022.

Augustin Jean-Pierre, L'Yvonnet François, *Sport, l'emprise occidentale,* Paris, Amphora, 2023.

Atcher Claude, *Dans l'ombre de la coupe*, Paris, En exergue, 2024.

Aymar Pascal, Desbordes Michel, Hautbois Christopher, *Management global du sport : marketing, gouvernance, industrie et distribution,* Paris, Amphora, 2019.

Buzener A., El Bouanani M., Guégan J-B., *Qatar, Dominer par le Sport*, Bréal, 2023.

Chaix Pierre, *Le rugby professionnel en France,* Paris, L'Harmattan, 2005.

Chaix Pierre, *Le nouveau visage du rugby professionnel français,* Paris, L'Harmattan, 2015.

Chesbeuf Sebastien, Laville Jean-François, Vilardy Thierry, *La face cachée des JO*, Paris, JC Lattès, 2024.

Équipes LCL, *La ville terre de sport !*, Paris, Débats Publics Éditions, 2024.

Green Ken, Sigurjonsson Thorsteinn, Asrum Skille Eivind, *Sport in Scandinavia and the Nordic Countries*, Londres, Routledge, 2018.

Guégan Jean-Baptiste, *Géopolitique du sport : une autre explication du monde,* Paris, Bréal, 2018.

Karaa Skander, *Les politiques publiques du sport*, Paris, Que Sais-Je, 2024.

Mauchien Ludovic, *JO 2024 : Participer ou gagner ? Comment le sport français doit faire sa révolution,* Paris, 4 Trainer, 2018.

Pitts Brenda, Zhang James, *Sport Business in the United States, contemporary perspectives*, Londres, Routledge, 2020.

Riolo Daniel, *Autopsie du sport français,* Paris, Hugo Sport, 2018.

Rondeau Pierre, *Fin de partie pour le foot ?*, Paris, Éditions de l'Aube, 2021.

Du même auteur :

Duval Antoine, *Géorugbystique*, Paris, Les Éditions Sydney Laurent, 2019.

Duval Antoine, *Une Histoire de Sevens*, Tahiti, Au vent des îles, 2022.

Duval Antoine, *La gestion de la masse salariale en Top 14 sous la contrainte du salary cap (mémoire de fin d'études)*, 2022.

Autres documents :

Axa Climate, Sport 1.5, *Quel sera l'impact du changement climatique sur le sport en 2050 ?*, 2024.

Bayle Emmanuel, *La gouvernance du sport en France, ses atouts et ses défis*, 2023.

BPCE L'observatoire, *La filière sport, les challenges d'une championne*, 2023.

Centre de Droit et d'Économie du Sport, *Le mouvement sportif : quels effets sur la société française et son économie ?*, Limoges, 2018.

Comité International Olympique, *Solidarité Olympique et services aux CNO, rapport annuel 2023*, Lausanne, 2023.

Deloitte, *2024 Sports Industry Outlook*, 2024.

EY, Ministère des Sports et des Jeux Olympiques et Paralympiques, France 2023, *Version synthétique de l'étude d'impact économique, social et environnemental de la Coupe du Monde de Rugby 2023*, Mai 2024.

Gouvernement français, France 2023, *Bilan de la Coupe du Monde de Rugby*, 2023.

Mazars, ASCI, *Écosystème du sport en Afrique : de potentiel à levier de développement*, 2020.

Ministère des Sports et des Jeux Olympiques et Paralympiques, *Premier bilan des Jeux Olympiques de Paris 2024 et premières perspectives sur les Jeux Paralympiques*, 2024.

NOC*NSF, *The world's sportiest nation, Dutch Sport's strategic plan 2032*, Nijmegen, 2024.

Provence Tourisme, Département des Bouches du Rhône, Métropole d'Aix-Marseille *: un bilan de fréquentation touristique positif*, 2024.

Région Sud, Provence Tourisme, *Coupe du Monde de Rugby 2023 à Marseille, quel impact pour le territoire ?*, 2023.

Territoires d'Événements Sportifs, *Bilan des villages rugby*, 2023.

REMERCIEMENTS

Je souhaite remercier toutes les personnes qui m'ont accompagné dans le parcours professionnel qui m'a mené à rédiger cet ouvrage. Peut-être le plus important d'entre eux mérite-t-il une attention particulière pour son soutien du quotidien, qui en a fait un ami de très grande qualité. Merci Jérôme de m'avoir donné autant de confiance et de m'avoir toujours aidé et accompagné de manière complètement désintéressée avec l'enthousiasme qui t'est propre.

Un grand merci aussi à ceux qui me permettent d'évoluer au quotidien dans un secteur qui me passionne autant. Ceux qui m'ont fait confiance chez France 2023 d'abord : Julien, auteur de la préface de cet ouvrage, Emmanuel, Ottman, Jacques et Martine ainsi que ceux qui ont pu partager avec moi leur énergie au quotidien, notamment Romain et Sylvestre. Une attention toute particulière aussi pour ceux avec qui je continue d'avancer chaque jour : Alexandre, David, Nicolas, Yannick, Benjamin, Sam, Alex l'américain… ils ne manquent pas.

L'origine de cet ouvrage se trouve dans un cours que Kévin Gauthier m'a demandé de dispenser dans le cadre d'une *summer school* de Sciences Po Paris à l'été 2024. Je le remercie de m'avoir lancé dans ce projet qui m'a tant passionné et qui, je l'espère, amènera nos chemins à se recroiser.

Merci enfin à ceux qui m'ont permis de mener à bien cet ouvrage jusqu'au bout. Léonie pour la mise en page et surtout Anthony pour m'avoir donné un lieu d'expression avec son média ecofoot.fr, me permettant d'approfondir des sujets de ce livre et d'améliorer ma prose tout en les enrichissant.

J'espère enfin qu'Impact Player donnera autant d'idées à mes coéquipiers du PEER que mes précédents livres leur en ont donné, ils le méritent tant ils sont une source d'inspiration pour moi.